U0665841

石油系列遗产
情境阐释研究

孙志敏　著

中国建筑工业出版社

审图号：GS黑（2025）23号

图书在版编目（CIP）数据

石油系列遗产情境阐释研究 / 孙志敏著. -- 北京：
中国建筑工业出版社，2024.8. -- ISBN 978-7-112
-30314-4

Ⅰ. F426.22

中国国家版本馆CIP数据核字第2024T9L079号

责任编辑：黄习习　徐　冉
书籍设计：锋尚设计
责任校对：王　烨

石油系列遗产情境阐释研究

孙志敏　著

*

中国建筑工业出版社出版、发行（北京海淀三里河路9号）

各地新华书店、建筑书店经销

北京锋尚制版有限公司制版

建工社（河北）印刷有限公司印刷

*

开本：787毫米×1092毫米　1/16　印张：18½　字数：350千字

2024年7月第一版　2024年7月第一次印刷

定价：**78.00**元

ISBN 978-7-112-30314-4

（43563）

文化遗产阐释是文化遗产保护的基础。文化遗产阐释是指通过对存在于文化遗产中的过去的信息和现在的信息的有效整合，并且经过研究者的重新思考和理解来解读文化遗产的文化价值和意义。

文化遗产作为一种文化现象，是文化、地理、历史、社会等多个方面要素共同作用的结果。文化遗产阐释主要基于遗产的完整性和真实性。由于遗产自身和周围环境在空间和时间上不断变化，具有历史层叠性，这就需要将文化遗产放到解析的背景语境下去解读。鉴于此，本研究以石油系列遗产为研究对象，以"情境"为切入点，提出"情境阐释"的理念，运用历史阐释学和社会阐释学的研究方法构建文化遗产的情境阐释理论框架体系；探讨遗产本体之间、遗产与区域空间之间的文化关联性以及价值构成体系，以此构建文化遗产的历史情境和现代情境；并运用数字史学的方法，构建石油系列遗产的情境阐释模型和可视化阐释平台，以期通过此项研究，提出一种文化遗产阐释的新方法，为文化遗产的动态可持续性保护奠定研究基础。

石油工业遗产作为文化遗产的一个重要类型，是文化、社会、经济和石油产业等多方面因素长期相互作用的结果，形成了独特的工业景观、聚落、区域等有形遗产和无形遗产。本研究依据系列遗产和全球石油景观的两个整体性概念，结合中国石油工业遗产特点，提出了石油系列遗产的概念，将石油工业遗产看作是基于石油这一单一工业产品而形成的一个多层次的、功能逻辑紧密、协同合作的系列遗产，构建了石油系列遗产的类型构成体系。

本研究以延长油田、玉门油田、克拉玛依油田和大庆油田4个油田的石油工业遗产为研究对象，主要讨论分析了4个油田的发展历程、石油工业遗产概况、类型特征与时空格局演变，在此基础上，构建了石油工业遗产的部分遗产类型的历史情境模型；同时，从遗产社区的视角，通过口述访谈、问卷调查、扎根理论和文本分析等方法，构建了石油系列遗产的价值构成体系。

此外，本研究借助GIS技术构建了石油系列遗产基本信息数据库，利用3D模型技术构建了遗产的历史情境阐释模型，最后利用Web技术建立石油系列遗产的数字化阐释平台，实现对遗产数据的储存、整理、分析及输出等，完成对石油系列遗产的全方位解读。

目录

前言

绪论

1.1 研究背景和意义 / 2

　　1.1.1 研究背景 / 2

　　1.1.2 研究意义 / 4

1.2 国内外研究现状及发展动态 / 5

　　1.2.1 文化遗产阐释研究 / 5

　　1.2.2 数字史学方法在文化遗产领域的应用 / 6

　　1.2.3 石油工业遗产的保护研究 / 7

1.3 研究内容 / 9

　　1.3.1 研究对象 / 9

　　1.3.2 研究内容 / 11

1.4 研究方法和技术路线 / 13

　　1.4.1 研究方法 / 13

　　1.4.2 技术路线 / 14

2 文化遗产的情境阐释框架构建

2.1 文化遗产情境阐释的研究基础 / 18

　　2.1.1 遗产阐释的概念和原则 / 18

　　2.1.2 历史解释的形式范式——情境论（语境论）/ 22

　　2.1.3 哲学诠释学的向度——伽达默尔诠释学 / 23

2.2 文化遗产情境的内涵及阐释内容 / 25

　　2.2.1 遗产 "情境" 的内涵及构成要素 / 25

　　2.2.2 遗产情境阐释的内涵及主要内容 / 26

　　2.2.3 遗产情境阐释的基本特征 / 28

2.3 遗产情境阐释的方法及路径 / 30

　　2.3.1 数字史学的方法 / 30

　　2.3.2 遗产情境阐释的路径及可视化表达 / 32

3 石油系列遗产的类型构成体系研究

3.1 石油系列遗产的概念溯源 / 36

　　3.1.1 遗产的整体性保护理念——系列遗产 / 36

　　3.1.2 整体性石油空间概念——全球石油景观 / 37

　　3.1.3 "石油系列遗产" 概念的提出 / 38

3.2 石油系列遗产类型构成体系的构建依据 / 40

　　3.2.1 系列遗产关联性构架体系 / 40

　　3.2.2 全球石油景观的分类方法 / 41

　　3.2.3 矿业遗产的分类方法 / 44

　　3.2.4 石油产业链 / 46

3.3 石油系列遗产类型构成体系的构建方法和内容 / 47

　　3.3.1 研究范围界定——有形遗产和无形遗产 / 47

　　3.3.2 石油系列遗产的类型构成体系 / 49

4 中国石油工业发展历程

4.1 中国石油工业发展历程 / 54

　　4.1.1 未进行工业开发时期（1840年以前）/ 54

　　4.1.2 探索时期（1840—1948年）/ 54

　　4.1.3 恢复和发展时期（1949—1959年）/ 56

　　4.1.4 高速发展时期（1960—1977年）/ 57

　　4.1.5 稳定发展时期（1978—1997年）/ 58

　　4.1.6 石油工业新时期（1998年至今）/ 59

4.2 延长石油工业发展历程 / 60

　　4.2.1 延长石油工业萌芽阶段（1905年以前）/ 61

　　4.2.2 延长石油工业起步阶段（1905—1949年）/ 61

　　4.2.3 延长石油工业探索发展阶段（1950—1978年）/ 64

　　4.2.4 延长石油工业规模开发阶段（1979年至今）/ 65

4.3 玉门石油工业发展历程 / 66

　　4.3.1 未进行工业开发时期（1939年以前）/ 68

　　4.3.2 建产期（1939—1957年）/ 68

　　4.3.3 高产稳产期（1958—1959年）/ 70

　　4.3.4 降产期（1960—1968年）/ 71

　　4.3.5 低产期（1969—1999年）/ 71

　　4.3.6 产量回升期（2000年至今）/ 71

4.4 克拉玛依石油工业发展历程 / 72

　　4.4.1 独山子油田历史发展沿革（1909年至今）/ 72

4.4.2 克拉玛依油田历史发展沿革（1951年至今）/ 76

4.5 大庆石油工业发展历程 / 77

4.5.1 石油会战时期（1959—1963年）/ 78

4.5.2 快速上升时期（1964—1975年）/ 79

4.5.3 高产稳产时期（1976—2002年）/ 80

4.5.4 可持续发展时期（2003年至今）/ 81

5 中国石油系列遗产的类型学分析

5.1 中国石油系列遗产保护名录（截至2023年）/ 84

5.2 延长石油工业遗产类型学分析 / 86

5.2.1 延长石油工业遗产的基本概况 / 86

5.2.2 延长石油工业遗产类型学分析 / 87

5.2.3 延长石油工业遗产类型特征 / 94

5.3 玉门石油工业遗产类型学分析 / 95

5.3.1 玉门石油工业遗产的基本概况 / 95

5.3.2 玉门石油工业遗产类型学分析 / 98

5.3.3 玉门石油工业遗产类型特征 / 113

5.4 克拉玛依石油工业遗产类型学分析 / 114

5.4.1 克拉玛依石油工业遗产的基本概况 / 114

5.4.2 克拉玛依石油工业遗产类型学分析 / 116

5.4.3 克拉玛依石油工业遗产类型特征 / 126

5.5 大庆石油工业遗产类型学分析 / 127

5.5.1 大庆石油工业遗产的基本概况 / 127

5.5.2 大庆石油工业遗产类型学分析 / 128

5.5.3 大庆石油工业遗产类型特征 / 139

5.6 中国石油系列遗产的类型特征及关联性因素分析 / 140

5.6.1 中国石油系列遗产的整体性类型特征 / 141

5.6.2 中国石油系列遗产类型特征的关联性要素分析 / 143

6 中国石油系列遗产的时空格局分析

6.1 延长石油工业遗产的时空格局分析 / 148

6.1.1 延长石油工业遗产的建造时间相对集中 / 148

6.1.2 延长石油工业遗产的空间分布特点 / 150

6.2 玉门石油工业遗产的时空格局分析 / 154

6.2.1 玉门石油工业遗产的建造时间相对集中 / 154

6.2.2 玉门石油工业遗产的空间分布特点 / 156

6.3 克拉玛依石油工业遗产的时空格局分析 / 163

6.3.1 克拉玛依石油工业遗产的建造时间相对集中 / 163

6.3.2 克拉玛依石油工业遗产的空间分布特点 / 165

6.4 大庆石油工业遗产的时空格局分析 / 173

6.4.1 大庆石油工业遗产的建造时间相对集中 / 173

6.4.2 全部遗产点都分布在城市辖区 / 175

6.4.3 大庆石油工业遗产呈现"一带一轴"的总体空间分布特点 / 178

6.4.4 大庆石油工业遗产呈现"聚集式"的局部空间分布特点 / 183

6.5 中国石油系列遗产的时空格局特征及其关联性因素分析 / 184

6.5.1 石油工业遗产在建造时间上呈现相对集中的分布特点 / 184

6.5.2 石油系列遗产呈现多样化的空间分布特征 / 186

7 石油系列遗产本体及空间环境多维度历史情境阐释

7.1 石油产业链遗产的历史情境阐释 / 190

7.1.1 石油产业链上游遗产——石油开采类遗产的情境建构与阐释
（萨55井）/ 190

7.1.2 石油产业链下游遗产——炼油技术工艺流程的情境构建（延
长石油厂）/ 195

7.2 石油辅助遗产的历史情境阐释 / 204

7.2.1 生活类遗产历史情境阐释——大庆石油
工人村的历史情境复原阐释 / 204

7.2.2 生活类遗产历史情境阐释——克拉玛依101窑洞房
历史情境复原 / 212

7.2.3 辅助类遗产情境阐释——玉门油田医院住院部
大楼的历史情境复原阐释 / 215

8 石油系列遗产多元价值阐释与建构 ——以大庆石油工业遗产为例

8.1 基于遗产社区视角的遗产价值构成研究 / 222

8.1.1 遗产社区概念的界定 / 222

8.1.2 遗产社区调研区域的选择 / 223

8.2 大庆石油工业遗产价值认知的研究方法 / 224

8.2.1 样本选择 / 224

8.2.2 数据收集整理 / 225

8.3 大庆石油工业遗产的价值认知编码分析 / 227

8.3.1 开放式编码 / 227

8.3.2 主轴式编码 / 231

8.3.3 选择式编码及大庆石油工业遗产价值构成模型 / 233

8.3.4 理论饱和度检验 / 233

8.4 大庆石油工业遗产价值认知构成分析 / 234

8.4.1 大庆石油工业遗产的内在价值认知分析 / 235

8.4.2 大庆石油工业遗产的社会价值认知分析 / 238

8.4.3 大庆石油工业遗产的价值构成要素及关联性分析 / 244

8.5 大庆石油工业遗产的价值认知影响因素分析 / 246

8.5.1 大庆石油工业遗产价值认知的一致性分析 / 247

8.5.2 大庆石油工业遗产价值认知的差异性分析 / 248

9

石油系列遗产数字化信息阐释平台

9.1 石油系列遗产数字化阐释平台的构建目标和方法 / 253

9.1.1 石油系列遗产数字化阐释平台的构建目标 / 253

9.1.2 石油系列遗产数字化阐释平台的构建方法 / 254

9.2 石油系列遗产信息数据库的构建 / 255

9.2.1 石油系列遗产信息数据库构建的目标 / 255

9.2.2 基本数据的收集与筛选 / 256

9.2.3 石油系列遗产数据库设计与实现 / 259

9.3 石油系列遗产的数字化阐释与展示平台 / 265

结束语 / 272

参考文献 / 273

后记 / 285

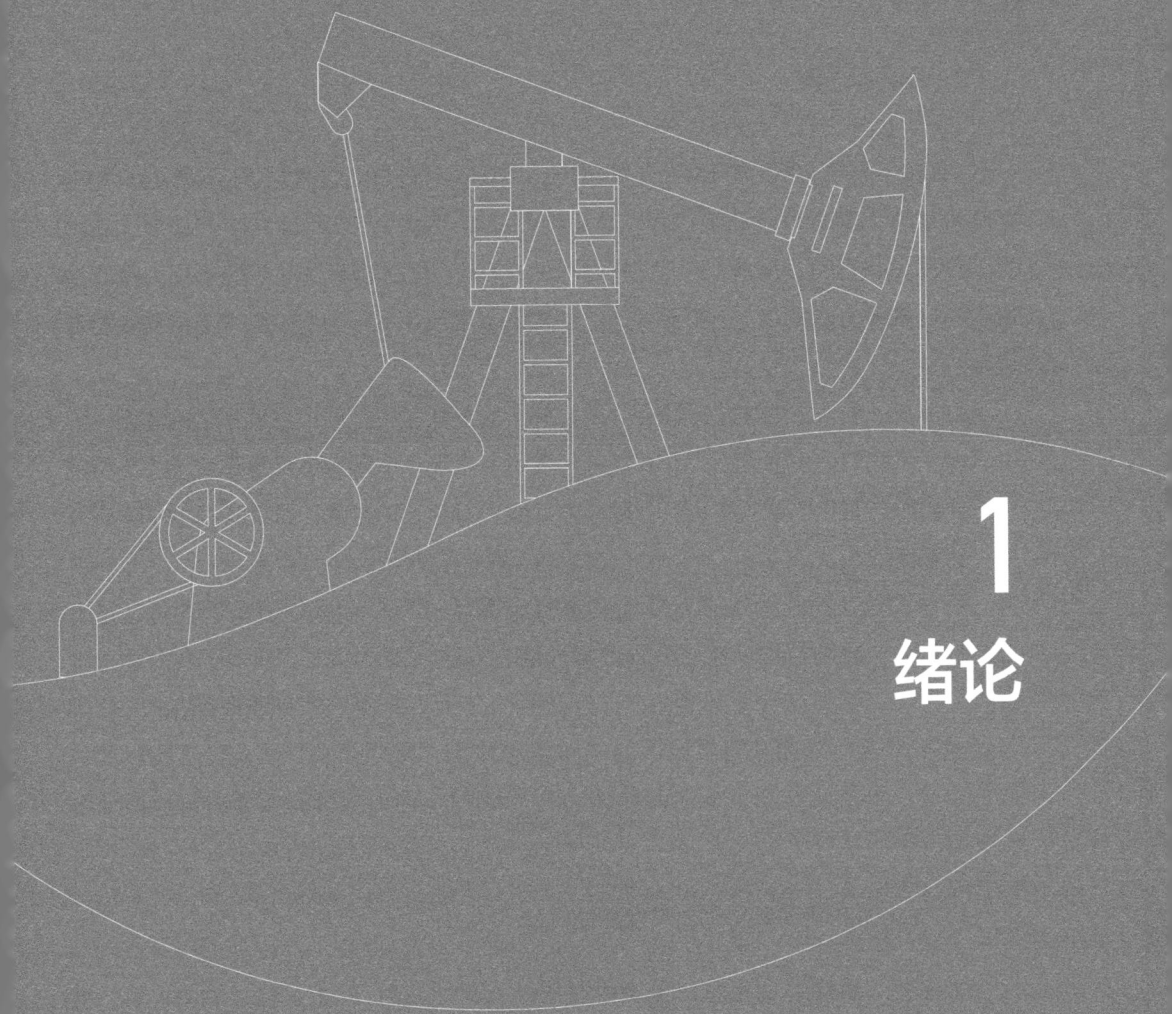

1

绪论

1.1

研究背景和意义

1.1.1　研究背景

"石油工业的发展已有160余年的历史，历史学家通常把它的起源追溯到19世纪50年代末加拿大安大略省和美国宾夕法尼亚州钻探的油井。20世纪50年代以来，石油化工产品，如塑料、纺织品、染料、药品、溶剂、化肥和杀虫剂等的出现，使石油成为不可或缺的能源之一。直至今天，原油和天然气满足了全球60%以上的初级能源需求。"[1]

石油与一个地方的文化、社会、政治和空间形式特征之间存在着紧密的联系，它不仅改变了我们的生活方式，在我们如何生活、在哪里生活等方面也起着至关重要的作用。同时，它也改变了我们自身的能力、我们对自己的想象、我们居住的空间以及城市的整体形态。

石油工业遗产作为石油物质流动和资金流动过程中形成的遗址和遗迹，是经济、社会、文化和石油产业等多种要素长期相互作用的结果，其包含了独特的工业景观、聚落、空间区域等有形遗产，以及石油文化、精神、艺术等无形遗产。石油工业遗产体现了石油对能源城市的空间功能结构、文化景观、社会文化构成等方面的影响。因此，石油工业遗产作为文化遗产的一种类型具有重要的研究价值和意义。

1. 文化遗产阐释是文化遗产保护的基础

文化遗产阐释是文化遗产保护的基础。"借由阐释，就能了解；借由了解，就能欣赏；借由欣赏，就会产生保护行为"[2]。文化遗产阐释是指通过对存在于文化遗产中过去信息和现在信息的有效整合，并且经过研究者的重新理解和思考来解读文化遗产的文化价值和意义。文化遗产是文化、历史、地理、社会等多方面要素共同作用的结果，是在一定的时间和空间范围内产生的一种复杂的文化现象，是一个持续文化演变过程。因此，认识文化遗产需要从多个视角对其进行共时性、历时性和关联性的解读。目前，虽然国内已经陆续开展了文化遗产的阐释研究工作，但主要是从遗产价值方面对遗产进行阐释，视角比较单一，并且也没有建立起比较完善的文化遗产阐释理论体系和阐释方法，这不利于文化遗产后续保护工作的开展。因此，需要从多个研究视角进行文化遗产阐释方法的讨论，以便文化阐释理论体系的构建。

2. 石油工业遗产是工业遗产的重要组成部分

"中国作为世界上最早发现和利用石油、天然气的国家之一"[3]，"石油工业开始于19世纪末，1949年以后开始进入全面快速发展时期，陆续开发了很多拥有地质勘探、钻井施工、油田开发、炼油化工、交通运输、机械制造等石油工业类型齐全的大型综合性油田"[4]，例如克拉玛依油田、大庆油田、胜利油田、大港油田等。这些大型油田涵盖了石油产业链的上游、中游、下游，其中一些特有的石油技术工艺、工作制度和社区生活模式，形成了一系列具有历史价值、技术价值、社会和文化价值的石油工业遗产资源。

自2017年开始，我国工业和信息化部公布了国家工业遗产名单，截至2023年，已经公布了五批次保护名单，其中涉及石油工业遗产的有8处（苗栗油矿、延长油矿、玉门油矿、克拉玛依油田、大庆油田等）。我国已经开始重视石油工业遗产的保护工作，将石油工业遗产作为我国工业遗产的重要组成部分。相对于其他类型的工业遗产研究，现阶段我国石油工业遗产的专题性研究非常有限，研究对象也比较单一，只有对石油工业遗产进行全面深入的专题性研究，才能建立起石油工业遗产的整体性认知。

3. 系统性保护方法是石油工业遗产保护的关键

石油工业遗产包含石油物质流动和石油资金流动过程中形成的有形遗产和无形遗产，覆盖了石油勘探、开采、加工、存储、运输，以及销售过程的整个石油产业链，其中与石油生产过程密切相关的基础设施（道路、铁路、桥梁等）、石油管理部门（公司总部、研发部门等）和生活休闲区（居住区、医院、俱乐部等）等，也是其重要组成部分。国内有关石油工业遗产的研究非常有限，还没有形成石油工业遗产系统性的保护研究方法。从国家工业遗产名单可以看出，每一个石油工业遗产都包括多个核心物项（遗产要素），它们共同体现了石油工业遗产的突出普遍价值。因此，需要将所有石油工业遗产作为一个整体进行系统性解读。

1.1.2 研究意义

1. 拓展中国文化遗产阐释研究的新视野

目前，中国建筑历史学科越来越注重对文化遗产的综合研究，更加注重多视角阐释和展示方法的研究，由此在文化遗产的阐释与展示方法上取得了一定数量的研究成果。由于现阶段有关文化遗产的阐释多是从价值论的单一视角进行研究，缺乏多元视角的拓展研究，这将造成文化遗产阐释的片面性。因此，本书在建筑史学研究的基础上结合历史学、阐释学和语境论等学科的研究方法，以再现文化遗产的'情境'为切入点，建立文化遗产的情境阐释理论框架体系，这将具有一定的理论和现实意义。

2. 构建工业遗产情境阐释的理论框架

目前，针对工业遗产保护方面的研究主要集中在工业遗产基本资料的整理与解读、价值体系的评定、保护再利用模式等几个方面，取得了丰富的研究成果，但是缺乏工业遗产阐释方法的讨论研究。工业遗产的阐释研究作为工业遗产保护的基础研究，直接影响到工业遗产的价值认定和保护再利用策略的制定。因此，本书尝试从工业遗产的文化关联性和价值认知两个方面阐释工业遗产的历史情境和现代情境，探讨工业遗产阐释的原则和方法，构建工业遗产情境阐释的理论框架和模型，为以后工业遗产的动态保护研究和价值评价标准的制定提供一定的研究基础。

3. 实现石油工业遗产的系统性保护研究

在中国，大型油田共有20多个，分布在50个以上的市、县地区。截至2023年，共有8个油田的石油工业遗产被列入国家工业遗产名单，部分还被列入各省、市、县的地方级重点文物保护名录，石油工业遗产的价值逐渐被大众认可。但是国内有关石油工业遗产的研究较少，且没有进行全面的调查研究和记录，更缺乏系统性保护研究。因此，本研究以石油工业遗产为研究对象，引入"系列遗产"概念，提出了"石油系列遗产"的概念，明确石油系列遗产的类型构成体系，将石油工业遗产作为一个整体，进行多视角的系统性研究，旨在为未来实现中国石油工业遗产的系统性保护研究提供一个思路和方法。

4. 为实现石油工业遗产的数字化保护和阐释提供一种方法

文化遗产数字化作为中国文化数字化战略的重要组成部分，已经成为我国文化遗产保护领域的一个重要研究目标和研究方向。因此，实现石油工业遗产的数字化保护也是本研究的一个重要研究目标。本书利用数字化技术构建了中国石油工业遗产基本信息数据库（4个油田），将文本、图像和影像进行超文本链接，共同展示在GIS平台上，并利用3D技术构建了典型遗产点的历史情境阐释模型，最后利用Web技术构建了石油工业遗产的数字化阐释平台，将部分研究成果按一定逻辑关系进行整合展示，为石油工业遗产的保护和宣传提供了一种公众可参与的平台。

1.2
国内外研究现状及发展动态

1.2.1 文化遗产阐释研究

阐释（Interpretation）是当代遗产保护理论中使用频率较高的术语，是由弗里曼·提尔顿（Freeman Tilden）在《阐释我们的遗产》（*Interpreting Our Heritage*）中提出的。[2]在2008年第16届国际古迹遗址理事会（ICOMOS）会议上，正式通过了《文化遗产地阐释与展示的宪章》（*The Interpretation and Presentation of Cultural Heritage Sites*），宪章中给出了"文化遗产阐释和展示"的概念、目标和原则[5]。近年来，国际上有关文化遗产阐释的研究主要包括阐释理论与阐释方法、遗址地阐释与展示、旅游遗产解说、文化遗产地管理等方面，例如2005年英国遗产教育服务局推出的《遗产管理中的各类问题》系列丛书，其第四卷《遗产阐释》记录了英国遗产委员会20年来遗产阐释的理论和实践；2005年澳大利亚新南威尔士州遗产管理处发布的《遗产地和遗产阐释指南》，对其解说进行了定义[6]；2012年伊琳娜·沙拉基诺娃（Iryna Shalaginova）撰写的《理解遗产：一种理解遗产地机制的遗产解释的建构主义方法》（*Understanding Heritage: A Constructivist Approach to Heritage Interpretation as a Mechanism for Understanding Heritage Sites*）构建了一种基于建构主义视角的遗产解释理解理论，将对遗产解释和理解关注的过程从纯粹的认知过程转移到交际过程[7]；2022年UNESCO世界遗产阐释与展示二类中心WHIPIC《遗产阐释与展示的定义和概念》（*Definition and Concepts of Heritage Interpretation and Presentation*）理论研究报告通过文献综述、工作研讨、国际调查等，探讨了"遗产阐释""展示"和"包容性遗产阐释"的定义和概念。[8]

现阶段，国内有关文化遗产阐释的研究主要集中在三个方面：①对国际遗产阐释宪章、理论、方法的解读，如：张成渝的《遗产解说与展示：对〈艾兰姆宪章〉的释读》[9]、孙燕的《西方遗产诠释思想述要》[10]、韩真元等的《国外文化遗产阐释规划中主题阐释方法的解析与启示》[11]、王晶的《水下文化遗产保护和展示阐释方式的演进》[12]；②对阐释和展示概念的讨论，如：陈曦的《"阐释"与"展示"概念的溯源与辨析》[6]、付梓杰等的《国际文件视野下的遗产阐释与展示溯源及发展》[13]；③对某一类型遗产或具体遗产地的阐释与展示方面的讨论，如：王路等的《中国考古遗址公园中遗址展示的问题与原则》[14]、陈凯媛的《历史城镇类遗产的阐释与展示规划研究——以延安历史文化名城为例》[15]、周觅等的《国家文化公园背景下大型线性文化遗产阐释框架——以长城为例》[16]。

总体来说，国内有关文化遗产阐释的研究还处于探索阶段，基本集中在阐释概念的梳理、解读和具体实践方法等方面。对于文化遗产阐释的理论研究相对较少，缺少从历史学、阐释学、社会学等多学科相关理论的综合研究，更缺乏建立文化遗产阐释理论框架的方法研究。

1.2.2　数字史学方法在文化遗产领域的应用

数字化文化遗产研究已经逐渐展开，尤其是在数据信息分析与管理、三维扫描、可视化展示等方面取得了丰硕的研究成果，但从数字史学解读文化遗产，具有更深入挖掘的可能性。

数字史学（Digital History）是利用计算机信息技术、网络和软件系统等技术，诠释和展示历史的一种方法，是数字人文学（Digital Humanities）的一个分支。近年来，国际上数字史学方法已经开始应用于文化遗产领域。1992年，联合国教科文组织（UNESCO）推动了"世界的记忆"项目，标志着全球范围内的文化遗产数字化正式启动，并于2003年通过《保存数字遗产宪章》（*Charter on the Preservation of Digital*

Heritage）指出：以数字方式生成及存储，具有长久的价值和意义[17]。国际上美国、英国、德国等国家已经在文化遗产数字化保护的数据采集、数据模型与场景构建、虚拟现实、信息共享等方面取得了重要的进展，例如：富勒维奥·仁瑙多（Fulvio Rinaudo）等人撰写的《文化遗产中运用GIS和3D建模》（*GIS and 3D Modelling for Cultural Heritage*）主要探讨了GIS和3D模型技术应用于文化遗产领域的目的、方法和优势[18]；桑德尔·慕斯特（Sander Munster）等人撰写的《数字文化遗产遇到数字人文》（*Digital Cultural Heritage meets Digital Humanities*），主要探讨了数字人类学和数字化文化遗产的关系，以及数字技术在文化遗产表述、可视化、基本资料整理等多个方面[19]；艾克罗姆·尼山巴夫（Ikrom Nishanbaev）撰写的《地理定位3D数字文化遗产模型的网页资料库》（*A web repository for geo-located 3D digital cultural heritage models*）介绍了一种集成地图、3D模型和地理空间数据（如地理定位）的新方法和web存储库[20]。

目前，国内数字化文化遗产工作主要集中在数字化采集记录、数字化研究管理、数字化阐释与展示三个方面。其中，数字化阐释与展示的研究主要集中在运用3D扫描、点云建模、后期处理、动画，以及利用虚拟现实和增强现实等技术来虚拟复原和展示文化遗产，例如：清华大学郭黛姮教授团队开展的圆明园数字化保护研究，通过5G+8K、AR+AI等技术，"恢复"圆明园原貌，实现了圆明园50余处胜景的全沉浸式交互展；北京大学开展的龙门石窟数字化保护，实现了龙门石窟擂鼓台区外立面洞窟、佛像等三维建模；敦煌研究院与腾讯公司联合打造了全球首个基于区块链的数字文化遗产开放共享平台"数字敦煌·开放素材库"。以上利用数字化技术虚拟复原和展示文化遗产的研究，对于探索文化遗产阐释的数字化方法和建立数字化阐释模型具有重要的参考意义。

1.2.3 石油工业遗产的保护研究

迄今为止，石油工业的发展大约已有160余年的历史，形成了勘探开发、生产加工、炼油、石油产品分销、零售等完整的石油工业生产链，对城市、建筑、景观产生了广泛的影响，形成了特有的全球石油景观。石油工业遗产作为全球石油景观的重要组成部分，是发现、开发、生产和消费石油产品最重要的、固定的有形证据和无形证据，影响人类和自然景观形成。这些证据集中体现了一个地区的石油产业发展模式、区域空间演变历程，以及石油工人的社会生活、记忆和价值观念。

国际上各个国家都很注重石油文化遗产的保护，在遗产地上建立了石油博物馆（德国石油博物馆（German Petroleum Museum）[21]）、石油工业遗产保护区（加拿大安德烈石油遗产保护区（Oil Museum of Canada）[22]）、国家遗址公园（美国宾夕法尼亚国家石油公园（Drake Well Museum and Park）[23]）等。但是，没有与石油生产直接相关的遗址被列入世界遗产保护名录（截至2023年），仅有一项被列入世界遗产保护备选名录[24]。

国际上有关石油工业遗产的专题性保护研究较少，其中比较权威的专题研究是2020年国际工业遗产保护委员会（TICCIH）发布的《石油工业遗产专题研究报告》（*The Heritage of the Oil Industry*）[1]，该报告首次从国际层面对石油工业遗迹进行比较评估，主要讨论了石油发展历史、石油工业遗产的真实性和完整性、重点保护对象等内容。研究学者卡罗·海因（Carola Hein）针对石油空间（Oil Spaces）进行了研究，提出了全球石油景观的概念，她认为，石油的物质和资金流动在全世界范围内形成了不同的空间层次（物理、表征和日常实践）[25-26]，这些不同的空间层包含不同的空间要素，这些空间要素共同组合成为一个总体景观。

世界上很多地区的研究学者、石油公司和政府已经开始携手合作保护石油工业遗产。玛莉亚·阿勒黛拉（Maria Aldera）运用空间石油景观的工具方法，重点解读了意大利石油工业遗产中的炼油厂、加油站、办公楼，汽车旅馆等建筑形式特征[27]。卡罗·海因（Carola Hein），克里斯汀·斯特罗班特（Christine Stroobandt）和斯蒂芬·豪泽（Stephan Hauser）探讨了法国敦刻尔克的石油历史，揭示出尚未完全记录的石油遗址所面临的挑战，并且通过分析敦刻尔克邮政局的设计方案，阐释了石油工业遗产未来如何再利用[28]。卡罗·海因通过对鹿特丹和海牙的石油工业遗产足迹的时空分析，展示了石油总部建筑、零售、基础设施和附属建筑是如何塑造港口、塑造整个兰斯塔德[25]。琪亚拉·杰罗蒂（Chiara Geroldi）和格洛丽亚·佩西纳（Gloria Pessina）在研究意大利发电站的时候，发现了全球石油景观的空间要素缺少发电站，进而填补了这个空白，这一研究扩展了石油工业遗产要素[29]。

当前，中国已经开展了石油工业遗产的保护研究，各级政府部门开始将石油工业遗产纳入保护名录，如国家工业遗产名单、中国工业遗产保护名录、省级文物保护名录（如山东省文物保护单位名录、辽宁省文物保护单位名录、黑龙江省文物保护单位名录）以及市级文物保护名录（如大庆市工业遗产保护名录、玉门市文物保护单位名录）。研究学者主要讨论了石油工业遗产的类型构成体系[30-31]、保护方法和保护策略[32-33]，各地方政府部门和石油企业也结合城市未来发展需求（如延长、玉门），提出了石油工业遗产的保护策略[34-35]。

　　近年来，作者本人带领的课题组一直从事石油工业遗产的研究工作，进行了大量的实地调研和历史文献研究，对石油工业遗产进行了多视角、多方面的保护研究工作，并且取得了丰硕的研究成果[31, 36-41]，这些研究成果为实现石油工业遗产的系统性保护研究奠定了扎实的研究基础。

1.3
研究内容

1.3.1　研究对象

　　我国石油工业的发展开始于19世纪末，1878年台湾苗栗油矿——苗一井是我国第一口用近代动力钻机钻成的油井，标志着我国近代石油工业的开端。我国石油工业历经百余年发展，形成了50多个大型综合型油田。截至2023年，共有8个油田被列入国家工业遗产名单，包括苗栗油矿、延长油田（延长油矿）、玉门油田（玉门油矿）、克拉玛依油田与独山子油田（独山子油矿）、大庆油田、青海油田、胜利油田，以及大港油田。

　　本书为了比较全面地展示我国石油工业遗产的整体性特征，系统地阐释石油工业遗产的价值和意义，在选择研究对象时主要考虑两个因素：其一，能够体现我国近现代石油工业发展历程，在我国政治、经济、社会等方面曾经起到过重要历史作用，且具有重要历史意义；其二，油田数量较多、类型丰富，能够比较完整展示石油物质流动和资金流动的过程。这样比较有利于形成对石油工业遗产的整体性认知。

　　通过大量的历史文献资料阅读分析和多次实地调查研究，本书最终选定4个油田工业遗产作为研究对象。

　　（1）延长油田。延长油田位于陕西省延长县，开始于1907年，是我国陆上开发最早的油田，也是我国陆上石油工业炼制的开端，也被看作是我国近现代石油工业发展的缩影，其发展过程意义重大。1905年延长石油厂筹建；1907年，我国大陆第一座炼油房建成，成为我国当时最早的炼油厂；1930年，我国进行最早的油井爆炸增产试验等。

延长油田具有丰富的石油资源和较为完整的石油工艺流程，截至2023年，共有10个石油工业遗产点被列入国家工业遗产保护名单。其中，延长炼油厂（延长炼油房）跨越百年历史，是我国炼油工业的开端。延长油田的石油工业遗产类型涵盖了石油地质遗产、石油产业链遗产、石油辅助遗产等多个遗产类型，核心物项比较完好齐全，部分厂区服务设施齐全完善，是研究石油系列遗产的典型标本。

（2）玉门油田。玉门油田位于河西走廊西部的嘉峪关外，甘肃省境内。玉门油田是我国现代石油工业的发祥地，开创了现代炼油工业的先河，创造了第一口油井、第一个石化基地等多个"第一"，形成了中国石油工业的初步管理体系和技术标准，构建了中国石油工业发展的基本框架，也是"玉门精神""铁人精神"的重要源头，在中国石油工业发展的各个历史时期，发挥了重要作用，做出了重大贡献。20世纪60年代以来，玉门油田承担了"三大四出"（大学校、大试验田、大研究所，出产品、出经验、出人才、出技术）的历史重任，先后向全国50多个油田和炼化企业输送骨干人才和各类设备，为我国石油石化工业发展做出了历史性贡献。

本书共整理出29处玉门油田的石油工业遗存，其中有8处被列入国家工业遗产名单，有4处被列入县级文物保护单位（截至2023年）。

（3）克拉玛依油田与独山子油田。克拉玛依油田位于新疆克拉玛依市境内，是新疆石油工业的发源地。克拉玛依在维吾尔语中是"黑油"的意思，所以克拉玛依又被称为"黑油城"。

独山子油田位于准噶尔盆地南天山北麓洼地褶皱带上，因周围平坦的戈壁上"一峰突起"而得名，哈萨克语称"玛依他吾"或"玛依套"，意为油山。[99-100]

克拉玛依地区石油工业遗产主要涉及两个油田：一个是独山子油田，始建于1936年，位于克拉玛依市的独山子区，是我国西部重要的石油化工基地，也是我国石油工业的摇篮之一，早期主要包括石油开采和石油炼制两种功能，后期主要承担石油炼制生产功能；另一个是克拉玛依油田，位于新疆准噶尔盆地西北缘，1955年克拉玛依1号井完钻出油，标志着克拉玛依油田的发现，是新中国成立后发现的第一个大油田。截至2023年，克拉玛依油田共有16处石油工业遗产被列入国家工业遗产名单。遗产类型主要涵盖了石油地质遗产、石油产业链遗产以及石油辅助遗产等类型。

（4）大庆油田。大庆油田位于黑龙江省西部，松嫩平原北部，是我国目前最大的油田，也是"陆相生油理论"的典型代表。1959年9月松辽盆地第三口基准井——松基三井喷出工业油流，标志着大庆油田的产生。经过60多年的发展，大庆油田已经成为一个拥有勘探开发、工程技术、工程建设、装备制造、油田化工等石油工业类型齐全的大型综合性油田。大庆油田的建设为我国石油自给自足奠定了基础，改变了我国石油工业的面貌，是我国现代石油工业史的重要组成部分。

截至2023年，大庆油田共有26处石油工业遗产被列入各级政府部门的保护名录中，涵盖了石油产业链遗产、石油辅助遗产、石油文化精神、石油企业制度等遗产类型，是8个油田中石油工业遗产类型比较丰富的油田。

本书选择以上4个油田的石油工业遗产作为研究对象，希望可以比较全面地解读中国石油工业遗产的整体性特征，为实现中国石油工业遗产的系统保护奠定研究基础。这4个油田的石油工业遗产虽然涉及的石油工业遗产类型和遗产要素比较丰富，但是其中个别石油工业遗产类型和遗产要素研究还处于空白，在后续的研究中，会不断扩大研究范围来填补这些空白，并且进行深入研究。

1.3.2 研究内容

文化遗产的阐释主要基于遗产的完整性和真实性，由于遗产自身和周围环境在空间和时间上不断变化，具有历史层叠性，这就需要将文化遗产放到一定的历史语境下去解读。鉴于此，本书引入"情境阐释"理念，借助数字史学的研究方法，建立文化遗产的情境阐释框架与模型，提出文化遗产阐释的一种新方法。

（1）基于历史学、哲学诠释学和数字史学的理论和方法，构建文化遗产的情境阐释理论框架。

"情境"是文化遗产不可分割的一部分，包括历史、政治、文化、社会等多方面内容，"情境阐释"是对文化遗产产生、发展和衰退的历史过程和价值的再解读。本书根据历史阐释学和语言阐释学的理念，将"情境阐释"分为两个方面进行研究：一方面是指文化遗产产生、发展、衰退全过程的历史情境阐释，既包括遗产本体、区域空间、生态环境等物质形态的演变过程，也包括相关的政治制度、文化结构、社会经济、人口构成等非物质形态的演变过程；另一方面是指基于现代人们对遗产价值认知的现代情境阐释，主要从遗产社区的视角，基于石油工业工作者对石油工业遗产的价值认知构建的石油系列遗产的价值构成体系。基于以上两个方面研究，建立文化遗产情境阐释的基本理念、内容和方法。

（2）从文化遗产保护的完整性视角，提出了石油系列遗产的概念，构建了石油系列遗产的类型构成体系。

本书从遗产保护的完整性视角，基于"系列遗产"和"全球石油景观"概念，提出了"石油系列遗产"的概念。依据"系列遗产"的功能性框架体系，"全球石油景观"的空间类型、矿业遗产的分类体系，以及石油工业生产链构成要素，构建了"石油系列遗产"的类型构成体系。利用层次分析法，将石油系列遗产的类型构成体系分为三个层级，明确了每一层级的遗产类型及其构成要素，发现各层级之间既相互独立，又具有紧密的功能逻辑关系。

（3）利用定性和定量的分析方法，解读石油系列遗产的多重属性特征及其关联性因素。

本书采用定性和定量相结合的分析方法，依据构建好的石油系列遗产的类型构成体系，解读4个油田的石油工业遗产的类型学特征，并且运用GIS空间分析、叠加分析和统计分析方法，对4个油田的石油工业遗产进行了时空格局的历史学分析，得出了其时空格局的整体性特征；在此基础上，进一步讨论了这些属性特征与中国石油工业发展历史、油田的发展历史、所在区域的城市规划建设，以及城市空间格局演变的关联性，并确定最为密切的关联性要素。这一部分内容为石油工业遗产的未来整体性保护提供了研究基础。

（4）利用3D模型技术构建石油系列遗产中有形遗产的历史情境阐释模型。

本书在石油系列遗产的类型构成体系和多重属性研究的基础上，结合前期整合的各种研究资料，利用3D模型技术建立石油系列遗产有形遗产的历史情境阐释模型，重点再现和解读了石油工业产业链遗产和石油辅助遗产的历史情境。石油产业链遗产的历史情境构建和解读，强调的是对石油工艺技术流程的整体性解读；石油辅助遗产的历史情境构建和解读，强调的是对遗产本体及其周围环境的整体性解读。

（5）从遗产社区的研究视角，利用扎根理论和层次分析法，构建了石油工业工作者对于石油工业遗产价值的认知模型，建立了石油系列遗产的价值构成体系。

本书以大庆石油工业遗产为典型案例，利用"扎根理论"对石油工业工作者生活和工作聚集的区域进行了实地调研，通过收集整理文本进行编码分析，提炼出可以反映石油工业遗产价值的核心范畴，得出三代石油工业工作者对大庆石油工业遗产价值的认知构成；以此为依据，运用层次分析法，构建大庆石油工业遗产的价值构成体系，分析三代石油工业工作者对石油工业遗产价值重要性的认知异同点及其原因；由此，建立基于石油工业工作者视角"自下而上"的石油系列遗产的价值构成体系。

（6）利用ArcGIS软件和Web技术实现石油系列遗产基础信息数字化保护和数据共享，建立数字化阐释与展示平台。

利用GIS技术建立石油系列遗产的基本信息数据库，并且尝试利用ArcMap软件工具界面中的选择识别工具，对属性图层选择添加超链接，实现不同类型资料（包括图像、文本、影像等）的超链接和不同类型信息的可视化呈现。利用Web技术将主要研究成果按照一定的逻辑关系进行整合，实现研究成果的可视化阐释与展示，并将部分研究论文成果进行超链接，建立起一个比较完整的石油系列遗产数字化阐释与展示平台。

1.4
研究方法和技术路线

1.4.1 研究方法

1. 文献分析与实地调研

石油系列遗产作为一种能源型遗产，是涵盖石油开采、加工、运输等多个石油工艺技术流程遗留下来的遗存，分布区域广，遗产类型丰富且数量众多，具有明显的功能性、文化性和地域性。对此，研究的基础是文献分析和实地调研：首先，对与石油有关的发展技术史、油田志、地方志、厂史厂志等历史文献资料和影像资料进行收集、对比、整合和解读，筛选出典型性研究对象；其次，对4个研究对象——大庆油田、延长油田、玉门油田和克拉玛依油田进行实地调查考察，对石油工业遗产的构成要素、类型、形态等方面进行分析研究，作为石油系列遗产的基础研究。

2. 数字史学方法

数字化环境能够帮助人们更好地理解文化遗产本体及其环境演变的过程，可以更科学地阐释文化遗产的价值和意义。数字化技术已经成为文化遗产研究一种重要方法。本书利用GIS技术完成石油系列遗产信息数据收集、整理和分析，建立基本信息数据库，并以时间为轴线，分析石油工业遗产与油田开发建设历史、城市行政区域演变、区域空间形态等方面的关联性；利用3D模型技术重现典型石油工业遗产点发生、发展和废弃过程的历史情境；利用ArcMap平台所有和研究对象相关的文本、图像、影像等基础资料进行超文本链接；利用Web技术将部分研究成果进行展示，构建石油系列遗产的可视化阐释与展示平台。

3. 多学科综合研究方法

文化遗产的阐释研究是一项综合学科的研究，结合了建筑史学、阐释学、社会学、人类学等多学科的理论和方法。将阐释学方法和数字史学方法相结合，解释遗产本体的历史事实、历史逻辑和历史价值，构建文化遗产的"情境"阐释框架和模型；将定量和定性相结合，对石油系列遗产进行文化关联性研究，通过对石油系列遗产的类型构成、景观形态、物质空间形态等方面的量化分析，明确了石油工业遗产本体及其影响因素的文化关联性；将访谈法、扎根理论法和层次分析法相结合，从遗产社区的研究视角，归纳总结出石油工业遗产的价值构成，最终构建石油工业遗产价值的认知模型，并将结果可视化呈现出来；通过比较研究法，开展对4个油田城市的石油工业遗产的类型属性、时间属性、空间属性、文化属性方面的比较研究，总结出石油工业遗产多元属性特征的影响因素及其关联因素。

1.4.2 技术路线

根据总体研究目标，整个研究工作划分为5个阶段，不同的研究阶段采用不同的方法手段和技术路线，由此推进研究工作的开展。

第一阶段：通过研读历史学、阐释学、数字史学、语境论和文化遗产学等多学科的理论和方法，初步明确遗产"情境"阐释的内涵、内容、方法和路径，构建文化遗产的"情境"阐释框架体系。

第二阶段：搜集阶段基础资料，侧重全面掌握延长油田、玉门油田、克拉玛依油田和大庆油田的石油工业遗产的基本研究素材；通过大量历史文献资料查阅整理、实地调研分析、建筑测绘、影像音频文件检索等多种方法，积累石油工业遗产的基本资料，建立遗产基本信息数据库，搭建基础研究平台。

第三阶段：在前期基础资料分析研究的基础上，深入对石油系列遗产的系统性保护分析；利用交叉学科解读、对比分析、定性和定量分析等具体方法，系统性分析研究4个油田的石油工业发展历程、石油工业遗产的类型学特征、时空格局特征，以及影响这些特征的关联性因素，在此基础上，利用数字化技术建立了石油系列遗产本体及空间环境的多维度历史情景模型。

第四阶段：以大庆油田的石油工业遗产为研究对象，对遗产社区的石油工业工作者进行深度访谈，将访谈内容进行收集、分析和整理，利用扎根理论对访谈数据进行编码分析，初步建立石油工业工作者对大庆石油工业遗产的价值认知模型，在此基础上，对三代石油工业工作者的价值认知进行了定性和定量分析，确定大庆石油工业遗产的价值构成要素，建立"自下而上"的石油系列遗产的价值构成体系。

第五阶段：利用GIS平台实现石油系列遗产信息的存储和阐释，并且利用Web技术将目前的主要研究成果按照一定的逻辑关系进行整合，实现研究成果的可视化阐释与展示，推进石油系列遗产的宣传和传播。

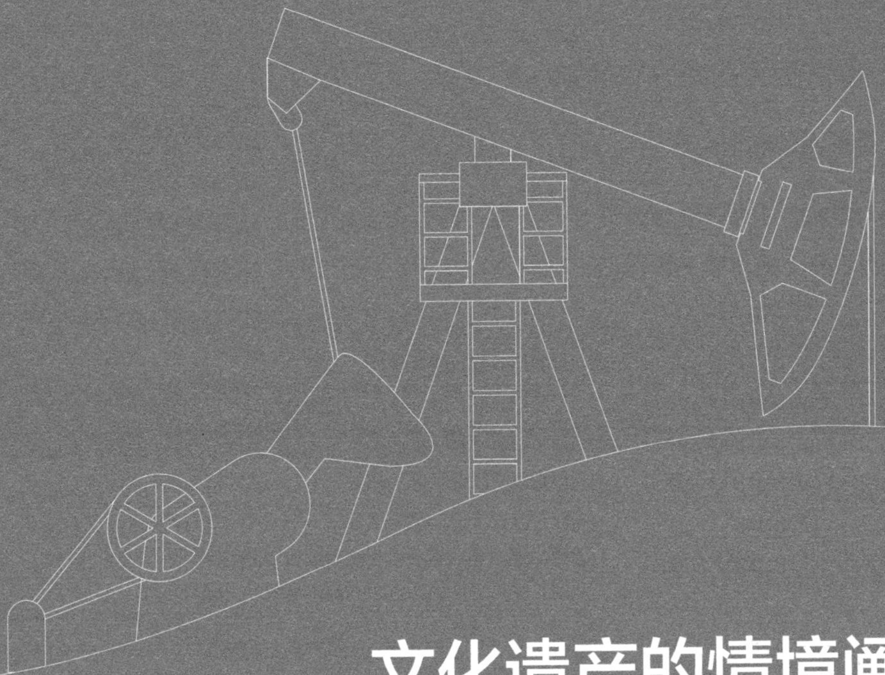

2

文化遗产的情境阐释框架构建

2.1
文化遗产情境阐释的研究基础

2.1.1　遗产阐释的概念和原则

1. 遗产阐释的定义

到目前为止，遗产阐释还没有一个统一的定义（表2-1）。遗产阐释的定义，最初是由弗里曼·提尔顿（Freeman Tilden）（1977年）提出的："阐释（解说）是一种

"遗产阐释"定义的演变[35]　　　　　　　　　表2-1

作者/协会	定义
弗里曼·提尔顿 （Freeman Tilden）（1977年）	阐释（解说）是一种教育活动，旨在通过运用原始物体、亲身体验和直观的媒体来揭示含义和关系，而不是简单地传递事实信息
贝克和凯布尔 （Beck L. and Cable T.） （1998年）	阐释（解说）是一项旨在揭示人类文化和自然资源含义的教育活动。通过各种媒体，包括演讲、导游、展览，阐释（解说）增强了我们对于历史遗迹和自然奇观的理解、欣赏和保护
霍华德 （Howard P.）（2003年）	阐释决定了对遗产说什么，如何说，向谁说
吉安娜·莫斯卡多（Gianna Moscardo）（2014年）	遗产阐释是具有说服力的交流活动，例如导游、小册子以及在标志和展览上提供的信息，旨在向游客展示和解释旅游目的地自然和文化遗产的各个方面
国际古迹理事会澳大利亚国家委员会 （Australia ICOMOS）（1999年）	遗产阐释是指展示某遗产地文化价值的所有方式
国际古迹遗址理事会 （ICOMOS）（2008年）	指一切可能的，旨在提高公众意识、增进公众对文化遗产地理解的活动
澳大利亚解说协会 （Interpretation Association, Australi）（2010年）	阐释通过传达地点、自然世界或历史遗迹的理念、信息和知识，来帮助游客理解环境的意义
美国国家解说协会 （The National Association for Interpretation，USA）（2010年）	阐释（解说）是一个基于任务的沟通过程，在观众的兴趣和资源的内在含义之间建立情感和智识联系
英国遗产点解说协会 （The Association for Heritage Interpretation，UK）（2010年）	阐释是一种交流过程，分享有趣的故事和讲演，可以帮助人们感受，更加理解一个地点、一个藏品，或者一个事件

资料来源：作者翻译自哈菲祖尔·拉赫曼（Hafizur Rahaman）文章

教育活动，旨在通过运用原始物体、亲身体验和直观的媒体来揭示含义和关系，而不是简单地传递事实信息。"[6]这一定义包含了遗产阐释的两个重要的目的：一个是遗产的教育意义，另一个是遗产价值和遗迹的解读。

2008年，国际古迹遗址理事会撰写的《关于文化遗产地阐释与展示的宪章》(*The Interpretation and Presentation of Cultural Heritage Sites*)给出了比较权威的文化遗产阐释的定义：一切可能的，旨在提高公众意识、增进公众对文化遗产地理解的活动，这些可包含印刷品和电子出版物、公共讲座、现场及场外设施、教育项目、社区活动……以及对阐释过程本身的持续研究、培训和评估。[5]这也表明了遗产阐释的两个重要目标：一个是提高公众对于遗产保护的意识，另一个是增进公众对于遗产保护的参与度。

除此之外，还有很多专家和遗产保护协会，根据遗产阐释的不同目标也提出了不同的定义，例如：吉安娜·莫斯卡多(Gianna Moscardo)(2014年)认为"遗产阐释是具有说服力的交流活动，旨在向游客展示和解释旅游目的地自然和文化遗产的各个方面"；国际古迹遗址理事会澳大利亚国家委员会(1999年)认为"遗产阐释是指展示某遗产地文化价值的所有方式"；美国国家解说协会(The National Association for Interpretation，USA)(2010年)认为"阐释(解说)是一个基于任务的沟通过程，在观众的兴趣和资源的内在含义之间建立情感和智识联系"。

虽然，遗产阐释的定义一直在演变，但都是在弗里曼·提尔顿(Freeman Tilden)提出的定义的基础上进行的延伸和扩展，基本都是基于社会学理论、认知心理学理论和传播学的理论框架。遗产是一个复杂的社会文化发展过程的结果，是一个动态、持续的演变过程，因此，需要尝试从更多学科研究视角拓展遗产阐释的内容和方法。

2. 遗产阐释的原则

除了遗产阐释的定义，遗产阐释的原则也是遗产保护工作的重要组成部分。遗产是一个复杂的社会文化发展过程的结果，是一个动态、持续的演变过程，因此，需要尝试从更多学科的研究视角拓展遗产阐释首次提出的6项原则(表2-2)，其中有3项原则，在今天看来也是非常重要的。第二条原则："基于信息对事物真相的揭示，信息本身并非阐释"，也就是说遗产阐释需在信息整合的基础上，对遗产进一步深度解读，而不仅仅是信息的罗列或表层的解读。第四条原则："阐释(解读)的主要目标不是教导而是激发"，即通过对遗产阐释，可以向人们讲述遗产本身的价值，更重

遗产阐释的原则（部分节选）[35, 6]　　　　　　表2-2

弗里曼·提尔顿 （Freeman Tilden） （1977年）	1. 任何不能把展示与描述的内容与游客性格和经验联系起来的阐释都是枯燥无味的； 2. 阐释是基于信息对事物真相的揭示，但信息本身并非阐释，阐释和信息完全是两回事，然而，所有阐释包括信息； 3. 无论所呈现的材料是科学的、历史的或是建筑的，阐释是一种综合多种人文科学的艺术，任何艺术在某种程度上都是可传授的； 4. 阐释（解读）的主要目的不是教导而是激发； 5. 阐释应力求呈现整体而非局部，必须针对整体而非某一方面； 6. 针对儿童的阐释不应淡化针对成人的介绍，而应遵循根本不同的方法，如果想要达到最佳状态，它需要一套独立的方案
哈里森 （Harrison R.） 的原则（1994）	1. 探究任何特定信息的"如何""为什么"，以及"什么""何时"； 2. 探究互动和参与体验的选择：参观者，无论老少，都应该能够相互交流和学习； 3. 具有强烈的人情主题：人们对人感兴趣，解读应围绕这一点； 4. 确保访问者获得一些新知识，并被激发了解更多； 5. 以消费者为导向，以资源为导向，应在反映访问者兴趣和需求与政府希望传达的信息范围之间取得平衡交流； 6. 分层次提供，体现不同游客群体的兴趣和理解能力； 7. 应该认识到访问者可以吸收的信息数量是有限的； 8. 认识到人们是多么的不细心：需要指导访客看什么，什么最重要； 9. 以现有知识为基础，确保解释具有相关性和意义； 10. 提供全面的体验，刺激所有人的感官
吉安娜·莫斯卡多 （Gianna Moscardo） 的原则（1996）	1. 应给予访客多样化的体验； 2. 访客应该可以自由选择； 3. 需要与访客的个人经历建立联系； 4. 解说需要激发游客，反思他们所看到的； 5. 身体定位系统
贝克和凯布尔 （Beck L. and Cable T.）的原则（1998）	1. 考虑所提供信息的数量和质量； 2. 使用新技术来呈现和提供变化； 3. 解说员必须具备基本的交流技巧经验； 4. 通过有意和周到的计划和设施促进最佳体验设计； 5. 向人们灌输感知环境之美的能力和愿望——提供精神提升并鼓励资源保护； 6. 让过去活起来，让现在更愉快，让未来更有意义； 7. 对资源和访客充满热情——对于强大而有效的解释至关重要
蒂姆·科普兰 （Tim Copeland） 的原则（2006）	1. 场所的解说应整体呈现，重点强调年代、变化、证据、解释等"大"概念； 2. 场所的解说很大程度依赖于证据的使用； 3. 参观者被视为具有当前观念和对过去的新兴想法的思想家； 4. 解说使游客了解历史环境； 5. 游客的探索非常有价值； 6. 解释策略旨在鼓励话语； 7. 评估和评价旨在发现参观者的观点并改进解释

续表

《文化遗产地阐释与展示的宪章》(The Interpretation and Presentation of Cultural Heritage Sites)的核心原则(2008)	1. 接触渠道和理解：应促进公众接触遗产本体和相关的知识； 2. 信息源：应以公认的科学和学术方法以及从现行的文化传统中搜集的证据为依据； 3. 环境和背景：应结合其广泛的社会、历史、文化，以及自然环境和背景； 4. 真实性：必须遵守《奈良真实性文件》（1994年）中关于真实性的基本原则； 5. 可持续性：必须尊重遗产地的自然和文化环境； 6. 覆盖面：必须是遗产专家、遗产地负责机构和相关社区，以及其他利益相关者共同有意义合作的结果； 7. 研究、培训和评估：不断进行研究、培训和评估是遗产阐释工作必不可少的组成部分

资料来源：作者翻译自哈菲祖尔·拉赫曼（Hafizur Rahaman）文章

要的是建立人们与遗产之间情感和智识联系，强调公众参与性。第五条原则："阐释应力求呈现整体而非局部，必须针对整体而非某一方面"，这一点主要强调了对于遗产完整性的解读，避免遗产解读的片面性。这些原则成为现代遗产阐释原则制定的基础。

遗产学者、专家和国际遗产保护组织基于这6项基本原则，拓展了阐释原则的内涵，例如，哈里森（Harrison R.）（1994年）认为主题识别在遗产阐释中最为重点，强调了观众参与和体验的重要性；贝克和凯布尔（Beck L. and Cable T.）（1998年）强调阐释要促进地方感，鼓励环境保护的"精神性"感受；蒂姆·科普兰（Tim Copeland）（2006年）强调来访者之间的"对话"和交流，并使用隐喻来增强理解。

2008年，《文化遗产地阐释与展示的宪章》提出了遗产阐释与展示的7项原则（表2-2）：接触渠道和理解、信息源、环境和背景、真实性、可持续性、覆盖面，以及研究、培训和评估的重要性。这是目前国际上普遍认可的、较全面和权威的遗产阐释原则，也是遗产阐释研究的重要参考依据。

从表2-2可以看出，遗产阐释原则的制定，目的是促进人们对于文化遗产（地）的理解和欣赏，培养公众的遗产保护意识，增强公众参与度。

以上通过对"遗产阐释"的定义和原则内容的演变分析可以看出，遗产阐释主要涉及两个方面：一方面是依据现有的信息源（书面、口头、图像材料和照片等），考虑如何真实、完整地解读遗产本体及其价值，这是针对遗产本体的阐释研究；另一方面是考虑以何种方式，最大限度让公众接收到遗产信息，参与其中，增强体验感，并且与遗产形成一种互动对话关系，进而转化为个人记忆，这是针对遗产接收者的阐释研究。

这与詹姆斯·马斯顿·菲奇教授（James Marston Fith）（1909—2000年）提出的解读的两个层次（"专业"和"大众"）一致。他还认为考古学家、历史学家和建筑师等专业人士进行第一层次的解读，对现有证据（挖掘、废墟、文物、文件等）检查和验证其真实性，并将其记录下来，为公众提供第二层级解释。过滤后的信息作为第二层级解读传递给公众，即"大众"层次。[35]

本书对于遗产阐释的研究，主要针对的是第一层级，即对遗产本体的阐释研究，将所有信息源进行详细系统地整理、记录、分析，再现或重构遗产本体及其环境的演变全过程，在此基础上，进一步解读遗产价值的构成。在遗产阐释框架的构建过程中，针对第二层级也进行了一定考虑。

2.1.2 历史解释的形式范式——情境论（语境论）

遗产作为一种历史形式，是在一定的社会背景下、一定的地理区域中产生的"过去"的痕迹，因此，可以借鉴历史解释学的辩证方法来阐释遗产。

1. 在"情境"中理解遗产

"历史解释"可以理解为"追溯到一种历史现象发生的原因和条件。"[42]海登·怀特在《元史学》中提出了历史解释一般采用4种论证形式范式：形式论（Formism）、有机论（Mechanism）、机械论（Organicism）和情境论（语境论）（Contextualism）。[43]

情境论（语境论）主张"将事件放在所发生的语境中，就可以获得相应的解释，语境可以揭示事件发生的根源、过程以及其他历史事件之间的特殊关系"[44]。广义情境论（语境论）把社会、文化、心理等作为关联因素纳入对事件的分析和理解之中，即作为事件的语境。[45]

情境论（语境论）是一个整体论，强调相关性和综合性。相关性指的是"情境"，并不仅仅指一个文本或事件周围的所有东西，而是涉及与文本或事件具有相关性或发生直接作用的环境。综合性不是指作用于文本或事件的各个单个因素或众多单个因素的集合体，而是指由多种条件和情境交织而成的综合体，类似某种不易找出头绪和经纬的"网络"。[46]

遗产作为"过去"的遗存，经历了变化、老化和更新的演变过程，与特定时期的社会、文化、经济等方面有着密切联系。因此，想要全面、深入地阐释遗产，需要将多种因素和条件整合一起，进行整体性和关联性解读。因此，可以将遗产放到一定的情境中进行理解和解读。

遗产的情境（语境）往往也是由多种因素或条件交织而成，包括相对固定的物理环境（地理、气候、各种形式的空间构成）、各种变动的社会文化环境（思想、心理、信息及其传播方式、人际关系），以及它们之间相互关系所构成的"场"或"境"。[46]因此，遗产情境的解读"应整体呈现，重点强调年代、变化、证据、解释等'大'概念"，"应结合广泛的社会、文化、历史，以及自然的发展脉络和背景环境，遗产地周边景观、自然环境和地理背景"。[5]

随着时间的推移，遗产与其情境相分离，变得越来越抽象，这使得人们很难理解它的真正价值和意义。因此，利用历史学的理论和方法修复、再现和重构遗产的"历史情境"，还原和展示遗产的产生、发展和衰退的演变过程，成为解读遗产的关键之一。

2. 遗产阐释是"进行时"

情境论（语境论）认为"历史事件"不是指过去的、死的、必须发掘的事件，而是现在的活的事件。真实的"历史事件"是现实中动态的、活跃的事件，在其语境中行动。因此，情境论（语境论）不是着眼于过去，而是着眼于现在，不是关注已经发生的动作，而是关注正在发生的动作。

遗产作为"过去"的遗存，是对过去的一种态度和与过去的关系，反映了当前对过去的关注，不仅关联着过去，还关联着现在和未来。[47]辩证地看，遗产不是简单地保存过去遗留下来的东西，不是被动的过程，而是一个被积极建构的过程，始终处于变化之中。因此，遗产阐释始终是"进行时"，不是"完成时"。

总之，情境论（语境论）强调了"情境"对于解释历史事件的重要性，强调"情境"的关联性、综合性和动态性，这为我们阐释遗产提供了一种新的视角，成为本书提出的遗产"情境"阐释概念的理论来源和基础。

2.1.3 哲学诠释学的向度——伽达默尔诠释学

遗产阐释是对遗产的理解和解读，也涉及诠释学的理论和方法。

诠释学一词（希腊文hermeneutike、拉丁文hermeneutica、德文hermeneutik和英文the hermeneutics），意即一门关于传达、翻译、解释和阐明的学问和技艺。从广义上讲，诠释学是对文本意义的理解和解释之方法论及其本体论的基础学说。

1. 遗产阐释的两个基本含义

遗产阐释的英文表述是"Heritage Interpretation"。根据德国语文学家的观点，Interpretation包含两个基本含义，这两个含义可以用德文自身形成的两个词来表示，即Erklarung和Auslegung[48]。"Erklarung这一德文动名词，来源于Erklaren一词，即澄清、弄清楚、搞明白，一般将它翻译为"说明"，侧重于从原则或整体上进行说明性的、客观性的、描述性的解释。Auslegung来源于动词aus/legen，翻译为"阐释"，侧重于从事物本身出发进行的阐发性、揭示性的解释。因此，Interpretation一词是一种总体性的解释概念，它的含义偏中性，既有客观性的和描述性的说明，又有揭示性的和阐发性的解释。

基于此，本书认为遗产阐释也包含两个层面的解释：一个是对遗产本体作客观性、描述性的说明，包括遗产建造时间、地点、外观、形态等方面，这是对遗产本体直接体现的解读。另一个是对遗产本体未能显明出来的特性作揭示性、阐发性的解释，包括建造遗产的自然和社会文化背景，遗产与重要历史事件、人物、活动的关联性，以及遗产所体现的记忆、身份、文化等，这是对遗产价值和意义的深层次解读。

2. 遗产阐释"过去"和"现在"的视域融合

"阐释文本、作品或行为的一个重要指向就是意义。哲学诠释学所说的文本或行为本身的意义并不是指文本或行为中那种所谓的客观的意义，而是指通过我们阐释这种碰撞或事件而生发出来的意义。[49]伽达默尔（Gadamer）认为"真正的历史对象根本不是对象，而是自己和他者的统一体，或者一种关系，在这种关系中同时存在着历史的实在以及历史理解的实在。我们永远在自己的视域中理解历史，不是把历史当作纯粹的、已发生过的'事件'之链条，而是揭示其向我们这个时代所开启的意义，历史因此表明了与我们的一种意义关联，它乃是效果历史"。[50]

效果历史就是在历史视域与现在视域中所展示出来的不同意义相互作用的历史，是两个视域融合的结果。在伽达默尔看来，实际存在两个视域：一个是理解主体自身的视域，另一个则是特定的历史视域。与历史对话，就意味着我们与历史存在某种联系，意味着我们已把自己置于历史的视域之中，这样就构成了一个广阔的视域，它包容了历史和现代的整体性视域，即"视域融合"。[50]

遗产既是过去又是现在，它们的历史角色和现代角色相互作用。我们可以将遗产视为协作的、对话的和互动的，是一个物质的话语过程，在这个过程中，过去和未来产生于现在多个具体主体之间的对话和相遇的过程汇总。这样看来，遗产的理解和解读也是在"过去"和"现代"两个视域融合后。

由于我们对于遗产的理解和解读是一个不断发生的过程，在这个过程中，一切遗产要素，持续地变化着。因此，遗产阐释其实一直处于一种动态变化的过程中，并不存在唯一性。而遗产的历史生命力，就在于它一直依赖于新的占有和阐释。

2.2
文化遗产情境的内涵及阐释内容

2.2.1 遗产"情境"的内涵及构成要素

1. 遗产"情境"的内涵

"情境"一词对应英文的"context"，《牛津英语词典》中"context"通常有两个主要含义：一个含义是指用来帮助解释一个单词、短语、语句等；另一个含义是指事件、行动等发生的一般条件（情况）。《哲学辞典》（ *Dictionary of philosophy* ）（1981年）对"context"的定义是：与某事物密切相关，提供该事物的起源，以及影响我们对该事物的态度、观点、判断和认知（联想、想法、假设、先入之间等）的总和[51]。

《柯林斯Cobuild英语词典》对"context"定义为：①某事物的情境由与之相关的想法、情况、事件或信息组成，并使其能够完全被理解；②如果在情境中看到某个事物，或者将其置于情境中，那么该事物将与所有与之相关的因素一起考虑，而不仅仅是单独考虑，以便正确理解。因此，"context"还具有理解和解释的功能。

同时，"context"还侧重关联性和整体性：关联性指的是所有与文本或事件相关的、直接或间接发生关系的各种因素；整体性（综合性）不仅指的是作用于文本或事件的各个单个因素或众多单个因素的集合体，还指由多种条件和情境交织而成的综合体，类似于"网络"。[46]

基于以上对"context"定义的分析，本书认为遗产"情境"指的是遗产产生、发展、演变的一般条件，涉及所有与遗产相关的因素，主要包括气候、地形、地势等自然地理因素，以及政治与经济制度、生活方式与习俗、信仰、价值观等社会文化因素。这些因素紧密关联、相互作用，共同演化成为遗产的"情境"。

2. 遗产"情境"的构成要素——自然地理语境与社会文化语境

《巴拉宪章》（1999年）将文化遗产界定为"具有文化意义的场所，对过去、现在、未来的人们具有美学、历史、科学、社会或精神价值的地点、区域、土地、景观、建筑或建筑群，也可以包括组成要素"。《会安草案》指出："在亚洲，天然和人造遗产与其自然地理和文化环境有着不解的联系和渊源。"[52] 因此，文化遗产产生于特定地理空间，是"地方"的一种表征。埃斯科瓦尔（Escobar）认为"地方"有两种意思：作为"一种被建构的现实"的地理空间感和作为"一种思想"的社会定位感及价值形成感[53]。因此，遗产的"情境"可以分为地理情境和社会文化情境。

"要理解人类社会和文化，我们必须理解它是如何在特定环境、特定时间和特定地点发展起来的。"[54] 地理语境是文化遗产产生和发展的基底，可以理解为一个特定空间区域的自然环境背景，主要包括两个方面内容：一个是确定的地理空间位置；另一个是多样的自然和地理构成要素，例如气候、地形、水文、地质等。

从人文地理学的视角看，"社会文化是人类处理个体与他人，个体与群体关系的文化产物，它包括人际关系和规范化了的制度"[55]。因此，社会文化语境主要包含政治制度、经济制度、生活方式、风俗习惯等方面的内容，体现的是一种社会生产关系。社会文化语境是遗产演进的推动力。

2.2.2 遗产情境阐释的内涵及主要内容

遗产情境阐释，指的是将遗产本体放到一定的"情境"中进行解读的方法。这种阐释方法强调遗产解读的综合性、整体性和关联性。

从历史学的研究视角，对于"过去"事实（事件）的认识（解读）存在两个维度：一是历史主体从浩瀚的历史事实中梳理逻辑关系，揭示发展规律，这是历史逻辑的建构，是历史阐释的客体性维度；二是历史主体依据特定的价值选择对历史客体作出道德评价或价值批判，这是历史价值的建构，是历史阐释的主体性维度。[56]

因此，本书认为遗产情境阐释也包含两个维度：一个维度是对遗产演变周期的"历史情境"的阐释；另一个维度是对遗产正处的"当代情境"的阐释。前者是对遗产产生、发展和衰退的历史演变过程的解读，强调的是遗产情境阐释的客体维度；

后者是人们基于当代的价值观对遗产本体的价值判断，强调的是遗产情境阐释的主体性维度。

基于此，本书认为遗产情境阐释主要涉及两个方面内容：一是遗产本体的历史情境的关联性解读；二是遗产的当代价值综合评价。

1. 遗产本体的历史情境的关联性解读

遗产是在一定的地理区域、一定的社会背景下产生的"过去"的痕迹，经历了不断变化、老化和更新过程。遗产并不是孤立存在，而是多种要素综合作用的结果，因此，想要了解遗产的完整性，需要将其放到一定的历史语境中进行关联性解读。

遗产关联性解读涉及两个方面：一方面是对遗产本体的解读；另一方面是对遗产历史语境的解读。对遗产本体的解读主要包括遗产的类型、形态、构成要素等方面。对遗产历史语境的解读主要包括与遗产形成有关的政治、经济、文化、地理等要素，也可概括为对文化语境和地理语境的关联性解读。文化语境主要包括政治制度、经济制度、生活方式等方面内容；地理语境包括地理位置和多样的自然和地理构成要素，例如气候、地形、地质等。

需要说明的是，遗产是动态演变的，遗产本身及其历史语境都在不断变化。因此，对于遗产的解读，要同时采用历时性和共时性的视角，既要解读它产生时的最初状态和历史语境，又要解读它在不同时间的演变状态和历史语境。

2. 遗产的当代价值综合评价

遗产保护不是被动地、简单地保存过去遗留下来的东西，而是一个积极的过程，将一系列物体、场所和实践组合在一起。我们可以将其作为一面镜子，反映当前，并与特定价值观相关联。

遗产创造意义，它不仅是一个等待被发现或识别的客观实体，它更应被看作是一种构成或构建。也就是说，"遗产从根本上讲是一种文化实践，涉及一系列价值和理解的建构"。[52] 因此，遗产阐释的另一个重要方面是对遗产价值和意义的解读，这种解读需要基于现代人的价值观。

从社会价值观研究遗产是一个更现代、更外向的视角，侧重于遗产（地）的使用和功能。社会价值观揭示了遗产地背后更广泛力量，以及遗产地的非遗产功能，包括经济发展、政治冲突与和解、社会正义和民权等问题，以及环境退化和保护。[56] 社会价值往往是当代的、地方性的，并且在物质结构中并不总是显而易见的。

在对遗产价值的分析和评价过程中，可以将遗产价值观和社会价值观进行结合，并且结合遗产的属性特点、所处的地域、人们对它的"情感"和"认同"等方面，在此过程中两个价值观有所侧重，可以是一个价值观起到主要作用，另一个起到辅助作用。

需要强调的是，对遗产价值的认知还与个人或群体持有的不同文化、知识、历史和心理环境有关。因此，遗产价值具有明显的主观性、易变性和情境性，也就说遗产的价值构成不是一成不变的，是动态发展的。过去认为重要的价值，我们现在可能认为没有那么重要，而过去认为不重要的价值，我们现在可能认为非常重要。由此，需要注意过去重要性评估与当前评估之间的关系。

2.2.3　遗产情境阐释的基本特征

1. 遗产情境阐释的共时性和历时性特征

遗产情境阐释同时具有共时性和历时性特征。语境论认为，"所发生的事情要依据它所发生的时间和与它同时或在它之后发生的事情而加以描述，从而加以解释和阐释，这取决于我们所强调的共时性还是历时性"[57]。

瑞士语言学家费迪南·德·索绪尔（Ferdinand de Saussure）基于时空观的哲学视角提出语言学二重性，即"共时性"和"历时性"，这是一种语言学分析方法[58]。语言学的"共时性"与"历时性"是以时间为轴，分别从纵向的时间系统与横向的时间切片两个维度对语言系统内部与语言系统外部进行整体研究。

"共时性"表示同时存在的事物间的组织关系，强调的是构成事物子系统间的关系状态。"历时性"表示事物系统整体性的时序关系，强调的是事物整体运行发展的客观规律[58]。索绪尔认为，语言学的"共时性"和"历时性"是相互独立和相互对立的。[59]

在历史学研究中，一个历史事件也具有"共时性"和"历时性"，与语言学不同的是，历史学认为历史事件的"共时性"和"历时性"始终紧密相依，需要同时进行解读和分析。

遗产作为一种不断发展、演变的结果，需要将不同时间段的"情境"串联，构建成为一个相对比较完整的整体进行解读，这强调的是遗产情境阐释的"历时性"；同时，也需要对同一"情境"内涉及的所有影响因素进行综合性解读，这强调的是遗产情境阐释的"共时性"。

当代遗产保护领域有两个截然不同的互补价值观：一个是以遗产价值为中心，另一个是以社会价值为中心。遗产保护领域植根于遗产价值观，形成遗产保护领域基础的核心价值，包括历史、艺术、美学和科学价值。

2. 遗产情境阐释的整体性特征

首先，从遗产情境的历时性视角，遗产的情境阐释具有整体性特征。遗产被视为历史文化的层积物，是不同历史时段相互关联共同作用的结果，不同的历史时段串联成了一个不断演化的遗产"情境"。在这种动态的"情境"演变中，遗产经历着产生、发展和演变的全生命周期。因此，遗产的情境阐释需要对各个不同历史时段的遗产进行连续性解读，用平等的眼光去看待各个时期的遗产"情境"，忽略其中任何一个历史间段，都可能造成遗产阐释的不完整，甚至是误读。

其次，从遗产情境的共时性视角，遗产的情境阐释具有整体性特征。遗产作为一种地域性文化产物，是同一空间区域的多种因素共同作用的结果，这些因素彼此关联、相互作用，共同形成了遗产的整体性"情境"，其中任何一个因素的改变，都会引起遗产"情境"的改变，进而改变遗产。因此，在遗产情境阐释的过程中，需要综合考虑所有与遗产相关的因素，并且考虑各因素的动态变化。

3. 遗产情境阐释的持续性特征

遗产连接着过去、现在和未来，一直处于持续演变的状态，因此，遗产的情境阐释具有明显的持续性特征，这主要体现在以下两个方面。

一方面，遗产本体及其情境是一个持续性演变的过程。遗产情境阐释，只能对遗产本体及其情境的最初状态和"此时此刻"状态的解读。对于遗产的未来，我们"此时此刻"不得而知，从这个角度来讲，遗产的情境阐释始终处于一个未完成的状态，因此，遗产情境阐释具有持续性特点。

另一方面，遗产及其情境的构建和解读是一个持续性的过程。遗产的情境阐释是对遗产本体及其情境全周期的整体性构建和解读，由于遗产本体及其情境一直处于动态演变的状态，所以我们只能看到"此时此刻"的遗产本体及其"情境"。对于"此时此刻"之前的遗产本体及其情境的解读，则需要借助各种历史文献资料（文字、图像、影像、口述等）和实地调研资料进行构建。由于"此时此刻"掌握的文献资料可能存在一定的缺失或不完整，使得遗产情境阐释也处于一个开放的、待完成的状态。随着文献资料的不断补充，遗产本体及其"情境"可以继续进行修正，从这个角度来讲，遗产的情境阐释是一个持续性的过程。

2.3
遗产情境阐释的方法及路径

2.3.1　数字史学的方法

基于以上对遗产情境阐释的内容和特征分析，本书认为数字史学是遗产情境阐释的最佳方法。

"数字史学是一种利用计算机、互联网网络和软件系统等来审视和再现过去的方法。一方面，数字历史是学术生产和交流的开放舞台，包括课程材料和收集学术数据。另一方面，它是一种方法论，用于制作、定义、查询和注释过去人类记录中的关联。那么，数字史学就是创建一个框架，一个本体论，通过技术让人们体验、阅读和跟踪关于历史问题的争论。"[60]

数字史学的方法为实现遗产情境阐释提供了一种方法。它不仅可以帮助整理、分析、管理、展示遗产的基本数据，建立现有的和已经消失的建筑、村庄、景观等基本数据库，而且可以通过数据之间的关联分析，发现和分析遗产的物质和非物质属性之间的关联性。在此基础上，通过构建遗产的历史情境和当代情境来解释遗产演进的历史过程，这样可以帮助人们更好地理解遗产，重新思考遗产与城市之间的关系。

1. 多样（史料）数据类型的批判性解读

遗产文件是遗产保护研究的基础，是遗产基本信息的储备。遗产文件包括不同形式的信息数据类型，例如图像档案、书信、口述资料等。由于这些信息数据可能存在一定程度的差异，因此，需要进行系统的整理、记录、对比、分析以及批判性解读，为未来的研究奠定基础。数字史学为遗产文件的记录、管理、解读，以及不同类型材料的超文本链接提供了新的方法。

当前，GIS技术在数字史学领域用来记录、管理和解释历史事件的信息数据。GIS的核心优势就在于使用位置来集成、分析和可视化不同格式的大量数据。它提供了一种管理、关联和查询历史时间，以及可视化历史时间的方法，其可视化带动了直接诠释，这是之前单纯的数据分析不具备的功能。

遗产作为一个以时间和空间为基础的文化过程，需要将各种数据信息链接到一定的地理空间上进行解读。利用GIS技术，这些遗产信息数据可以通过建立不同的图层，进行独立保存。并且随着研究的深入，我们可以随时对这些信息数据进行修正和补充，使得遗产文件始终处于一个开放式的、未完成的状态。

GIS技术还可以将不同来源的数据融合在一起，以解释和理解数据之间的相互关系。这为遗产情境的"历时性"和"共时性"解读提供了可能。

在解读遗产"历时性"特征时，我们可以利用GIS技术，将不同历史时段的地图进行叠加，以便发现遗产历史环境的演变。在解读遗产的"共时性"特征时，我们可以利用GIS技术将同一历史时期、不同类型的遗产信息数据在同一历史地图上进行可视化呈现，以便发现这些信息数据之间的关联性。

因此，GIS技术为遗产文件的记录、管理和解读，以及遗产情境的构建提供了一种新的、可行的方法。

2. 遗产"历史情境"重现——建立一种地方感

随着时间的推移，遗产的"历史情境"一直在演变，为了实现对遗产情境的全周期解读，我们需要再现或重新构建已经改变或消失的"历史情境"。利用数字史学的方法，就可以收集、组合和访问有关遗产对象的现有信息，帮助构建遗产的历史情境，包括已经改变和消失的"历史情境"。

3D模型技术是研究和理解历史遗址和历史建筑、历史城市营造、历史环境的强大工具，它可以用于异构历史文档的数字化收集与组织和数据可视化。在数字环境中，历史研究可以将建筑物和场地之间的关系、历史环境变化可视化。3D模型技术和虚拟现实技术不仅可以描述建筑物或城市现有的状态，也可以描述建筑或城市的历史演变过程，甚至可以虚拟重建古代建筑和城市，帮助我们解读城市群和单个建筑是如何被设计、使用、修缮、毁坏或重建的。3D模型技术可以更直观表现建筑或遗址所特有的物理和文化现，因此，其已经普遍应用于数字史学和文化遗产保护等研究领域。[61, 18]

除此之外，在未来的历史研究和遗产研究中，3D建模技术可以应用于时间和无形要素研究，保护和传递"场所精神"，也就是说，3D技术可以将文化和传统结合，体现一个遗产地或者一个地方的特征。[18]

总之，3D模型技术可以帮助我们建立遗产的"历史情境"、阐释遗产的"历史情境"。通过分层的方法，不仅可以建立遗产本体的历史演变模型，也可以建造遗产周围环境的历史演变模型，还可以尝试加入遗产的无形要素，这样可以比较完整体现遗产的地方感。

2.3.2 遗产情境阐释的路径及可视化表达

历史学和阐释学为遗产情境阐释研究提供了理论基础，数字史学提供了技术方法，然后具体如何实施，则需要设计研究的路径。由上文分析可知，基于历史学的理论，遗产解读涉及两个方面：一个是对遗产本体及其周围环境的整体性认知；另一个是基于当代价值观对遗产的价值评价。前者涉及遗产历史情境阐释，后者涉及遗产当代情境阐释。综合以上内容，利用数字史学构建的遗产情境阐释的如下。

1. 遗产及其情境的信息数据整合

遗产及其情境的基本信息整合是遗产情境阐释的第一步，也是已知信息数据的汇总整理阶段，主要内容是收集整理遗产的建造时间、地理位置、初始功能、现在功能、重要历史事件，以及保护时间等相关信息，收集的数据类型主要包括文字、图像、影像、口述等，然后将这些不同来源的信息数据进行对比、分析、校对、修正和记录。

本书的对象是石油系列遗产，并且以大庆、玉门、延长和克拉玛依四个油田的石油工业遗产为研究对象，它们的基本信息主要来源于两部分：一部分是文献调研，包括当地政府相关部门、相关档案馆以及油田相关管理部门等收集的档案、资料，也包括网络资料；另一部分是通过实地调研（田野考察）获得的相关口述资料、图片、地图、文字等相关信息，以及实地测绘获得的现状资料。最后，利用GIS技术建立石油系列遗产基本数据库，实现基本信息数据的数字化保护和可视化表达。

2. 遗产"历史情境"的构建及阐释

遗产"历史情境"的构建及阐释是遗产情境阐释路径的第二步，其目的是通过构建遗产及其情境的历史演变过程，来解读遗产本体的发生、发展、衰退以及再利用过程，由此深入了解遗产内部和外部构成要素的关联性。历史情境阐释主要包括遗产本体类型与形态、时空格局、建造技术工艺等方面的内容。

遗产历史情境的构建及阐释力求体现遗产的完整性，主要包含两方面的情境信息内容：一方面是客观真实情境的构建和阐释，这部分是对目前客观存在的遗产及其情境状态的解读，一般通过实地测绘数据进行构建；另一方面是虚拟"历史情境"的构建和阐释，这是对已经改变消失的遗产及情境的解读，一般是通过修正过的历史文献资料对遗产本体及其"情境"的历史复原。这两部分信息内容相结合，可以比较完整地体现遗产历史情境的演变历程。这一阐释路径主要通过3D模型技术来实现遗产情境阐释的可视化表达。

3. 遗产"当代情境"的构建及阐释

遗产"当代情境"的构建及阐释是遗产情境阐释路径的第三步，其研究目的是解读"遗产为什么在当代被评定为遗产"，以及"人们是如何看待遗产的"。这部分研究主要是基于当代人的价值认知来解读遗产的价值，主要内容包括构建遗产的价值构成体系和价值评价体系。

遗产"当代情境"构建及阐释力求体现遗产价值的多元化。遗产"当代情境"的阐释具有很强的地方性，因为它是特定时间和空间的产物，对不同的人群具有不同的价值和意义，具有明显的主观性、易变性和情境性。也就是说，遗产的价值构成不是一成不变的，是动态发展的，这需要注意过去价值评估与当前评估之间的关系。

对遗产"当代情境"的价值评价主要包括两个方面：一方面是对遗产本体价值的解读，这是对遗产"过去"价值的评价；另一方面是对遗产社会价值的解读，这是对遗产"当代"价值的评价。前者的解读一般以专家解读为主体，具有比较客观、比较稳定的特点，后者的解读一般是以社区单位为主体，具有比较主观、易于变化的特点。

4. 遗产情境阐释的可视化平台构建

遗产情境阐释的可视化平台构建是遗产情境阐释路径的最后一步，研究目的是将所有的研究数据和研究结果在一个数字化平台上进行链接和展示，包括原始数据、研究过程中整理的数据，以及构建的遗产情境及其阐释的结果。参与者不仅可以查看遗产情境阐释的结果，也可以自由获取所有的元数据，这样便于后续开展相关研究。

超文本是目前遗产保护领域经常采用的一种研究成果展示和传播的方法。超文本是独立的网站，它是遗产研究者根据预订目标设计的，研究者按照一定的逻辑关系，将遗产研究成果，以及研究过程中所有的元数据，按照一定的路径整合到一起，每一部分都是独立存在的。"超文本用超链接的方式，将不同空间的文字信息组织在一起的，形成网状文本。超文本更是一种用户界面范式，用以显示文本及文本之间的关系。目前超文本普遍以电子文档方式存在，其中的文字包含有可以到达到其他位置或者文档的链接，允许从当前阅读位置直接切换到超文本连结所指向的位置"[62]。

超文本还可以链接遗产研究过程中使用的应用程序，例如所有格式的遗产文件、GIS的shape files文件和33D pdf files文件，参与者或其他研究人员可以依据自己的兴趣或者需要自由下载这些信息，将它们应用于其他方面的研究。本书尝试利用Web技术实现超文本链接，将目前的主要研究成果按一定的逻辑关系进行整合，实现研究成果的可视化阐释与展示（图2-1）。

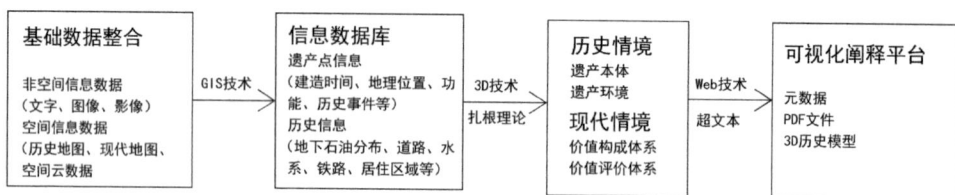

图2-1 遗产情境阐释的路径

3

石油系列遗产的类型
构成体系研究

3.1

石油系列遗产的概念溯源

石油工业遗产作为工业遗产的一种类型，"是石油产品的发现、开采、生产和消费等过程的直接证据，也是对人类和自然景观产生影响的最重要的、固定的、有形的证据和无形证据"[1]。它主要包括石油产品、建构筑物、居住点、景观，以及史迹、技术工艺、社会文化等遗产要素，这些遗产要素共同体现了一个石油工业遗产的整体性价值和意义。因此，从遗产保护的整体性视角，需要对石油工业遗产进行系统性的保护研究。基于此，本书提出了石油系列遗产的概念，其目的是希望将所有石油工业遗产要素作为一个整体，按照一定的关联性整合到一个类型构成体系中，进行系统性的保护研究。

"石油系列遗产"概念的提出，主要建立在两个整体性概念的基础上：一个是"系列遗产"概念，另一个是"全球石油景观"概念。

3.1.1 遗产的整体性保护理念——系列遗产

"系列遗产"源自世界遗产中的"系列提名"（Serial Nomination），是《保护世界文化和自然公约》中对于"遗产完整性"派生出的与遗产项目申报相关的概念。

"系列遗产"概念在《实施〈世界遗产公约〉操作指南》（2021版）第137条有所提及，原文如下。

系列申报遗产应包括两个或两个以上逻辑联系清晰的组成部分：

（1）各组成部分应体现出文化、社会或功能性长期发展而来的相互联系，进而形成景观、生态、空间演变或栖居地上的关联性；

（2）每个组成部分都应对申报遗产整体的突出普遍价值有实质性、科学的、可清晰界定和辨识的贡献，亦可包含非物质载体，最终的突出普遍价值应该是容易理解和便于沟通的；

（3）与此一致的，为避免各组成部分过度分裂，遗产申报的过程，包括对各组成部分的选择，应该充分考虑申报遗产整体的连贯和管理上的可行性。

并且该系列作为一个整体（而非各组成部分）必须具有突出普遍价值。[63]

　　因此，系列遗产研究帮助探讨出一种将具有文化、社会或功能关联性的多个遗产要素按照一个或多个维度进行遗产整体性解读的研究方法。"断定系列遗产的三个特征是'多个相关联部分组成''整体具有突出普遍价值''一致且可管理'，其关键点是整体的普遍价值认定，或者说作为一个系统具有突出的普遍价值认定。"[64]文化线路、遗产运河、文化景观等，都可以看作是系列遗产。

　　石油工业遗产作为文化遗产的一种类型，是基于石油这一工业产品的开采、加工、运输和销售等流程遗留下来的类型多样的遗址和遗迹。这些遗址和遗迹"作为过去曾经有过、现在正在进行的工业生产、原材料提取、商品化，以及相关基础设施建设过程的证据"[65]，相互之间存在着紧密的系统性和逻辑性。它们共同组成一个完整"石油产业链"，体现了石油物质流动和资金流动的全过程。同时，它们也作为一个整体共同体现了一个地区（石油城镇）的石油工业发展历程，体现了石油工业发展对一个地区的政治、经济、社会、文化，以及城市空间形态等多方面的影响。因此，可以把一个地区或多个地区的石油工业遗产作为一个系统遗产进行整体性保护研究，挖掘石油系列遗产的价值和意义。

3.1.2　整体性石油空间概念——全球石油景观

　　"全球石油景观"是研究学者卡罗·海因（Carola Hein）提出的一个整体性景观概念。"全球石油景观是一个分层的物理和社会景观，随着时间的推移，通过人类活动得到加强，并将城市和农村空间、文化和自然等联系起来。"[25-26]

　　"全球石油景观"概念源于这样一种理解：即石油是一种物理材料，对建筑、城市和景观等物理空间有着广泛的影响，而不仅仅是一种神奇的流体，可以在没有空间印记的情况下推动经济发展。石油钻井设备、炼油厂、储罐、管道、专用公路和铁路基础设施，以及加油站为工业领域和日常生活中的石油物理流动提供服务，总部、研究设施、住房、电影院和休闲设施都与石油的财务流联系在一起，通过它们将石油这种单一商品与工业参与者群体联系起来。[25-26]该概念将实际存在石油的地方与这些空间的表现形式以及与石油产品相关的实践联系起来。

　　石油改变了空间，在全球范围内影响了不同的物理空间，主要包括建筑类型、城市空间形态和基础设施的建设，例如石油港口的空间布局、石油总部大楼的形式、石油工人的居住模式和休闲娱乐建筑等，这些不同的空间形式共同形成了石油景观。因此，卡罗·海因将石油景观视为单一的（而不是复数的），由多层和多个方面组成的

总体景观。这些空间层中都有相似的功能和类型学（风格、位置或建筑形式），它们在世界各地相互联系。[25-26]

石油景观同时作为一种研究方法，可以用于调查石油公司（通常是跨国公司）在世界各地不同时间的资金流动情况。它寻求对石油空间转换过程中，体现全球石油经济相互遗存关系，以及石油这一商品对工业空间以外的建成环境的影响程度。全球石油景观在思考石油的动态、角色、空间和表现形式，并将石油景观理解为具有许多相互重叠和加强的历史文化层和物理空间层。[26]因此，全球石油景观作为一种研究方法，将石油空间放到一定的时间、地理、政治、经济、社会和文化背景下进行阐释，既强调物质景观，又强调同物质景观紧密联系的社会景观的意义、概念和意识。

卡罗·海因将全球石油景观分空间石油景观、表征石油景观和日常石油景观。这与亨利·列斐伏尔（Henri Lefebvre）对空间的理解一致。卡罗·海因对石油景观的研究聚焦于石油生产、管理、零售和消费等空间，并探索这些石油空间的价值内涵。空间石油景观在功能、位置、土地利用、规模、类型、城市和建筑形式以及经济影响等方面都有各自的特点，但它们实际上是一个空间系统的组成部分。[25-26]

石油工业遗产作为全球石油景观的一种表现形式，包含了石油空间的物理层面和社会层面。因此，在讨论石油工业遗产保护时，可以参考全球石油景观的研究思路和研究方法。

3.1.3 "石油系列遗产"概念的提出

依据"系列遗产"和"全球石油景观"的两个整体性概念，并结合中国石油工业遗产的核心物项和遗产要素，本书提出了"石油系列遗产"的概念。这一概念将石油工业遗产看作是基于石油这一单一工业产品而形成的多层次的、功能逻辑紧密、多方协同合作的系列遗产。这一概念还强调石油工业遗产与所在城镇产业结构乃至更大区域的关联性，是一个跨产业、跨地区、多方参与的综合性系列遗产。

石油工业遗产作为一种能源型工业遗产，是在一定地理空间范围内，在自然环境因素、社会文化因素和石油工业技术因素共同作用下的结果，属于文化遗产的一种类型。它展示了石油物质流动过程（石油工业生产、加工、运输和销售的石油产业链），也体现了石油资金流动过程中对于城市、建筑、文化和人们生活的塑造能力，更反映了石油产业对一个国家或地区的政治、经济和社会的影响力。

从已经被列入中国工业遗产保护名录（截至2023年）的石油工业遗产来看，每一个油田的石油工业遗产都包含了多个核心物项，它们数量众多，类型多样，规模尺度多样（图3-1）。石油工业遗产从遗产空间形态上可以分为：工业设施设备、构筑物、建筑物、景观、城市空间等多种形态；从遗产规模上可分为：宏观尺度的城镇空间（石油港口、石油城镇），中观尺度的工业场所和生活场所（炼油厂、采油区、居住建筑群）和微观尺度的建构筑物（办公楼、加油站、学校）；从遗产功能类型上可以分为：石油工业生产链类型（油井、注水站、油库）、管理服务类型（石油公司总部、研究机构）、文化休闲类型（学校、医院、博物馆）和基础设施类型（公路、铁路、道路）。由此可见，石油工业遗产拥有一个很复杂的工业遗产系统。

从遗产保护的研究视角，首先需要明确石油工业遗产的类型，厘清遗产要素之间的关联性，将它们作为一个整体，从一个或者多个维度进行整体性保护研究。如此可以发现"石油系列遗产"的特点，例如遗产类型特点、时空格局特点、工艺技术特点，也可以发现目前遗产保护存在的问题，例如对哪些遗产类型和遗产要素的关注较

a 大庆油田二号丛式升井平台

b 大庆油田萨55井

c 克拉玛依油田101窑洞

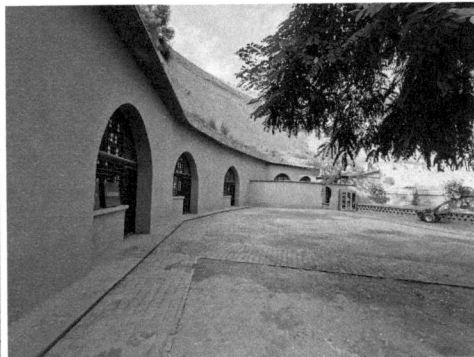

d 何延年居住窑洞

图3-1 石油工业遗产主要类型

少，甚至研究上尚处于空白阶段？遗产保护策略是否兼顾到整个石油产业链的完整性？基于此，本书提出"石油系列遗产"概念，将所有石油工业遗产要素整合到一个框架体系中进行解读。

3.2
石油系列遗产类型构成体系的构建依据

石油系列遗产作为一种系列遗产，包含类型多样的遗产要素，为了掌握其整体性价值和意义，需要将这些遗产要素按照一定的逻辑关系放到一定的类型构成体系中进行讨论研究。在构建石油系列遗产类型构成体系之前，本节主要讨论其构建的依据。

3.2.1 系列遗产关联性构架体系

"系列遗产的构成部分应该体现文化、社会或功能性长期发展而来的相互联系，形成景观、生态、空间演变或栖息地的关联性。"[63]因此，系列遗产可以分为三种关联性构架体系：功能性构架、社会性构架和文化性构架。[64]

"功能性构架体系"指的是："长期以来由于人类某种功能性活动而形成的关联系统"[64]。例如，运河类遗产（大运河遗产）、煤矿类遗产、传统手工作坊类遗产等。我国2021年申遗成功的"泉州：宋元中国的世界海洋商贸中心"，就是由"22处代表性古迹遗址及其关联环境和空间构成，它们共同构成的系列遗产整体体现了宋元泉州作为世界海洋商贸中心的'空间—经济—社会'系统，这个系统以杰出的方式整合了区域经济、社会资源与空间环境，形成了独特的海外贸易体系与支撑其运行的多元社会结构，有力地证明了宋元泉州区域整合、多元繁荣的发展智慧。[66]"因此，作为一个整体具有重大历史价值与意义。

"社会性构架体系"指的是："遗产各组成部分是由于人与人之间关系的长期演变，构成了具有人文特色的部落、乡村、城镇等系统，从而形成人文、景观等突出普遍价值"[64]。例如我国2015年申遗成功的"中国土司遗址"，将湖南永顺老司城遗址、贵州播州海龙屯遗址、湖北唐崖土司城遗址作为一个系列遗产，共同体现了从13世纪到20世纪初，我国西南少数民族地区在元、明、清朝中央政权推行"土司制度"及其管理理念[67]，体现了系列遗产的社会属性。

"文化性构架体系"指的是："在历史长河中，特定区域、具有物质、思想、知识等价值的文化遗存，构成相对稳定的文化认同、文化概念、文化主题，作为整体对特定群体的发展演进产生了深远的影响，或者是一种已经消失或即将消失的文明的印证，具有突出的普遍价值。"[64]例如，文化线路遗产就是最为典型的代表[68]。我国2014年申遗成功的"丝绸之路：长安—天山廊道路网"即属于文化线路类，且属于跨国系列遗产，横跨了中国、吉尔吉斯斯坦和哈萨克斯坦三个国家，共计33处遗迹，"它们见证公元前2世纪至公元16世纪欧亚大陆人类文明与文化发展的主要脉络和重要历史阶段，以及其中突出的多元文化特征"[69]。

系列遗产的"功能性""社会性""文化性"三种构架体系，许多时候是在多维背景中并存的，只是针对不同遗产侧重的方面不同。

石油工业遗产是人们基于长期的石油生产活动而遗留下来的工业、生活遗址或遗迹，遗产之间具有明显的与石油生产功能的关联性，可以看作是系列遗产功能关联性的一种表现形式。另外，石油工作者在油田所在的空间区域逐渐形成了稳定的生活模式，进而形成了具有一定石油文化特色的城镇系统，从这个角度来讲，石油工业遗产还体现了系列遗产的社会关联性特点。因此，本书对石油工业遗产类型构成体系的研究中，同时参考了系列遗产的功能关联性构架体系和社会关联性构架体系，且以功能关联性构架体系为主。

3.2.2 全球石油景观的分类方法

卡罗·海因基于石油物质流动和石油资金流动的方式，将全球石油景观划分三个空间层：空间石油景观、表征石油景观和日常石油景观。每一层石油景观都包含多个空间要素，这些空间层相互连接，形成一个多层次的总体景观。[25]这与亨利·列斐伏尔（Henri Lefebvre）对空间的划分：空间实践、空间表征、表征空间保持一致[70]。

空间石油景观是针对石油物理空间的分层研究。它将物理空间划分为七个空间层：工业石油景观、零售石油景观、管理石油景观、辅助石油景观、基础设施石油景观、建筑石油景观及慈善和福利石油景观（图3-2）。每一空间层都具有独特的特征，这些特征对功能、位置、土地利用、规模、类型、城市和建筑形式及其金融产生了

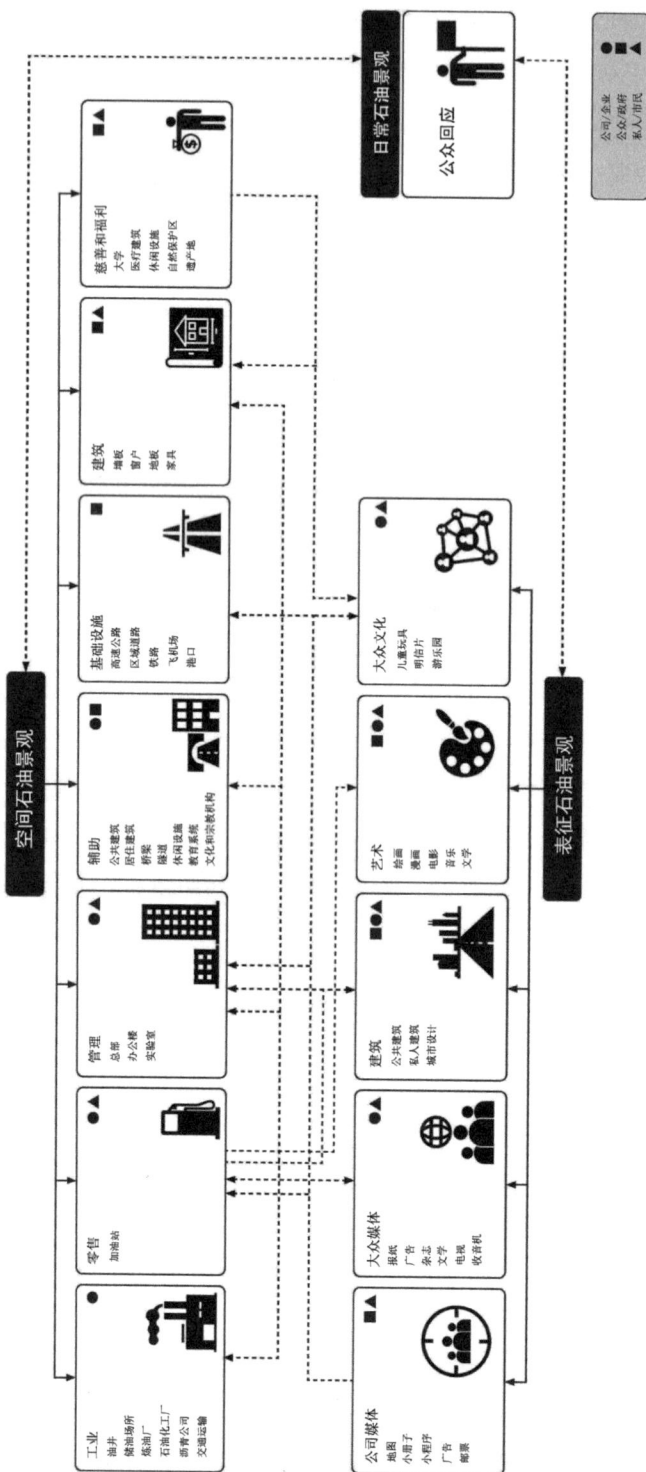

图3-2 全球石油景观

图片来源：作者改绘自参考文献［26］

不同的影响。[25-26]

"工业石油景观指的是所有的石油工业足迹，包括石油开采、存储、加工和运输，例如钻井平台、炼油厂、油库和以石油为燃料的热电厂等要素，它们依托单一的、扩展的空间实体形成一个真正的全球空间。"[26]工业石油景观是空间石油景观的核心，包括巨大的空间区域，是最具石油工业特征的景观类型。

"零售石油景观指的是石油产品的销售网络，加油站是其中一个重要类型。加油站一般会结合超市、咖啡馆等使用功能，是一个多功能的综合性建筑。"[26]

"管理石油景观主要包括石油公司总部和研究机构，涵盖了石油工业管理和研发部门。这类石油景观往往设计风格独特，甚至引领时代潮流，成为石油公司的标志性建筑。"[25-26]

"辅助石油景观指的是石油工业生产所需的各类空间结构要素，包括街道、住房、休闲设施，乃至整个城镇，它们与石油物质或金融流动没有直接的关系。"[26]辅助石油景观是空间范围最广泛、空间类型样式最丰富的一种石油景观类型。

基础设施石油景观主要是指与石油工业生产密切相关的基础设施，包括公路、铁路、桥梁、大坝等，这些基础设施既可以建造在石油资源地区，也可以建造在石油运输和炼油区域[26]。

建筑石油景观指的是设计师和建筑师运用石油产品建造的建筑要素。例如：作为石油重要产品的塑料应用比较广泛，从最初应用于小型家具、建筑的窗户和墙壁，再到建造整体性的塑料房屋[26]。

慈善和福利石油景观指的是石油公司（部门）在健康、教育、文化等方面的投资而形成的建筑空间形式，例如博物馆、医院、学校等[26]。

表征石油景观指的是石油企业与国家部门、公共媒体与私人行为者（如艺术家和建筑师）、大众文化宣传石油空间用途的方式。卡罗·海因将表征石油景观分为五种类型：公司宣传（地图、小册子、邮票等）、大众宣传（广告、杂志、电视等）、建筑（公共建筑、私人建筑、城市设计等）、艺术（绘画、动漫、电影等）、大众文化（玩具、明信片、游乐园等）[25-26]。

全球石油景观为石油工业遗产的有形遗产研究提供了一个可以参考的、比较全面的类型构成体系，同时为石油工业遗产的系统性保护提供了新的路径。

3.2.3 矿业遗产的分类方法

矿体依据物理特性，可分为固体（金、铁、煤等）、气体（天然气等）与流体（石油、水银等）矿业[71]，石油工业遗产可以看作是矿业遗产的一种类型。本书在构建石油系列遗产的类型体系时，也参考了矿业遗产的分类方法。

矿业遗产主要指"矿业开发过程中遗留下来的踪迹和与采矿活动相关的实物，具体主要指矿产地质遗迹和矿业生产过程中探、采，以及位于矿山附近的选、冶、加工等活动的遗迹、遗物和史料。[72]"目前，研究学者对矿业遗产进行了类型研究[73-75]，主要将矿业遗产分为以下五种类型：矿业地质遗迹、矿业生产遗迹、矿业制品遗存、矿山社会生活遗迹和矿业开发文献史籍遗存。

矿业地质遗迹是地质遗迹的一种，主要与人类矿业有关，主要包括两个方面：一方面是矿业勘察过程中的自然地质遗迹，另一方面是矿业生产过程形成的人工地质遗迹。例如：河北唐山开滦国家矿山公园赵各庄煤矿巍山裂缝。

矿业生产遗迹是矿业遗产的核心物项，"包括与矿业开发的各种生产活动（勘查、探矿、采矿、运输、加工等）有关的地点、设施设备、建构筑物、景观等[72]"。具体分为：采掘遗迹、加工遗迹、运输遗迹、冶炼遗迹等类型。

矿业制品遗存是矿业开发过程中形成，并遗存下来的矿业产品与加工制品[75]，包括直接加工的矿业产品和衍生的矿业生活品、艺术品等。例如：矿石制成品、矿石标本、矿石艺术品等。

矿业社会生活遗迹是在矿业开发的过程中，与从事矿业活动不同阶层人群的社会活动、信仰有关的居住场所、公共服务场所、节庆活动场所，以及纪念性场所等[75]。例如：矿业企业管理办公大楼、矿业学校、矿业医院、矿业博物馆等。

矿业开发文献史籍遗存是矿业开发过程中形成的技术与工艺知识、矿业档案、矿业企业制度、矿业城镇规划方法等。例如：采矿技术史、工矿区档案史、工矿典型事件记录等。

依据矿业遗产的五种类型，相关学者将矿业遗产的构成体系进行了层次分级[73-75]，本书将相关研究进行汇总分析，总结出矿业遗产的分类构成体系（表3-1）。

国家工业遗产名单中延长油矿包含了3处石油地质遗产：张家滩页岩、安沟长6油苗与油砂、董家河长6天然裂缝。它们都属于典型的石油地质剖面和典型矿床（图3-3a~图3-3c）。克拉玛依油田的沥青丘——黑油山油泉（图3-3d）也属于地质景观类遗产。因此在构建石油工业遗产类型构成体系时，本书将石油地质遗产作为一种石油系列遗产类型。并且在具体讨论石油地质遗产类型构成要素时，本书主要参考矿业地质遗产类型构成要素。

矿业遗产分类　　　　　　　　　　　　　表3-1

序号	一级分类	二级分类	具体内容
1	矿业地质遗迹	典型矿床及其地质剖面	—
		找矿地质标准和找矿标志	
		矿业水体与空间遗迹	
		地质环境改变与地质灾害遗迹	
2	矿业生产遗迹	采掘类	采掘设备、采掘遗迹、附属设施等
		加工类	加工机械、厂房、附属设施等
		运输类	运输工具、附属设施等
		机械修造类	厂房、设施设备等
		基础设施类	道路、桥梁、基础设施等
		仓储类	仓库厂房、附属设施等
3	矿业制品遗存	矿业产品	矿石、精矿制品等
		加工制品	矿产制品、艺术加工品等
4	矿业社会生活遗迹	行政管理	办公场所、办公用品等
		居住生活	工人居住区、生活遗留物等
		公共服务设施	医疗、文化、休闲等
		历史纪念	纪念建筑、历史事件、纪念活动等
		民俗生活	社会风俗与礼仪、表演、宗教、节庆
5	矿业开发文献史籍遗存	企业文化及管理	管理体制、企业文化等
		工矿文学及表述	工矿故事、语录、精神等
		工矿档案	企业档案、家庭档案、个人档案等
		采矿技术	生产流程、采矿技术、生产技能等

a 张家滩页岩

b 安沟长6油苗与油砂

c 董家河长6油天然裂缝

d 黑油山油泉

图3-3　中国石油地质遗产

3.2.4　石油产业链

石油系列遗产是基于石油勘探、开采、加工和销售而形成的系列遗产，石油产业链是构建类型构成体系的另一个重要依据。大部分石油工业遗产要素都可以对应石油工业生产链上的一个技术工艺流程。

石油产业链是指"在一定区域空间内，围绕石油资源的开采和加工利用，形成的在资源、技术、市场、经济上紧密联系且相互依存、共同促进石油产业衍生发展的企业群体和生态综合体[76]"。石油产业链可以分为两种结构类型：一种类型是纵向的供应链，主要表现为产业上、中、下游的供需关系；另一种类型是横向协作链，主要表现为产业的服务与配套关系[76]。

石油产业链的纵向供链主要包括生产、提炼、存储、运输和分销等部分，可以分为上游、中游、下游。

上游指的是"寻找潜在的地下或水下油气田、钻探探井，以及将碳氢化合物带到地表的油井，分为勘探和生产（E和P）部门[1]"，主要包括钻井、录井、测井、固井等工艺流程。

"中游是将油田开发与运输以及固定管道作业结合在一起"，[1]主要包括加工、储存、销售和运输原油、天然气和液化天然气（如乙烷、丙烷和丁烷）等商品的部门，例如：采集站、处理加工厂、运输管线等。

下游是将原油加工成石油产品，并且把石油产品运输和销售出去，主要包括炼油厂、石化厂、石油产品分销、零售店和天然气分销。[1]

石油产业链的横向协作链指的是：协助石油产业的其他产业类型，主要是服务于石油产业的配套关系和价值交换过程，例如：机械设备加工厂、装备加工厂、检修厂等。

3.3
石油系列遗产类型构成体系的构建方法和内容

本书在系列遗产关联性构架体系、矿业遗产类型构成体系、全球石油景观的空间分层体系分析研究的基础上，结合石油工业生产链，并且参考国际工业遗产保护委员会发布的《石油工业遗产研究报告》（2020），尝试将形态多样的石油工业遗产要素按照石油勘探、开发、生产、加工等工艺流程归纳到一个关联性构架体系中，构建石油系列遗产的类型构成体系。

3.3.1 研究范围界定——有形遗产和无形遗产

在界定石油系列遗产研究范围时，本书主要依据《都柏林准则》有关工业遗产的定义："工业遗产包括遗址、构筑物、复合体、区域和景观，以及相关的机械、物件或档案，作为过去曾经有过或现在正在进行的工业生产、原材料提取、商品化以及相关的能源和运输的基础设施建设过程的证据。工业遗产分为有形遗产（包括可移动和不可移动的遗产）和无形遗产。"[65] 因此，本书确定石油系列遗产的研究对象包括有形遗产和无形遗产两部分。

石油系列遗产的有形遗产指的是："石油的勘探、开采、生产和消费及其对人类和自然景观产生影响的有形证据[1]"。本书确定石油系列遗产的有形遗产的研究范围，主要参考两项研究结果：一项研究是卡罗·海因对全球石油景观的空间分类，另一项研究是国际工业遗产保护委员会颁布的《石油工业遗产专题研究报告》中提到的石油工业遗产的保护重点对象。第一项研究在前文中已经进行了详细的阐述，这里不再赘述。

《石油工业遗产专题研究报告》中对于石油工业遗产类型的研究主要依据石油产业链的上游、中游、下游。遗产类型主要包括上游油田开发的场所、遗址和综合生产系统，例如：各种油井、井架、钻井平台等。中游包括管道和分销网络，例如：油库、管道等。下游包括炼油厂、公司总部与行政大楼、汽油分销与销售等。除此之外，《石油工业遗产专题报告》中还涉及与石油工业生产生活密切相关的辅助遗产，主要讨论了居住点与建筑、石油营地与公司城镇、办公室与控制中心三种遗产类型[1]。

全球石油景观和《石油工业遗产专题研究报告》主要关注的是与石油开发、生产、加工和消费密切相关的景观或遗迹，没有涉及石油地质遗迹。虽然《石油工业遗产专题研究报告》在石油术语中，提到了自然材料，例如沥青、油砂、油页岩等，但是并没有对地质遗迹进行类型研究。

延长油田和克拉玛依油田的石油工业遗产包括了石油地质遗迹。这些石油地质遗迹是油田发现的证据，因此也是石油工业遗产的重要组成部分。截至2023年底，唯一一个被列入世界遗产保护预备名录的特立尼达拉布雷亚沥青湖（La Brea Pitch Lake, Trinidad）[24]，就属于石油地质遗迹。因此，本书在构建石油系列遗产的类型构成体系时，将石油地质遗迹作为一种遗产类型。

本书对于石油系列遗产的无形遗产的界定，主要依据《都柏林准则》中有关无形遗产的说明："例如技术工艺知识、工作组织和工人组织，以及复杂的社会和文化传统，这些文化财富塑造了社群生活，给整个社会和全世界带来了结构性改变"[65]。将无形遗产界定为与石油工业流程密切相关的石油技术工艺知识、工作制度和石油文化精神以及石油文化艺术。

3.3.2　石油系列遗产的类型构成体系

基于上文对石油系列遗产研究范围的界定，本节采用层次分析法，对石油工业遗产进行分层研究讨论，主要将石油系列遗产的类型构成体系分为三个层级（图3-4），层级之间的各组成部分既相互独立，又具有紧密的功能逻辑关系。

第一层级将石油系列遗产分为有形遗产和无形遗产。

第二层级主要对石油系列遗产的有形遗产和无形遗产分别进行类型划分。本书划分有形遗产的类型时，目标是尽量体现一个完整的石油技术工艺流程以及遗产要素之间的生产功能关联性，主要包括两个方面内容：一方面是石油产业链的遗产，即石油生产、加工、运输、储运和销售过程遗留下来的设施设备、建构筑物、工业区等遗址和遗迹，以及辅助石油生产与生活遗留下来的基础设施、管理、生活、休闲等遗址和遗迹；另一方面是与油田勘探开发密切相关的地质遗迹，既包括石油勘察过程中调研到的典型的、标志性的自然地质遗迹，也包括石油生产遗留下来的人工地质遗迹。

基于第一方面内容的分析研究，本书将有形遗产主要分为石油产业链上游、中游、下游和石油辅助遗产4种。

基于第二方面内容的分析研究，有形遗产还包括石油勘察初期（调查阶段）指示石油存在的自然标志物和自然地质现象，石油开发过程中，形成的占据一定地质体的地表空间和地下空间等地质学资源，以及由石油开发引起的地质灾害遗迹等。

将这两个方面内容进行综合考虑，最终将石油系列遗产的有形遗产划分为5种类型：石油地质遗产、石油产业链上游遗产、石油产业链中游遗产、石油产业链下游遗产、石油工业辅助遗产。

需要说明的是这5种遗产类型包含了有形遗产的可移动遗产和不可移动遗产，因此本书不再单独讨论不可移动遗产的类型。

本书对于石油系列遗产无形遗产的分类研究更加关注石油工艺流程衍生出来的、体现一定时期石油文化精神特质的无形遗产，因此将无形遗产分为4种类型：石油技术工艺知识、石油企业制度、石油文化精神和石油文化艺术。由于无形遗产涵盖的内容比较广泛且复杂，很难再进一步划分出统一的、标准化的类型，因此本书只对无形遗产的第二层级内容进行说明，不再进行第三层级的类型划分。

第三层级主要是针对有形遗产5种类型的划分。首先，依据石油技术工艺流程进一步划分石油产业链的上游、中游、下游，其中上游分为勘探和生产，中游分为储存

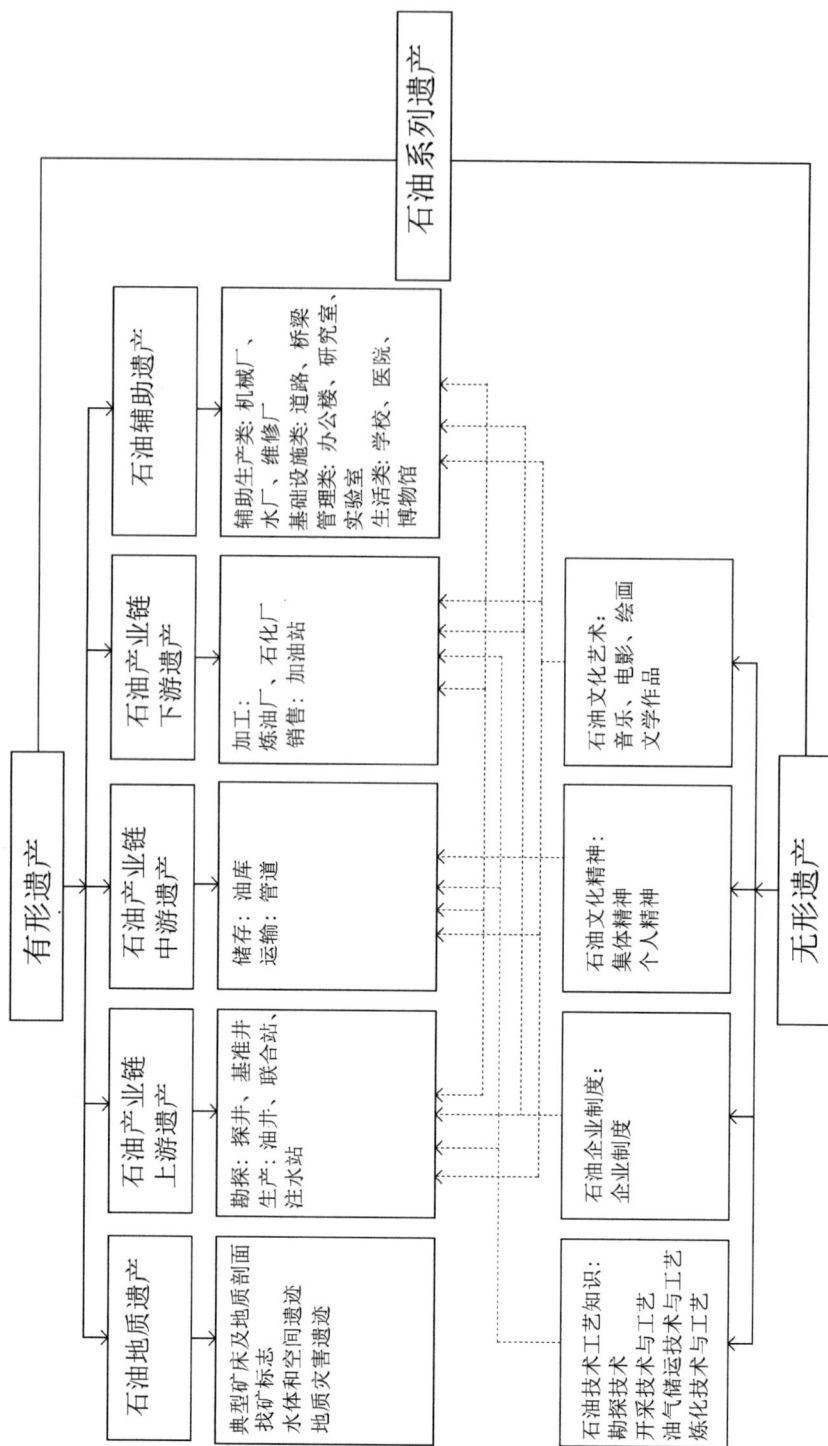

图3-4 石油系列遗产类型构成体系

和运输，下游分为加工和销售。石油工业辅助类型作为石油产业的服务配套部门，可以进一步划分为：辅助生产类、管理类、基础设施类和生活类4种类型。

其次，参考《中国国家矿山公园建设工作指南》有关矿业地质遗迹的分类方法，将石油地质遗产分为4种类型：典型矿床及地质剖面、找矿标志、水体和空间遗迹以及地质灾害遗迹[72]。

以上构建的石油系列遗产的类型构成体系，力求能够涵盖大部分的石油工业遗产，体现石油工艺流程的全过程。有一点需要特殊说明的是，石油系列遗产的无形遗产也可以看作是对有形遗产的一种叙述方式，体现了当时石油企业和石油工业工作者的共同价值观，例如：石油文化精神和石油企业制度都产生在具体的石油工作场所，石油工业技术工艺知识也是通过各种开采设施设备体现的，石油文化艺术多数也都是描述石油工作生活的场景。从这个角度来讲，我们在对石油工业遗产进行分类研究时，要注意有形遗产和无形遗产的关联性，这符合学者劳拉简·史密斯（Laurajane Smith）说的"遗产是无形的，遗产作为一个文化过程，价值观和意义才是遗产保护和管理的真正对象。"[52]

4

中国石油工业发展历程

4.1
中国石油工业发展历程

中国是世界上发现和利用石油最早的国家之一，在石油开采和利用方面有着悠久的历史，并且取得了巨大的成就。中国石油工业发展可分为六个历史阶段：未进行工业开发时期、探索时期、恢复和发展时期、高速发展时期、稳定发展时期和石油工业新时期[4]。

4.1.1 未进行工业开发时期（1840年以前）

根据历史古籍记载，我国最早发现石油的记录源于三千多年前的《易经》，书中记载"泽中有火""上火下泽"，一千九百年前班固所著的《汉书·地理志》最早记载了石油的性能、石油的产地，南朝范晔所著的《后汉书·郡国志》最早记载了对石油的采集和利用，此后西晋张华的《博物志》和北魏郦道元的《水经往》均记载了甘肃玉门一带有"石漆（指石油）"，这些表明了我国古代对石油的特性有了一定的认识，并且开始采集和利用。最早给石油以科学命名的是我国宋代科学家沈括，他在百科全书《梦溪笔谈》中将历史上沿用的石漆、石脂水、火油、猛火油等名称统一为石油，并对石油作了极为详细的论述[4]。

石油采集有着十分悠久的历史，早在公元1100年就钻成了千米深井，表明当时我国的石油钻井技术已达到较高水平[4]。并且，石油有着广泛的应用，主要应用于机械润滑、照明、燃料、药物、军事防御等方面，这些应用在《酉阳杂俎》《老学庵笔记》《本草纲目》和《元和郡县志》等古籍中均有记载。此外，我国古代火药配方中也使用了石油产品——沥青，以控制火药的燃烧速度，这一技术领先外国近千年[4]。

4.1.2 探索时期（1840—1948年）

1840年鸦片战争后，中国进入近代时期。1859年世界石油工业开始发展，作为动力资源，石油受到了各国的普遍重视。1867年美国开始向我国出口"洋油"。"洋油"的倾销垄断了中国市场，阻碍了中国石油工业的发展，为抵制倾销，中国逐渐发展了自己的石油工业。

1878年台湾组建了中国近代石油史上第一个钻井队，并采用蒸汽动力的顿钻钻机打出了中国第一口油井——苗一井（图4-1），并且成立了中国第一个石油管理机构苗栗矿油局，成为中国石油工业的开端。1907年陕西延长打出大陆第一口近代油井延一井（图4-2），采用小铜釜提炼原油，并建成大陆第一个延长油田，开启了中国炼油工业的开端。1909年独山子钻成新疆第一口具有工业开采性质的近代油井（图4-3），是新疆近代石油工业的萌芽。1939年玉门老君庙钻成中国现代石油工业第一口井——老一井（图4-4），成为当时中国最大的油田，也是世界上开发最早的非海相油田之一。以上这些油井都是采用机械设备钻成的，标志着中国古代以来以手工操作和畜力为动力的石油开发方式发生了重大改变，中国古代石油手工开采阶段开始迈入近代石油机械开采阶段。但由于抗日战争的影响，中国近代石油工业发展缓慢[4]。

图4-1　台湾苗一井[77]

图4-2　延长油田延一井

图4-3　新疆第一口井

图4-4　玉门老一井

（图片来源：台湾黑金发祥地——苗栗公馆出磺坑［EB/OL］.［2023-10-21］.
https://www.mafengwo.cn/i/1047897.html?static_url=true）

这一时期中国石油开采采用的是新式顿钻技术，这种以蒸汽机为动力的新式顿钻钻机使用始于1877年的台湾苗栗出磺坑油矿，后来这种技术开始在延长油田、新疆油矿、四川油区得到应用。新式顿钻技术使中国石油工业发展进入了近代石油工业发展阶段，在中国近代早期石油工业发展史上具有重大的意义，但是从总体上讲，中国使用新式顿钻钻井技术规模较小，技术水平较低，发展极为缓慢。[4]后期开始采用旋转式钻井技术与自喷井采油方式，并且形成了系统的陆相生油理论。

4.1.3 恢复和发展时期（1949—1959年）

新中国成立初期，中国大陆只有玉门老君庙、陕北延长和新疆独山子三个小油田，总共只有8台钻机，年产石油12万吨。由于石油产业十分贫乏，石油资源情况尚未探明，产量仅能满足国内需要的25%（1952年）[3]。为了尽快解决这种紧迫的局面，从1953—1959年，中央组织石油工作者先后对中国西北、四川、东部地区开展地质调查、地球物理勘探和钻探工作[78]。

1949年后玉门油田积极恢复和发展生产，为新中国的石油工业发展做出了巨大贡献。1957年玉门建成了我国第一个天然石油工业基地，并组建了一家拥有地质勘探、钻井、采油、炼油、机械修配、油田建设和石油科学研究等部门的大型联合企业。

1955年新疆克拉玛依地区钻成"克一号井"（图4-5），标志着克拉玛依油田的发

图4-5 克一号井

现，实现了新中国石油工业的第一
个突破。克拉玛依油田的开发建设
有力支援了新中国成立初期的经济
建设。1958年青海石油勘探局在冷湖
构造带的基础上钻成"地中四井"，
由此发现冷湖油田。此后在四川发
现了东起重庆、西至自贡、南达叙
水的天然气区。1958年石油部组织川
中会战，发现了南充、桂花等7个油
田，结束了西南地区不产石油的历
史。20世纪50年代末，全国已初步形
成甘肃、新疆、青海、四川4个石油
天然气基地，我国的石油工业已经
成为一个新型的、初具规模的能源
产业[4]。

图4-6　大庆松基三井

　　1958年我国石油勘探重点开始转
向东部，1959年大庆"松基三井"喷油（图4-6），此后"萨66井""杏66井""喇72井"
也相继喷油，至此我国发现了大庆油田，并在1960年投入开发[4]，成为世界上为数
不多的特大型陆相砂岩油田之一。

4.1.4　高速发展时期（1960—1977年）

　　1960年3月，一场关系石油工业命运的大规模"石油会战"在大庆揭开了序幕，
并取得重要胜利，成为中国石油工业发展史上的一个重要转折。1963年全国原油产
量达到647万吨，实现石油基本自给自足，改变了中国石油工业的布局，中国因此结
束了使用"洋油"的时代。大庆"石油会战"成为中国石油工业史的一个里程碑式
事件。

　　为继续加强我国东部地区的勘探，石油勘探队伍将石油勘探的重点向南转移，
开始进入渤海湾地区。1961年，"华八井"喜获工业油流，实现了华北平原找油零的
突破，标志着山东东营地区乃至整个华北地区的石油勘探进入一个新的阶段。1964
年，石油大军经中央批准，在天津以南、山东东营以北的沿海地带开展了华北石油

会战；1965年在山东探明了胜利油田，在天津拿下了大港油田，随后开发建设了这两个新的石油基地；之后在渤海湾北缘的盘锦沼泽地区三上辽河油田。至此，整个渤海湾地区建成了包括胜利、大港、辽河、华北油田在内的我国东部第二个大的油气区[4]。

在此期间，上海炼油厂和石油七厂得到扩建，石油一、二、五厂和茂名石油公司主要加工天然原油，并大力开发新工艺、新技术和新产品。1963—1965年，我国先后攻下了被喻为"五朵金化"的硫化催化、铂重整、延迟焦化、尿素脱蜡以及配套所需的催化剂和添加剂5个攻关项目[4]。

20世纪70年代以来，在复杂的地质条件下，我国勘探开发了兴隆台油田、曙光油田和欢喜岭油田，总结出一套勘探开发复杂油气藏的工艺技术和方法。经过在此期间相继展开的胜利、大港、江汉、吉林、辽河、长庆和冀中等一系列的石油大会战，我国建成了一批大中型石油基地。1978年，我国原油年产量达到1.04亿吨，成为世界第八大产油国，跨入世界主要产油国行列[4]。

4.1.5　稳定发展时期（1978—1997年）

1978年，党的十一届三中全会召开，中国石油工业进入了一个持续稳定发展的新的历史时期，我国石油勘探进入稳定东部与发展西部油气并举、大力发展海洋勘探与积极开拓海外石油勘探开发市场的新阶段。1982年和1983年，我国分别成立了中国海洋石油总公司和中国石油化工总公司，并于1988年成立了中国石油天然气总公司，几年后又成立了第四家国有石油公司——中国新星石油有限责任公司。至此我国石油石化工业形成了四家公司团结协作共同发展的新格局。[79]

20世纪70年代末，我国沿海大陆依托对外开放，与国外各大石油公司合作勘探开发油田并迅速取得成果，海洋油田与天然气产量均具有了较大规模。到1985年我国原油产量达到1.25亿吨，居世界第六位。由于原油产量的持续增长，我国石油自给有余，在保证国民经济对能源需求的基础上，部分石油开始出口，为国家创汇做出了贡献。

20世纪80年代末，在石油工业实施"稳定东部、发展西部"的发展战略的指引下，我国积极勘探东部的同时，对西部各大沉积盆地加大勘探力度，塔里木、鄂尔多斯、准噶尔、四川、吐哈和青海等盆地均取得了重要进展。1997年，西部地区已经成为我国石油的重要基地[4]。

这一时期，我国石油工作者总结出陆相含油盆地找油的理论和方法，并利用遥感技术、地球物理勘探和地球化学勘探等技术手段，在我国陆地和海洋上找到了一大批类型多样的油气藏，并建成了数十个大型油气生产基地[3]。

4.1.6　石油工业新时期（1998年至今）

1998年7月，按照国务院统一部署，中国石油与石化企业重组，在中国石油天然气总公司基础上成立了以上游为主的中国石油天然气集团公司，在中国石油化工总公司基础上成立了以下游为主的中国石油化工集团公司，实现了上下游、内外贸和产销一体化经营。中国海洋总公司仍保留原体制以及海洋石油勘探与开发业务[4]。

2000年和2001年，中石油、中石化和中海油三大国家石油公司纷纷上市，确立"油公司"体制，成功进入海外资本市场，我国石油石化工业对外开放进入了产权融合的新的时期，国有石油公司的产权改革取得了历史性突破。2003年中化集团成立，2005年陕西延长石油重新组建，2008年，我国组建的国家能源局与主管石油等国企的国有资产监督管理委员会一起打开了国家石油管理的新局面。2013年以来，石油企业积极响应"一带一路"倡议，与沿线国家全方位进行油气合作，推动油气业务一体化发展，先后与24个国家签订115个油气合作项目，成为"一带一路"建设的主力军[80]。

2018年7月，习近平总书记作出关于今后若干年要加大国内油气勘探开发力度、保障我国能源安全的重要批示。石油企业专题研究部署，加大国内油气勘探开发力度，进一步突出主攻方向，加大重点油气田稳产上产力度，制定上产激励政策等改革创新举措，先后在新疆玛湖与吉木萨尔、内蒙古巴彦河套吉兰泰、四川盆地涪陵与威荣、海上渤中等取得一系列重大发现和突破，为进一步增储上产和保障国家能源安全打牢根基[78]。2020年继探明地质储量千亿方大型凝析气田渤中19-6之后，又发现了我国渤海莱州湾北部地区首个亿吨级大型油田——垦利6-1油田，这对保障我国能源安全、推动环渤海经济带发展具有重要意义[81]。截至2020年底，全国累计探明1060个油气田（油田771个、天然气田289个）、7个页岩气田、28个煤层气田和3个二氧化碳气田，累计探明石油、天然气、页岩气和煤层气地质储量分别为422亿吨、16.88万亿立方米、2万亿立方米和7259.11亿立方米[82]。现阶段我国石油工业仍在稳步发展中。

4.2
延长石油工业发展历程

延长油田主要开发区位于陕西北部的延安、榆林两市境内，包括七里村油田、吴起油田和延长气田等28个油气田[83]。延长油田的勘查工作开始于19世纪末，是我国陆地上最早认识和开发石油的地区。1907年我国陆上第一口油井——延一井在延长线西钻成出油，拉开了中国陆上石油开发的序幕，延长油田堪称我国陆上近代石油工业的发祥地。

本书基于延长油田的发展历程、重要历史背景和重要历史事件等因素，通过查阅相关的历史文献，参考油田原有的分期标准，并结合相关遗产的动态变化特征，对延长油田工业发展进行了历史学研究，主要将延长油田分为4个历史时期：延长石油工业萌芽阶段（1905年以前）、延长石油工业起步阶段（1905—1949年）、延长石油工业探索阶段（1950—1978年）、延长石油工业规模开发阶段（1979年至今）[83]，并且通过对延长油田历史脉络的细致解读，在这4个历史分期的基础上进行了进一步的划分（图4-7）。

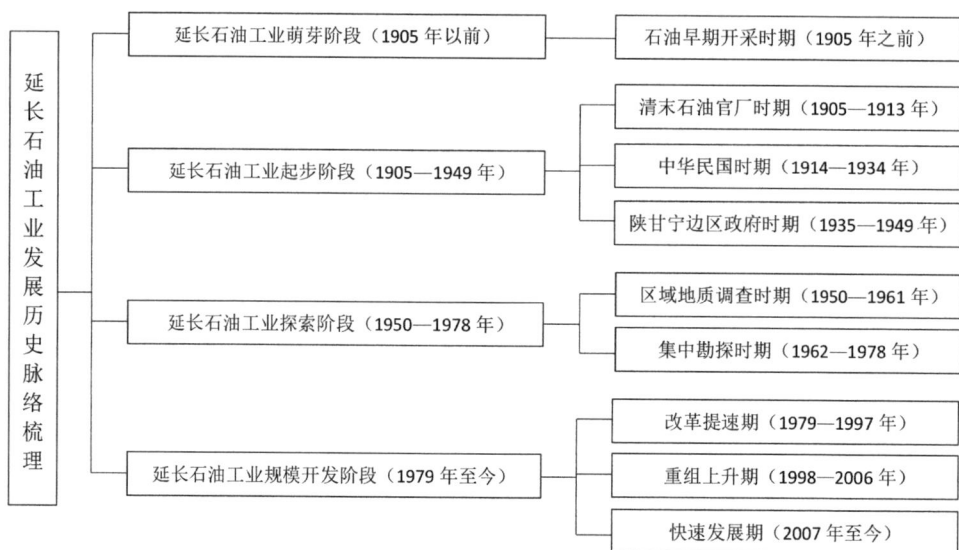

图4-7　延长石油工业发展历史脉络

4.2.1　延长石油工业萌芽阶段（1905年以前）

延长石油在《汉书》中早有记载，"上郡高奴，有洧水，可燃"。北宋科学家沈括首次为石油命名，"鄜延境内有石油，旧说高奴县出脂水，即此也。"。元代《元一统志》里说："延长县南迎河有凿开石油一井（人工打井），其油可燃，兼治六畜疥癣，岁纳壹佰壹拾斤。又延川县西北八十里永坪村有一井，岁办四百斤，入路之延丰库"。明清时期，延长油田的相关史料更多，人们对陕北油田有了更多的了解。但由于石油开采权没有明确，当时私人凿井现象普遍出现。

当时开采的石油含水量较高，人们靠鸡尾翎毛把油和水分离收集，并对石油采集的地点、方法、气味和用途进行描述，初步掌握了挖凿油井的方法，将石油作为点灯燃料，并用来制造医治疥疮等皮肤病药物。1895年德国传教士鲁立金发现延长有石油可采。1903年德国人汉纳根企图开采延长油田，但遭到陕西民众坚决反对，经过斗争，清政府保住了矿权。此时延长石油成为外国掠夺的主要能源，因此引起了清政府对延长石油开采主权的反思[84]。

由此可见，古人很早就在陕北地区发现并使用了石油，主要表现在三个方面：①钻井方式，当时生产力条件落后，只能靠人工打凿油井，进行小规模开发；②炼采工艺，当时油水混合比例较低，利用鸡尾翎毛分离油和水；③石油用途，用于石油燃料照明和制造药物等。

4.2.2　延长石油工业起步阶段（1905—1949年）

1. 清末石油官厂时期（1905—1913年）

（1）清末石油官厂筹建阶段（1905—1907年）

1905年清政府计划建设石油厂（图4-8），并对延长县周围进行了石油勘查工作。但由于当时运输不便，制定了"修铁路是上策、暂时修建马

图4-8　延长石油厂大门（1905年）[86]

图片来源：《七里村采油厂史》编写组. 七里村采油厂史[M]. 北京：中共中央党校出版社. 2021.

路是急策、现在道路的修建刻不容缓的策略"。1906年清政府筹备修筑西安至延长车道，同时将钻机设备等运到延长炼油区，至此拉开了石油工业的序幕[85]。

（2）清末石油官厂时期（1907—1913年）

1907年日本技师与我国地质人员在延长县成功钻成了中国陆上第一口油井——延一井，结束了中国大陆不产石油的历史，填补了中国民族石油工业的空白。同年，一台容量为六石的蒸馏釜安装完成，中国陆上第一座炼油房建成使用，开启了我国石油炼化先河，补齐了我国石油工业的短板[85]。

2. 中华民国时期（1914—1934年）

（1）美孚公司勘探时期（1914—1917年）

1914年中美油矿事务所成立，此后中美联合队逐步开展地质勘查工作和石油钻探工作，在陕西5万平方千米的地区进行了地质粗查，绘制了地形图，在陕北各地钻井7口，其中在延长附近钻中深探井两口[86]，见少许油（表4-1）。由于陕西延长油田的开采并未达到美孚公司原先的设想，美国人研究发现"砂岩层系的巨大厚度造成了石油的散失，而不能聚集成为油藏……"的错误结论，直接导致美孚石油公司解约停办（1916年）[87]。至此美孚公司对陕北石油短暂的地质勘探得出的错误结论，给中国戴上了"贫油"的帽子。

中美油矿事务所钻井记录（1914年9月—1916年3月）[4]　　表4-1

井号名称	井位	井深（米）	见油气状况
延长第1井	延长石油官厂1井西南625英尺（约190.5米）	844.3	见少量气
延长第2井	延长县城东北10千米	594.36	见油
肤施第1井	延安县城西北4千米	914.40	见少量油
肤施第1井	甘泉县城西北20千米	914.40	未见油气
中部第1井	中部店头镇南3.5千米	1075.94	见油
中部第2井	中部店头镇南12.5千米	762.00	见油
中部第3井	同官县城西北20千米	853.44	未见油气

（2）中国人首次独立勘探时期（1918—1934年）

美国人勘探失败后，我国地质学家翁文灏、丁文江和李四光等分别撰写文章以反驳中国"贫油"论，并且地质学家坚持在陕北进行石油地质调查研究。从1923年到

1932年，国民政府地质调查所共对陕北地区进行了三次地质调查，研究得出了陕北存在大量石油的科学依据，纠正了美国人的错误论断，进一步论证了中国的地质环境有生储石油的希望，而且证明石油生成的地质时代不限于一个地层时代，提出了陆相生油理论。1928—1933年，当时的技术人员独自设计，先后打了5口井，即新1、2、3、4和5井，其中仅新1井油量可观[87]。至此，揭开了我国独立勘探石油的序幕（表4-2）。

延长石油官厂新井钻井记录表（1929—1933年）[88]　　　表4-2

井号名称	钻凿年份（年）	井深（米）	见油气状况
新1井	1929	173.66	油砂厚约3米，最初日产7.1吨
新2井	1930	192.00	见稠油少许
新3井	1931	154.70	见少量油
新4井	1932	203.33	见极少油
新5井	1933	113.00	见油少许

3. 陕甘宁边区政府时期（1935—1949年）

1935年延长石油厂被中国共产党成功接收，统归边区人民政府领导。全面抗战时期延长石油厂坚持石油生产，开发了七里村油田，并相继钻探了七1井、七2井、七3井、七4井和七5井，其中七1井和七3井是高产井（表4-3）。"据统计1939—1945年生产5170桶洋烛、11156箱汽油、56809.5桶灯油、28134桶柴油和2409桶机油。原油及其油产品基本能够满足当时中央及当地的使用要求，有力地支持了抗战"[88]。

抗日战争时期延长石油厂新井钻井记录表[88]　　　表4-3

井号名称	钻凿年份（年）	井深（米）	见油气状况
七1井	1941—1943	约7	1941年日初产1~2吨 1943年加深后日初产96.3吨
七2井	1942	约100	产油
七3井	1943—1944	约80	日初产11.6吨
七4井	1944	约80	产气
七5井	1944	约100	干井

1947年由于国民党的围剿，共产党被迫转移，延长石油厂的损失较小。次年由于油藏、油井开发重心的转移，延长石油厂迁至七里村附近。1949年石油厂工作全面恢

复，相继打成七里村七14井、七15井、七16井、七17井、七18井、七19井和七20井，形成了以七1井和七3井为中心的石油工业布局。在1948年7月到1949年6月的一年间，延长石油厂累计生产35113.5桶原油和8046桶汽油[88]，原油及其油产品的数量逐渐增加。

这段时期延长石油厂作为陕甘宁边区唯一的石油生产企业，为边区工业的建立与发展起到了重要的作用，为抗日战争的胜利也做出了杰出的贡献，不仅保证了边区工业生产和经济建设中石油产品的供给，还奠定了新中国石油建设中技术革新和工艺创新的基础，如创造了空中套井法、改革炼油脱水方法和革新采油方法等，为新中国成立后的石油工业发展奠定了坚实的基础[87]。

4.2.3 延长石油工业探索发展阶段（1950—1978年）

1. 区域地质调查时期（1950—1961年）

1950年燃料工业部把河西走廊的酒东盆地、潮水盆地、民合盆地和陕北盆地列为勘探重点，并且非常重视西北石油勘探开发工作，成立了西北石油管理局[86]。"1952年延深探一井完钻，井深2846.63米，是延长石油第一口深探井，也是当时全国第一口超过2000米的石油探井"[83]。"同年正式设立永坪探区，将永坪油田作为延长油田的发展重点，1954年实验成功干井电测，并推广全国，1958年成立女子钻井队，该队成为中国石油工业史上最早的女子钻井队之一"[83]。这段时期我国首创油设罐和汽车运输的集输模式。

"在1951—1960年间，苏联专家在矿期间参与了延长油田的勘探开发和生产建设，在组织管理、地质勘探和增产措施等方面提出了许多合理化的建议和意见，包括正规完井、试油、顿钻生产井、压裂和注水等措施。苏联专家通过新技术和新方法为延长油田长期科学开采奠定了基础，也为延长油田的发展做出了重要贡献。"[86]

2. 集中勘探时期（1962—1978年）

在"文革"的特殊背景下，石油工业也遭到了破坏，但地质工作者秉承着"埋头苦干"的精神，进行了重点区域勘探工作，并绘制了勘探路线图。通过多年的勘探，地质工作者选出了几个重点勘探区，并总结了这些勘探区选定的依据，为延长油田日后的勘探开发奠定了坚实的基础。

自1970年起，延长油田逐步恢复正常的生产经营秩序，启用了油井压裂工作。1972年延长油田指挥部改进压裂工艺，并改造了炼油装置，实施了携砂压裂工作，完成了延长油田炼油釜改造工程，首次突破生产原油万吨大关。1977年，延长油田建成投产管式常压蒸馏装置，结束了沿用70年的单独釜蒸馏工艺。这一时期，在勘探技术和人才方面培养方面，延长油田为克拉玛依和大庆等油田输送了大量人才，为新中国石油工业的发展做出了重要贡献。[83]

4.2.4　延长石油工业规模开发阶段（1979年至今）

1. 改革提速期（1979—1997年）

改革开放后，延长油田在新时代政策支持下开始了新的阶段。1982年延长油田提出了"以油养油、采炼结合、滚动发展"的发展策略，形成了多主体协同、多元化格局。"自1979年到1997年，延长油田先后发现了子长油田、子北油田、南泥湾油田和英旺油田等，形成了多层次大规模开发油田的格局"[83]。"1992年延长油田突破生产原油10万吨的大关，实现了建矿以来的历史性跨越"[83]。1994年延长油田为了彻底解决油矿改革过程中存在的问题，经过共同协商形成了"关于陕北地区石油资源的协议"，指导延长油区的石油勘探与开发[89]。

这段时期延长油田也不断地改革和完善经营管理机制，先后实行了"核算责任制、经济责任制和经济承包责任制"[86]，并且开始加强基地建设，提高职工的福利和生活水平，例如：1983年底建成办公楼、综合楼、住宅楼和石油工人俱乐部，1988年修建住宅楼，1989年建成职工医院楼等。

2. 重组上升期（1998—2006年）

1998年延长油田管理局、延炼实业集团公司和榆林炼油厂重组为陕西省延长石油工业集团。2005年在延长石油工业集团公司基础上，延安和榆林两市钻采公司重组成立陕西延长石油有限责任公司，成为国有独资企业，形成了新的发展上升期[90]。延长油田经过1998年和2005年两次改革，揭开了延长石油工业现代化的新篇章。

这段时期内延长油田不断改进油田开发方式和压力工艺，例如：全面实施千型机组压裂、车载压裂和一层多缝压裂等试验项目；转变了油田开发模式，例如：实行全套管完井和反九点丛式井注水开发等；转变了油田生产组织方式，例如：实行有序采油、高山输油和汽车转水等，使得延长油田的采油和炼油量连续增加[83]。

"2002年延长油田实现了采油炼油双二十万吨的目标，七里村油矿驶入了新的历史起点。2003年延长油田实现了生产原油30万吨的目标，同年建成投产永坪炼油厂，关停七里村炼油厂"[86]。2005年在中国陆上石油工业开发百年纪念之际，延一井旧址再次进行了保护性修复，成为人们了解中国石油发展的一个窗口，也成为中国石油人寻根问祖的圣地。

3. 快速发展期（2007年至今）

2007年以后，延长油田制定了"一业主导、多元支撑"和"油气并重、油化并举"的措施，打成了中国第一口陆相页岩气井，这标志着我国陆相页岩气勘探取得了实质性进展[91]。延长油田不断扩大勘探范围，运用压裂新工艺和新技术，创新旧井挖掘措施，深化有序采油，实行注采一体化等多项措施。

同时，延长油田秉承可持续发展理念，坚持物质与精神并行，对石油工业遗留下的工业设施进行保护，实现保与用结合的创新模式。例如：2017年七里村采油厂提出了建设"321"石油文化工程，2018年三个石油文化阵地建成开馆，成为解中国石油历史的窗口。同年七里村炼油厂成立了第二批国家工业遗产申报工作领导小组，确定申报"中国石油百年老厂——延长石油厂"，核心物项包括延一井旧址、七1井和七3井旧址、延深探一井旧址等10个遗址点，最终被列入我国第二批国家工业遗产保护名录。

延长石油工业百年勘探历史，见证了我国石油工业从依靠国外技术设备到自主创新的发展历程，为我国油田开发做出了重要贡献。在石油工业领域，延长油田是中国石油工业的开端，引领了石油工业的发展；在石油人才领域，延长油田为全国各大油田培养输送了大量人才；在国民经济领域，延长油田快速发展，带动了交通、物流、教育和服务等全方位发展，拉动了地方经济增长。

4.3
玉门石油工业发展历程

玉门油田坐落于河西走廊西部的嘉峪关外，祁连山北麓的戈壁滩上，发源于祁连山麓的石油河[92]。玉门油田始建于1939年，经过80多年的发展，现在包含老君庙油田（图4-9a）、鸭儿峡油田（图4-9b）、石油沟油田（图4-9c）、白杨河油田（图4-9d）、酒东油田（图4-9e）、青西油田（图4-9f）和环庆油田。玉门油田是中国现代石油工业的发祥地，是中国第一个石油天然工业基地，更是中国石油工业的摇篮。在中国石油工业发展的各个历史时期，玉门油田都发挥了重要作用，并做出了重大贡献。

a 老君庙油田[94]

b 鸭儿峡油田[94]

c 石油沟油田[94]

d 白杨河油田[94]

e 酒东油田[95]

f 青西油田[96]

图4-9 玉门油田矿区

依据玉门油田建设开发情况，玉门油田可以划分为6个历史阶段：未进行工业开发时期（1939年前）、建产期（1939—1957年）、高产稳产期（1958—1959年）、降产期（1960—1968年）、低产期（1969年—1999年）和产量回升期（2000年至今）。[93]

4.3.1 未进行工业开发时期（1939年以前）

早在我国古代，玉门石油矿藏就多次记载于历代古籍中，例如：公元3世纪，西晋张华编写的《博物志》就记载了"酒泉延寿县南山，名火泉，火出如炬"；公元9世纪，唐朝李吉甫《元和郡县图志》记载"石脂水在县（指玉门县）东南一百八十里，泉有苔，如肥肉，燃之极明。水上有黑脂，人以草蓋取用，涂鸱夷酒囊及膏车"；明李时珍所著的《本草纲目》中也记载"石油所出不一，出陕之肃州、鄜州、延长、云南之缅甸、广之南雄者，自石岩流出，与泉水相杂……""石油气味和雄硫同，故杀虫治疮"。其他历史典籍如《水经注》《太平寰宇记》《大明一统志》和《肃州志》也都比较详细地记载了玉门石油[94]。

近代以来，中外地质界人士曾多次前来调查，例如：俄国地质、地理学家奥勃鲁契夫，地质学家翁文灏、谢家荣和张人鉴等，他们撰文介绍了玉门油田及其土法开采情况。但由于当时设备、运输和社会等条件的影响，玉门油田并未得到工业开发。

4.3.2 建产期（1939—1957年）

抗日战争时期由于国内对石油资源开发的迫切需求，1938年6月甘肃油矿筹备处正式组建。1939年12月由筹备处主任严爽，地质学家孙健初，测量员靳锡庚，工人邢长仲、宿光远、刘万才和刘兴国等组成的勘探队抵达石油河畔老君庙，开始了测量地形、勘查地质和确定井位等工作，这一工作的开展标志着玉门石油勘探的正式开始。[97]1939年8月玉门油田的第一口油井——老一井出油，发现了K油藏，至此老君庙油田正式投产，拉开了玉门油田发展的序幕。1941年4月玉门油田开钻老四井，发现了L油藏。同年10月老八井发生强烈井喷，发现了一个高产油田。1945年4月发现M油藏，并以L油藏作为重点加以开发。[93]

老君庙油田自1938年开发至1949年9月，经过十一年的勘探和开发，共生产原油50万吨，占同期全国石油总产量的90%以上。老君庙油田成为当时中国规模最大、产

图4-10　20世纪40年代老君庙油田[97]

图片来源：《百年油田》编写组. 百年油田［M］. 北京：石油工业出版社，2009.

量最高、职工最多、工业技术领先的油田，同时也依靠本国力量成为独立勘探、开发和经营的现代石油矿场（图4-10）。老君庙油田作为当时国内工业界所瞩目的官办性和军事性的"国防工业"，有力支援了抗日战争和解放战争。[96]

这段时期玉门油田建立了中国石油第一个选油站（1945年）、第一个石油专业机械厂（1939年）和中国最早的油品商标——"建国"牌油品商标（1941年）等多个中国石油历史上的第一。

新中国成立后，玉门油田受到党和国家的高度重视，被列为国民经济恢复时期石油工业发展的重点，并且从人力、物力和财力等各方面得到了极大支持。在第一个五年计划中，玉门油田相继发现鸭儿峡油田（1956年）、石油沟油田（1955年）、白杨河油田（1955年）和单北油田（1954年），石油产量和石油工业技术都得到了不断的提高。

在石油工艺技术方面，玉门油田在老君庙油田先后进行注水开发试验、油井酸化试验、放射性与中子石油测井试验以及空气钻井试验等，创造了大量中国石油工业开发的第一次。例如：中国第一次油田顶部注气（1953年）、中国油田开发第一次油井压裂（1955年）、中国油田开发第一次油井酸化（1957年）和中国第一次清水钻油井（1954年）等，为中国石油工业发展提供大量的创新技术和方法。同时，玉门油田还创建了巡回检查制、合理化建议和岗位责任制等多项制度，开展了小井眼钻井、旋转快速钻井和钻机整体搬家等一系列管理经验和技术经验，创造了大量的新技术与新方法。[97]

1957年玉门油田被建成我国第一个天然石油工业基地，它成为一座拥有地质勘探、钻井、采油、炼油、机械修配、油田建设和石油科学研究等多个部门的大型联合企业。[92] 在此期间，玉门油田的石油摇篮文化也逐步形成，这对油田后续发展乃至全国的石油文化精神都产生了深远影响。

4.3.3 高产稳产期（1958—1959年）

1958年国家进入第二个五年计划，受政治形势的影响，玉门油田强调多打井与放大油嘴生产的生产模式，相继对石油沟、鸭儿峡和白杨河油田投入全面开发，油田进入产量高峰期（图4-11）。这时期的油田具有开采时间短、多数油田产油量达到峰值、采油速度高、含水上升快与水驱面积增大的特点。1959年除白杨河油田外，老君庙、鸭儿峡和石油沟三个油田原油产量均达到历史最高，整个油田原油产量占当时全国原油总产量的51%。[93]

1958年，石油工业部部长余秋里提出玉门油田要发挥"三大四出"的作用，即要把玉门油田建成"大学校、大试验田、大研究所"，也要建成"出产品、出经验、出技术、出人才"的油田。此后玉门石油人承担"三大四出"的历史重任，艰苦创业，勇于探索，无私奉献；南下四川，北赴大庆，跑步上长庆，二进柴达木，三战吐鲁番。先后支援多个石油工业的建设。先后向全国50多个石油石化企业和地矿单位输送骨干10万余人，例如：王进喜、薛国邦、马德仁和康世恩等，并提供各类精良设备4000多台，为其他石油单位的建设发展提供了相应的管理制度、技术支持和宝贵经验，充分发挥了石油工业摇篮的作用，为全国石油工业的发展做出了重要贡献。[97]

图4-11 1958年的老君庙油矿[98]

图片来源：中国石油玉门油田公司. 石油摇篮·讲述——玉门油田80年口述历史文集［M］.
北京：石油工业出版社，2019.

4.3.4　降产期（1960—1968年）

20世纪60年代，受高速开采阶段的超负荷过量开采和缺乏科学管理等因素的影响，玉门石油产量快速递减，油田生产陷入被动，这使得油田很快进入了以调整为特点的降产期。

针对油田开采形势的急剧变化，玉门油田组织开展以防水为中心、修井为手段的"巨龙夺油上产大会战"，以控制产量快速递减。此后油田总结技术经验，对油田开发方案进行全面调整，油田开发开始步入良性循环，产量递减的局面得到了彻底扭转。[93]

4.3.5　低产期（1969—1999年）

经过降产期近十年的综合治理调整，玉门油田原油产量回升，但油田综合含水量较高，油水分布复杂，油田依然面临一定的困难。在此情况下，1970年玉门抽调三分之一骨干、二分之一精良设备支援庆阳、组织陕甘宁石油会战，在油田缺人、缺物和缺设备的困境中，玉门油田踏入艰难稳产路。[93]

在此期间，油田职工在与各种困难抗争中先后形成了自力更生、艰苦奋斗的"一厘钱"精神，缺乏设备自己制造的"穷捣鼓"精神，原材料不足改制代用的"找米下锅"精神，人员不足多做贡献的"小厂办大事"精神，修旧利废挖潜改制的"再生厂"精神，简称玉门老"五种精神"，构成了玉门精神的核心内容。这些石油精神对石油行业产生广泛影响，并且在不断传承中形成了玉门新"五种精神"。

20世纪90年代，玉门油田年产量保持在40万吨以上，实现了油田后期的经济开发。在这三十年在没有新增储量、没有产能接替的情况下，玉门油田综合治理深挖潜能、精雕细刻保稳产，实现了从1970年到2000年三个十年稳产目标，创造了油田后期稳产开发的奇迹。[93]

4.3.6　产量回升期（2000年至今）

随着玉门油田原油产量不断下降，发展进入了困难时期，玉门油田继续勘探，终于发现了酒东油田和青西油田，实现了玉门油田的二次腾飞，继续为国家的石油工业贡献力量。

进入21世纪，随着国家"一带一路"倡议和中国石油天然气集团有限公司"走出去"战略的实施，油田把海外市场作为可持续发展的潜力市场，先后参与了土库曼斯坦、阿塞拜疆、哈萨克斯坦、阿尔及利亚、埃及和乍得等国家20多个海外项目合作，打造了"管理精细、技术先进、团队一流、安全高效"的"海外玉门"合作品牌，持续书写了新时期玉门精神"三大四出"的新篇章。[96]

2017年随着国家油气体制改革的推进，中国石油天然气集团公司作出了油气矿权内部流转的战略部署，将长庆油田陇东地区的环庆区块矿权流转给玉门油田，以缓解老油田资源接替困境，玉门油田便把此油田作为石油摇篮可持续发展的新引擎，坚持高效勘探和效益开发，开启了高质量建设百年油田原油产量重上百万吨的新征程。[96]

4.4
克拉玛依石油工业发展历程

本书提出的克拉玛依石油工业遗产指的是克拉玛依地区的石油工业遗产，即克拉玛依市的石油工业遗产。依据现有国家工业遗产名单（截至 2023 年），克拉玛依地区的石油工业遗产包括独山子油田和克拉玛依油田两个油田。由于这两个油田的石油工业有着不同的历史发展脉络，因此为了更加清晰地解读克拉玛依地区的石油工业发展历程，本书将分别对这两个油田的石油工业发展历程进行分析研究。

4.4.1　独山子油田历史发展沿革（1909年至今）

"独山子油田位于准噶尔盆地南天山北麓洼地褶皱带上，因周围平坦的戈壁上"一峰突起"而得名，哈萨克语称"玛依他吾"或"玛依套"，意为油山。"[99-100]近代有很多历史文献都有关于独山子石油矿产的记录，例如：《新疆图志》中记载"……名曰独山子……有石油泉二，一在南麓，一在西麓，其色深紫，浮于水面，夏盛冬涸……"[100]。独山子石油开发最早见于1902年，采用土法采炼石油，工业炼油开始于1907年。

独山子油田已经有百年的发展历史，本书基于油田发展历程和重要的历史背景，参考油田原有的分期标准，主要将独山子油田分为4个历史阶段：石油工业的起步阶段（1909—1949年）、石油工业的快速发展阶段（1950—1990年）、石油工业的全面发展期（1991年至今）。其中石油工业快速发展阶段，又可以进一部分细分为：石油工业的开发阶段和石油工业完善阶段。[101]

1. 独山子石油工业的起步阶段（1909—1949年）

"1909年（清宣统元年）新疆地方政府从俄国购置一台挖油机（钻井设备）和一台提油机（小型蒸馏釜），开掘了新疆第一口油井，所产原油'质量优异、足与美洲之产相抗衡'"。1911年独山子石油开采因辛亥革命爆发而停止。[101]

1936年新疆地方政府与苏联政府建立合作，共同建立了独山子炼油厂，对独山子油田开始了初步的勘探任务。1937年钻成第一口探井出油，到1942年共钻33口油井，石油年产量达7321吨，年炼油能力达7万吨。1937年独山子炼油厂安装了釜式蒸馏装置（图4-12），1941建成加工能力为5万吨管式常压蒸馏装置，主要产汽油、煤油和柴油。

从1939年到1941年间，独山子建成集钻井、采油和炼油为一体的综合性石油矿区。独山子油田开始崭露头角，成为当时与玉门、延长齐名的3个著名石油矿之一。1943年新疆地方政府和苏联政府关系破裂，独山子油田暂时停产。1944年成立甘肃油矿局乌苏油矿筹备处，独山子成为国营石油企业[101]。这一时期的独山子石油工业处于起步阶段，生产规模仍然较小。

图4-12　独山子油田炼油釜[102]

图片来源：图说80年之一：独山子有个地方曾被称为"小上海"[EB/OL].［2023-11-18］.
https://mp.weixin.qq.com/s/PX5YmezPrHWn1-MRXDpbhkw

2. 独山子石油工业的快速发展阶段（1950—1990年）

（1）独山子石油工业的开发阶段（1950—1960年）

"1950年，中苏石油股份公司成立，其总经理部设在独山子，任务是进行探测、开采、提炼石油和煤气，逐步发展壮大独山子，并且帮助中国培养石油工作者。"[103] 1952年独山子炼油厂建成投产年加工7万吨的常压蒸馏装置，1954年建成投产年加工能力7.5万吨的单炉装置，这标志着独山子炼油厂开始有二次加工工艺（图4-13）。1953年，独山子生产井数增加到32口，全面生产原油达到7万吨，占当年全国原油总产量的23%，1954年中苏石油股份公司停止合办。[103]

1956年独山子矿务局成立。由于独山子的原油产量从1955年降低，所以从1956年开始，克拉玛依的原油开始运往独山子进行加工，独山子油田的主要功能由原油开采油转向石油炼化。1959年克拉玛依—独山子输油管线全线竣工，这为独山子炼油厂提供了充足的原油。[101]

从1957年到1960年，独山子炼油厂进行了三期扩建，原油加工量大幅度提高，1960年原油加工能力提高到120万吨，成为全国第一个突破120万吨的炼油厂[101]，独山子石油工业开始进入快速发展期。

（2）独山子石油工业完善阶段（1961—1990年）

1961年独山子矿务局撤销，将其所属单位全部交给独山子炼油厂管理。1965年独山子炼油厂建成第一套常减压联合装置（图4-14a）；1967年独山子炼油厂建成

图4-13　1954年独山子炼油厂[102]

图片来源：图说80年之一：独山子有个地方曾被称作"小上海"［EB/OL］.［2023-11-18］.
https://mp.weixin.qq.-com/s/PX5YmezPrHWn1MRXDpbhkw

1960年代最先进水平的延迟焦化装置（图4-14b），提高了炼油工艺水平。

从1976年到1980年，独山子石油工业进入第二次快速发展时期。1978年独山子炼油厂独立建成催化裂化装置，原油一次加工能力达到120吨，炼油技术达到国内先进水平（图4-14c）。从1986年到1990年，独山子炼油厂建成第二套常减压装置，原油一次加工能力提高到330万吨。这个时期独山子油田主要以石油加工为主，独山子炼油厂进入了快速发展期。[101]

3. 独山子石油工业的全面发展期（1991年至今）

1991—1995年是独山子石油工业发展最快的时期，先后建成了第二套延迟焦化、第二套催化裂化、催化重装、柴油加氢以及第三套常减压蒸馏炼油装置，原油年加工能力从330万吨提高到600万吨，炼油产品品种达到200多余种，从此独山子石油加工业完全实现了从炼油型向燃料—润滑油—化工型的转变。1995年8月6日，独山子炼油厂的14万吨乙烯装置点火成功，这是中国西部最大的石油化工项目，新疆从此有了自己的高精化工产业。同年独山子石化总厂成立。[101]

a 1965年建成常减压联合装置[104]

b 1967年建成延迟焦化装置[104]

c 1978年建成催化裂化装置[104]

图4-14 独山子炼油厂的石油加工装置
图片来源：独山子这些事，已经藏了很多年［EB/OL］.［2023-10-21］. https://mp.weixin.qq.com/s/oB8B7kVOkOsO6HN_8Z1SJA

1996年独山子石油企业生产规模进一步扩大，芳烃抽提装置、石蜡精制和石蜡成型装置先后建成投产，又增加了芳烃和石蜡产品品种，扩大了石化产品后续加工规模，进一步增加了石油和石油化工产品品种。[101]2002年建成投产的22万吨/年乙烯改扩建项目，使得独山子石化增加乙烯生产8万吨；2004年建成投产馏分油加氢裂化装置，实现了炼油工艺的第二次革命；2006年中哈原油管道全线贯通，哈国原油运抵独山子加工，独山子石化在"能源新丝路"的建设道路上领先一步；2009年建成投产国内首套最大规模炼化一体化工程——独山子千万吨炼油百万吨乙烯工程，标志着独山子石化走向国际一流现代化石油基地。[105]至今独山子炼油厂的产品质量水平、综合商品率及能源消耗等各项技术经济指标均居全国同行前列。

4.4.2 克拉玛依油田历史发展沿革（1951年至今）

"克拉玛依"在古代被称为"青石峡"，民国时期有一些书籍记载了青石峡的出油情况："青石狭（峡），西北80里，距城（指塔城）东南600余里，有石油井，产煤油，俗称石油"[99]。克拉玛依油田位于新疆克拉玛依市境内，准噶尔盆地西北缘加依尔山南麓，呈东北—西南条状分布，平均地面海拔300米，长约50千米，宽约10千米，正式发现于1955年。克拉玛依油田是新中国成立后发现的第一大油田，也是准噶尔盆地已发现和开发的最大油田。[106]

1. 克拉玛依油田初期勘探开发阶段（1951—1965年）

1951年新疆石油管理局运用地质调查、地质测量和地球物理勘探等多种方式，在克拉玛依市境内开展了大规模的油气资源勘探工作，为油田的开发建设提供了保证。新疆地区的石油勘探工作首先在独山子地区恢复，这为迅速恢复新疆石油工作创造了条件，随后勘探范围扩大到黑油山和乌尔禾一带。1955年克拉玛依一号井成功喷流，标志着克拉玛依油田的诞生。

"从1956年到1960年，石油工作者相继在白碱滩、乌尔禾、百口泉和红山嘴区域勘探出石油资源，克拉玛依油田的探明储量和含油面积明显增加"[99]。"1959年1月，第一条长距离输油管线克拉玛依—独山子输油管线建成投产，全长147.2公里，年输油能力53万吨。"[107]1961年开始，克拉玛依油田调整油区的整体勘探规模，对油田的地质情况和含油规律进行了深入研究，这使得油田生产稳步发展。

1958年5月，国务院批准设立克拉玛依市（县级市），行政区域包括克拉玛依、独山子、奎屯、六十户、乌尔禾、百口泉、红山嘴、前山涝坝、白碱滩、小拐、中拐和大拐等地区。同年6月，自治区人民委员会决定撤销独山子镇，克拉玛依市下设独子区和乌尔禾区，并在克拉玛依、大拐、中拐和小拐等地设立街道办事处。[107]

2. 克拉玛依油田开发与调整阶段（1966—1978年）

克拉玛依油田的初期调整目标基本完成后，油田的开发规模得到了进一步的扩大。"从1966年到1970年采用四点法和反九点法面积注水方式，克拉玛依油田开发建设了大量的新油藏，并且通过分层开采的方式适应了三叠系砾岩油藏的特点。1967—1973年对开发较早的区块进行注水井网的调整，配合其他增产措施，年底产油量得到了显著的增加。1975—1978年油田的其他油藏区亦相继投入开发，克拉玛依油田动用的储量和年产量达到1965年的3.6倍，油田的综合调整取得了明显成效。"截止到1978年，克拉玛依油田共有生产油井3011口，年产油量302.1万吨，累计产油3198万吨。[106]

为了配合克拉玛依油田建设，油田陆续建设了一批重要的配套设施，例如：兴建白杨河水库和水渠（1970年），扩建克拉玛依电厂及输变电工程（1970年），建设克拉玛依—乌鲁木齐输油管线（1972年）等，这些配套设施有力地保障了克拉玛依油田开发建设。

3. 克拉玛依油田的全面开发阶段（1979年至今）

1979年克拉玛依油田的开发领域不断扩大，1990年代探明的油气藏相继投入开发，油田老区实施加密调整和综合管理措施，并且通过开展多种提高原油采收率的试验，提高了油藏的开发潜力，克拉玛依油田的年产量呈现稳步上升的趋势。克拉玛依油田的开发始终以勘探为重点，以石油探明储量的不断增长实现原油产量的持续增长，使石油开采领域不断扩大。2002年，克拉玛依油田原油产量突破1000万吨，成为中国西部第一个千万吨大油田。[106]近年来新疆油田公司建设大油气田勘探开发战略的实施，使得克拉玛依油田的油气产量进一步提高。

4.5
大庆石油工业发展历程

大庆油田位于黑龙江省西部、松嫩平原北部，含油面积6000多平方千米。大庆油田是大庆长垣及其外围和海拉尔—塔木察格盆地已探明的52个油气田的总称[108]。

新中国成立初期，中国石油产业十分贫乏，石油资源情况尚未探明，石油产量仅能满足国内需要的25%（1952年）[3]。为了尽快解决这种紧迫的局面，从1953年到1959年，中央组织石油工作者先后对中国西北、四川和东部地区进行了勘察[78]。1959—1960年发现并确认了松辽平原地下蕴含大量的石油。1959年9月松辽盆地第三口基准井——松基3井喷出工业油流，标志着大庆油田的诞生。[109]

经过60多年的发展，大庆油田已经成为一个拥有勘探开发、工程技术、工程建设、装备制造与油田化工等石油工业类型齐全的大型综合性油田。截至2023年3月底，大庆油田累计生产原油25亿吨，占中国陆上同期石油产量的近40%，其上缴税费及各种资金3万亿元。大庆油田的建设为中国石油自给自足奠定了基础，改变了中国石油工业的面貌，是中国现代石油工业史的重要组成部分。

依据大庆油田发展史，大庆油田建设划分为4个历史阶段：石油会战时期（1959—1963年）、快速上升时期（1964—1975年）、高产稳产时期（1976—2002年）、可持续发展时期（2003年至今）。[78]

4.5.1 石油会战时期（1959—1963年）

"1958年根据邓小平石油勘探重点东移的指示精神，松辽盆地正式成为战略东移的主要战场之一，这对于大庆油田的发现是个至关重要的决策。"[110]1959年9月，松基三井喷出具有工艺价值的油流。"1959年底石油工作者绘制了比较完整的大庆长垣地震构造图，显示北起喇嘛甸、南到敖包塔完整的大型背斜带，是个前景非常好的长垣构造，并且显示北部的喇嘛甸、萨尔图和杏树岗油层更厚、产量更高"[111]1960年1—2月相继开钻了喇72井、萨66井和杏66井三口探井，这三口探井喷出工业油流表明大庆长垣地带含有丰富的油气资源，也证实了大庆长垣北部的地质条件确实优于南部地区，越往北油层越厚、产量越高。因此当时人们把这三口探井称为"三点定乾坤"，现在已经被列入国家工业遗产保护名录。

为了尽快拿下大油田，1960—1963年中国石油部决定集中全石油系统的力量，开展"石油大会战"，即著名的"大庆石油会战"。到1963年底，大庆油田累计生产原油1166.2万吨，相当于同期全国原油总量的51.3%，为中国石油自给自足奠定了基础，这使得中国从石油进口国变为石油出口国（1962年第一次向国外出口原油）。[112]"大庆石油会战"也因此成为中国石油工业发展史上一个里程碑式的历史事件。

这段时期，为了配合大庆油田的建设，我国开展了油田配套工程建设，到1963年底建成了原油集输、原油储运、油田供水、供电、注水、通信、机修和公路八大系统工程，主要包括大型油库2个、发电站1个、变电所5个、铁路专用线30.62公里、修筑公路227.76公里。并且，大庆石油会战还在管理经验上摸索和总结了一套"以岗位责任制"为核心的管理制度，形成了"铁人精神""三老四严""四个一样"和"缝补厂精神"等重要的大庆石油精神，对大庆油田建设产生了深远的影响[110]，成为大庆石油工业遗产无形遗产的重要组成部分。

为了保证大庆油田开发的顺利进行，1959年大庆区成立，隶属于当时的安达市[78]，主要包含大庆长垣的葡萄花油田和高台子油田所在的空间区域。为了解决石油工作者的工作生活问题，大庆区开始建设大庆矿区，制定了"工农结合、城乡结合、有利生产、方便生活"的建设方针，形成了一批亦工亦农的分散的居民点，到1963年底形成了萨尔图、让胡路和龙凤镇三个大型居住点。

4.5.2 快速上升时期（1964—1975年）

从1964年开始，大庆油田集中力量扩大开发油田面积，增加了新的动用储备，提高新的生产能力，原油产量快速增长，在继续开发萨尔图油田的基础上，相继开发了杏树岗油田（1964年）和喇嘛甸油田（1973年）。其中喇嘛甸油田仅用两年半时间建成1000万吨以上的生产能力。到1975年底，萨尔图油田、杏树岗油田和喇嘛甸油田三个主力油田全部进入开发建设，投产油井3790口，年产原油能力为4443万吨，年产原油4625.96万吨，基本具备了年产5000万吨的能力，为1976年原油产量达到5000万吨提供了基础条件。[78]

这个时期大庆油田继续开展油田建设配套工程建设，主要包括供排水工程、供电工程、公路工程、通信工程和建筑房屋等。例如："北引"工程和建设原油长输管道等。其中1972年建设铁岭至秦皇岛管道，1973年建设大庆至铁岭线，到1975年9月共建设输油管道8条，共计2471公里。其中主要干线2181公里，形成了以铁岭站为枢纽，连接大庆至抚顺、大庆至秦皇岛和大庆至大连的3条输油大动脉，东北管网逐步形成。[78]这些配套工程的建设有力保障了大庆油田的开发建设。

大庆油田还全力支援新油田的建设，"从1963年到1976年，先后向各新油田输送干部和工人5.6万人，支援各种物资11万多吨、各种设备4900多台（套）"。[78]

1964年，安达特区成立，区域范围主要包括当时的大庆区、萨尔图镇（区）、杏树岗镇（区）和龙凤办事处4个区域。[113]这个时期属于大庆矿区建设阶段，采用的是乡村式矿区发展模式，主要特点是城市道路网以油田建设道路网为依托发展，油田生产点和居住点以散点的形式分布，形成"城乡一体化"的分散式布局，进而形成了以"工人镇—中心村—居住村"为基本构架的村镇体系。

4.5.3 高产稳产时期（1976—2002年）

从1976年开始，大庆油田连续27年保持5000万吨以上高产稳产，到1985年实现了"高产上五千（万吨）、稳产十年"的目标。1986年以后，大庆长垣外围的新油田开始投入开发建设，形成新的生产力量，接替了大庆长垣油田生产，开辟了宋芳屯、模范屯、龙虎泡和朝阳沟等7个生产区新区，到1990年底共有14个油田投入开发。1999年提出了"高水平、高效率、可持续发展"的油田开发方针，首次将原油计划产量下调120万吨。2002年，大庆累计生产原油17.26亿吨，累计新增可采储量11.83亿吨，开创了世界油田开发新水平。[114]

在炼油与化工产业方面，大庆炼油厂经过多期工程建设，相继建成多套炼油装置，原油年加工能力增至850万吨，可生产汽油、煤油、柴油、苯类和石油焦等多种产品品种。1979年，大庆石化30万吨乙烯工程动工，共建成12套生产装置、77套辅助装置及公共工程组成，生产有机化工原料、塑料与合成纤维等国内急需的产品，缓解了石油化工产品的紧张局面。这标志着大庆石油化工产业跨入一个新的历史发展阶段，在我国油田开发中达到了新的高度[110]。

1980年大庆市成立，行政区域包括大同区、萨尔图区、让胡路区、红岗区和龙凤区。由于矿区建设高度分散、配套设施不完善与市政工程不健全，大庆开始了由"亦工亦农"的工矿点逐步转向具备系统市政工程与综合配套的城镇化阶段，在让胡路、萨尔图和龙凤等22个城镇和工矿点集中建设住宅区，增设大量公共建筑与公共活动场所，城市居民生活环境得到巨大改善，形成了小城镇集群式的发展格局。[110]

为了解决生活用地与生产用地日益增加的矛盾，1985年大庆制定出台了《大庆市城镇建设总体规划》，提出了"让开大路（油田）、建设两厢（油田外部）""分片组合、相对集中"的布局原则，逐步由建设配套齐全的小城镇向具有一定聚集规模的中心城市转变。1990年起，大庆组织编制了《大庆市城市总体规划》，促进城市建设集约发展，向高科技现代化城市迈进。[110]

4.5.4　可持续发展时期（2003年至今）

2003年大庆油田提出了"持续有效发展、创建百年油田"的总体构想，由于大庆油田持续27年稳产高产开采，地下石油储量减少，油田含水率不断提高，为了保持油田可持续化发展，石油开发者在主力油田的外围寻找石油资源，从2003年到2008年，开发了7个探明油田，累计开发了33个外围油田。同时大庆油田积极寻找气资源，在2003年到2005年间，共探明天然气储量1018.68亿立方米，至此实现油气双重发展的新局面，确保油气产量持续稳产4200万吨。[78]在2003—2014年间大庆油田又实现了原油4000万吨，连续12年稳产。到2023年实现了累计原油产量全国第一的目标。

大庆石化产业再次升级，随着年产120万吨乙烯改扩建工程完工，大庆油田构建起"千万吨炼油、百万吨乙烯"的发展格局，带动周边地区的产业发展，为我国的能源物资与经济发展做出贡献，也标志着向世界级石化产业基地迈进。[110]

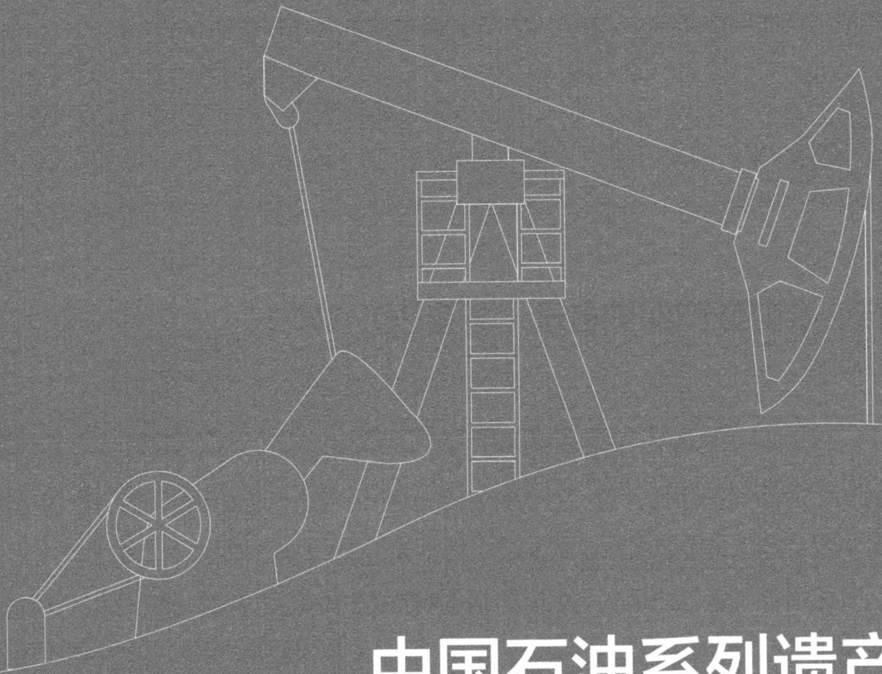

5

中国石油系列遗产的类型学分析

石油系列遗产的类型学研究是中国石油工业遗产系统性保护的一个重要方面，本书通过对4个油田的石油工业遗产进行细致的类型学分析，不仅可以发现中国石油工业遗产在遗产类型和遗产要素构成的整体性特征，还可以发现现阶段我国石油工业遗产保护的重点类型、保护空白以及有待进一步填补的遗产要素等问题，这对于后续我国石油工业遗产的保护范围、保护类型和保护要素的扩展具有重要的意义。

5.1
中国石油系列遗产保护名录（截至2023年）

为推动我国工业遗产保护和利用研究工作，2018年中国科协调宣部主办，中国科协创新战略研究院和中国城市规划学会共同承办的"中国工业遗产保护名录"发布会，公布了第一批中国工业遗产保护名录。其中共包含5个油田的石油工业遗产：大庆油田，玉门油田（玉门油矿），独山子油田（独山子油矿）、克拉玛依油田、延长油田（延长油矿）和苗栗油矿[115]。2019年三个部门又联合公布了第二批"中国工业遗产保护名录"，青海油田被列入其中[116]（表5-1）。

2018年中华人民共和国工业和信息化部公布了第二批国家工业遗产名单，其中铁人一口井、延长石油厂被列入其中；2019年大港油田港5井被列入第三批国家工业遗产名单[117]；2020年胜利油田功勋井、玉门油田老君庙油田（油矿）和独山子炼油厂被列入第四批国家工业遗产名单[118]；2021年克拉玛依油田被列入第五批国家工业遗产名单[119]（表5-2）。

石油工业遗产信息表（中国工业遗产保护名录）[115-116]　　表5-1
（中国科协调宣部主办，中国科协创新战略研究院、中国城市规划学会承办）

编号	名称	地理位置	建造时间	现状	保护时间	核心物项
1	苗栗油矿	台湾省苗栗县公馆乡	1877年	台湾油矿陈列馆	第一批（2018年）	第一口油井——苗一井、采油机、台车索道等
2	延长油田（延长油矿）	陕西省延长县	1907年	在用	第一批（2018年）	中国大陆第一口油井——延一井及抽油机等设备

续表

编号	名称	地理位置	建造时间	现状	保护时间	核心物项
3	玉门油田（玉门油矿）	甘肃省酒泉市玉门市	1938年	在用	第一批（2018年）	老君庙、老一井、西河坝窑洞、专家楼、文化宫、王进喜纪念馆、职工生活社区等
4	独山子油田（独山子油矿）、克拉玛依油田	新疆维吾尔自治区克拉玛依市	1909年	在用	第一批（2018年）	新疆第一口油井遗址、克一号井、英雄193井、中苏石油股份公司独山子职工子弟学校旧址、独山子石油俱乐部和中苏石油股份公司办公旧址等、黑油山地窖、101窑洞房、独山子第一套蒸馏釜遗址、石油机械工业生产厂区
5	大庆油田	黑龙江省大庆市	1959年	在用	第一批（2018年）	大庆油田发现井——松基三井、铁人一口井，完整的石油勘探、开采、储运、炼化生产设施，大庆石油会战指挥部旧址，职工生活社区，大量史料、亲历人
6	青海油田	青海省海西州冷湖镇	1955年	在用	第二批（2019年）	地中四井、办公区、生活区遗址、四号公墓、青海油田展览馆（敦煌）

石油工业遗产信息表（国家工业遗产名单）[117-119]　　　表5-2

（工业和信息化部公布）

编号	名称	地理位置	建造时间	现状	保护时间	核心物项
1	铁人一口井	黑龙江省大庆市红岗区解放街道	1960年	教育基地	第二批（2018年）	萨55井、卸车台、钻井架、水井
2	延长石油厂	陕西省延安市延长县	1905年	遗址	第二批（2018年）	延一井、七里村炼油厂、七1井和七3井、延深探一井、延长石油三大石油地质教育教学实践点、延长石油厂工人何延年的窑洞、苏联专家招待所
3	大港油田港5井	天津市滨海新区大港油田港东地区	1964年	教育基地	第三批（2019年）	港5井，华北石油勘探会战时期用过的钻头及工具箱、管钳和样桶，港5井的岩芯，历史档案
4	胜利油田功勋井	山东省东营市东营区	1961年	教育基地	第四批（2020年）	华八井、营二井、坨十一井，影像资料（口述史）等档案资料

编号	名称	地理位置	建造时间	现状	保护时间	核心物项
5	玉门油田老君庙油田（油矿）	甘肃省酒泉市玉门市	1938年	教育基地	第四批（2020年）	一号井、四号井、玉门炼油厂遗址、西河坝窑洞、老君庙油田展览室
6	独山子炼油厂	新疆维吾尔自治区克拉玛依市独山子区	1909年	教育基地	第四批（2020年）	独山子油田遗址、新疆第一口油井、石油工人俱乐部、蒸馏釜及配套设施、档案资料
7	克拉玛依油田	新疆维吾尔自治区克拉玛依市克拉玛依区	1955年	遗址	第五批（2021年）	办公楼，克拉玛依一号井，沥青丘及纪念碑，克拉玛依黑油山地窖，贝乌40型钻机，野外地质调查记录本、岩心标定记录本、四等水准观测手簿等档案资料

从保护名录（名单）中可以看到，每一个油田的石油工业遗产都包括类型多样的遗产要素，涉及石油勘探、开发、运输和加工等多个石油工艺流程，这些遗产要素作为一个整体共同体现了石油工业遗产的突出价值。

本章依照第三章建立的石油系列遗产的类型构成体系对延长油田、玉门油田、克拉玛依油田和大庆油田4个油田的石油工业遗产进行类型学分析，研究分析4个油田石油工业遗产的类型特征及其影响因素，在此基础上总结中国石油工业遗产的类型特征。

5.2
延长石油工业遗产类型学分析

5.2.1 延长石油工业遗产的基本概况

延长油田作为我国最早开发建设的综合性油田之一，经历了清末、中华民国及中华人民共和国等多个历史时期，在石油生产与生活中留下了数量众多、类型丰富的遗存，这些遗存承载着延长油田特殊的历史记忆。通过历史文献研读和实地考察，本书整理出具有重要历史价值的石油工业遗址和遗迹（表5-3），其中包括10个已经被列入国家工业遗产名单的石油工业遗产和3个未列入各级保护名单的工业遗存。

延长石油工业遗产名单　　　　　　　　　表5-3

编号	遗产名称	建造时间	初始功能	区域位置	保护等级	重要事件
1	延一井	1907年	勘探井	延长县中心街	国家级	中国陆上第一口油井
2	延长石油厂	1905年	炼油厂	七里村采油厂	国家级	中国陆上第一座炼油厂
3	七1井	1942年	勘探井	七里村采油厂	国家级	七里村打出的第一口旺油井、埋头苦干精神的发源地
4	延深探一井	1952年	勘探井	七里村镇杨家沟	国家级	当时中国最深的探井
5	七3井	1943年	生活办公	七里村采油厂	国家级	七里村打出的旺油井、埋头苦干石油精神的发源地
6	苏联专家招待所	1953年	生活办公	七里村采油厂	国家级	苏联专家招待所，见证了中苏友谊
7	东征会议旧址（何延年窑洞）	不详	生活办公	延长县城	国家级	毛泽东视察石油厂旧居，红色革命纪念地和爱国主义教育基地
8	安沟油苗、油砂	1950年代	石油露头	安沟镇	国家级	中国陆相生油理论发源地，延长石油科普教育基地
9	董家河长6天然裂缝	1950年代	石油露头	董家河镇	国家级	中国陆相生油理论发源地，延长石油科普教育基地
10	张家滩页岩	1950年代	石油露头	张家滩镇	国家级	中国陆相生油理论发源地，延长石油科普教育基地
11	管式炉常压蒸馏装置	1977年	炼油厂	七里村采油厂	—	—
12	埋头苦干精神	1944年	—	—	—	脚踏实地、不畏艰苦、奋力拼搏，毛泽东为延长石油厂厂长陈振夏的题词
13	女子钻井队精神	1958年	—	—	—	延长油田的首个女子钻井队

5.2.2　延长石油工业遗产类型学分析

本节主要以表5-3中13个延长油田的石油工业遗产（遗存）为研究对象，对它们进行类型学分析。通过归类分析可知延长石油工业遗产分为有形遗产和无形遗产。有形遗产共有11处，涉及石油地质遗产、石油产业链上游遗产、石油产业链下游遗产和石油辅助遗产4种遗产类型；无形遗产共有2处，都属于石油文化精神遗产（图5-1）。它们作为一个整体共同体现了延长石油工业遗产的价值和意义。

1. 石油产业链上游遗产

（1）延一井

延一井旧址位于陕西省延安市延长县城西石油广场，始建于1907年，是中国陆地第一口油井。它的诞生结束了中国大陆上不产油的历史，填补了旧中华民族工业的一项空白，也是中国陆相生油理论的形成之源，奠定了新中国石油工业发展基础。

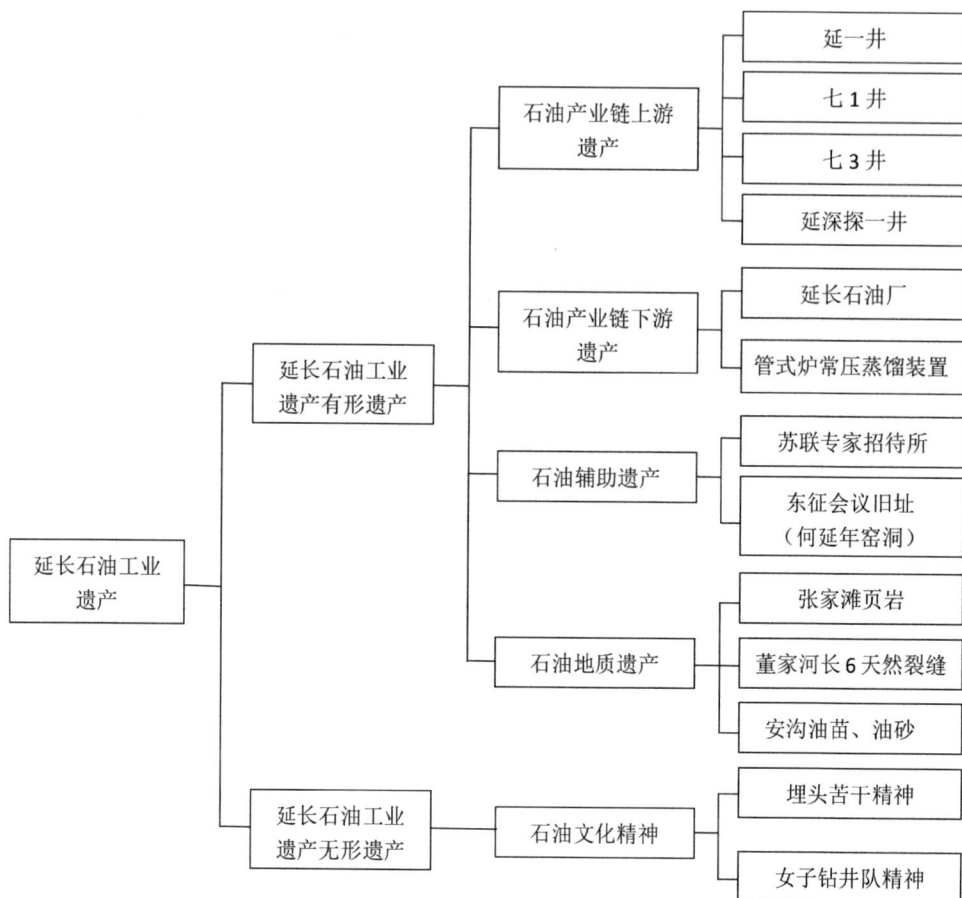

图5-1　延长石油工业遗产类型构成图

从1907年到1917年的十年间，延一井保持着日产量12.5吨的纪录，后来逐渐减少，到1934年枯竭。1978年延一井钻深至118米，压裂后初日产油2.9吨；1985年延一井钻深至152米，压裂后初日产油3吨；到1997年因保护旧址需要而停止生产。[120] 目前延一井旧址原貌进行了完整保护复原（图5-2），整个旧址台阶碑文均由砖石相砌，古朴大方，富有历史遗迹的保护气息，现在已经成为石油寻根问祖的圣地。1996年国务院公布延一井旧址为全国重点文物保护单位，列为"中华之最"，2018年被列入国家工业遗产保护名录。

（2）七1井

七1井始建于1941年，是延长县七里村构造上钻的第一口油井，也是当时七里村油田第一口旺油井，还是"埋头苦干精神"的发源地。从1941年到1949年，七1井累计生产原油4944.10吨，后产量逐渐递减，并于1955年停产。

现在七1井旧址被建设为石油文化参观项目（图5-3）。七1井主体纪念标志造型安装有自制的木质抽油机，井位正前方地面设置倾斜古铜色镶刻中英文简介，左边雕塑了陈振夏和汪鹏等人研究定井位，右边雕塑了359旅王震旅长支援三地炮的炮筒解决封水和工人们一起抽油场景。这些雕塑与七1井相互融合，富有历史的厚重感。2018年中华人民共和国工业和信息化部认定批准七1井旧址为国家工业遗产。

（3）七3井

七3井建成于1943年，也是埋头苦干精神的发源地。在战争年代一无设备、二无技术力量的困境下，石油工作者历经艰辛勘探，打成了这口旺油井，为中国革命事业做出了巨大的贡献，被誉为"功臣油井"。从1957年开始，七3井产量逐渐递减，1981年因建设液化气站需要，七3井被关闭停产。现在七3井恢复了当时的设施设备（图5-4）。

图5-2 延一井现状

图5-3 七1井现状

（4）延深探一井

延深探一井位于延长县杨家沟北面石马科小沟中部，1952年开钻，1954年完钻，井深2846.63米，是20世纪50年代中国最深的一口地质参数井，为认识鄂尔多斯盆地地质构造提供了参考数据和资料，对于延长石油乃至整个中国石油工业发展来说具有极其重要的意义，因此被认为是新中国石油工业地质勘探的标杆井，与延一井拥有同等的历史地位。

图5-4　七3井现状

2017年延长油田将延深探一井列为采油厂"321"石油文化工程中的一项重要内容，计划将延深探一井建设为延长石油科普教育基地，并将其作为历史文物进行保护性恢复。2018年延深探一井被列入国家工业遗产保护名单，2022年延深探一井旧址复原工程竣工（图5-5）。

2. 石油产业链下游遗产

（1）延长石油厂（七里村炼油厂）

延长石油厂始建于1905年，拥有我国陆上第一座炼油房，是机器采炼石油的开端，见证了延长石油提炼工艺的发展和壮大。早期的延长石油厂位于延一井附近，后

图5-5　延深探一井现状[121]

图片来源：延深探一井旧址恢复工程全面竣工 [EB/OL]. [2023-11-08].
https://mp.weixin.qq.com/s/sCrqex8Lar-upWBCQDcdowA

期搬迁到七里村，更名为七里村炼油厂（图5-6），2003年七里村炼油厂正式停产。[86]延长石油厂旧址拥有标志性建筑"炼油塔"常压装置（图5-7），经多次维修加固后依然耸立在厂区原址，旧址现作为中国炼油发展历史的教育基地。2018年延长石油厂旧址入选第二批国家工业遗产名单。

（2）管式炉常压蒸馏装置

1976年9月，延长油田报请延安地区计划委员会和延安地区工业局对延长油田炼油装置进行改造。当时延长油田在无外援、无图纸和无施工经验的情况下，自力更生、因陋就简、边学边干，建造出管式炉常压蒸馏装置。延长油田分别从兰州炼油厂和永坪炼油厂运回了很多使用过的旧设备，例如：旧分馏塔、换热器、渣油泵与回流罐等。经过将近一年的维修改装后，1977年5月七里村炼油厂建成了延长炼油工段3万吨/年的常压蒸馏装置（图5-8），结束了延续70年的单独釜蒸馏工艺。[86]2013年管式常压蒸馏装置停产，目前处于修复的状态。

3. 石油辅助遗产

（1）苏联专家招待所

苏联专家招待所始建于1953年，是当时延长油田为支援石油开发的苏联专家修建的办公、休息和开会的场所。苏联专家招待所采用砖木结构，建筑外观

图5-6　七里村炼油厂

图5-7　单独釜式炼油塔

图5-8　管式常压蒸馏装置

和走廊具有俄罗斯建筑风格，内部空间主要包括会客厅、会议室和寝室等。苏联专家招待所作为当时中苏合作开发石油的重要场所，是新中国重视石油事业发展的见证，也是延长油田积极学习国外先进石油开发知识和技术的历史见证。2011年，延长油田对苏联专家招待所进行了旧址复原、陈列旧物以及生活办公场景复原（图5-9），以此来供游客参观。2018年苏联专家招待所被列入国家工业遗产名单。

（2）东征会议旧址（何延年窑洞）

东征会议旧址位于延安市延长县城内寨山西南麓，占地面积约1266平方米，是一个七孔土窑洞（图5-10）。1936年毛泽东等中央领导同志在延长石油厂工人何延年的窑洞居住，并视察了延长，召开了著名的东征会议。同时毛泽东同志对七里村采油厂进行视察与指导工作，这给予了石油工人极大的鼓舞。[86]1969年延长县人民政府对东征会议旧址进行了整修，1988年东征会议旧址被认定为延长县重点文物保护单位，1996年延长县人民政府对东征会议旧址又进行了重新整修和陈列，2008年东征会议旧址被认定为陕西省重点文物保护单位，成为红色革命纪念地和爱国主义教育基地，2018年东征会议旧址被列入国家工业遗产保护名录。

图5-9　苏联专家招待所　　　　　　　图5-10　东征会议旧址

4. 石油地质遗产

延长地处鄂尔多斯盆地东部边沿，其中张家滩页岩、董家河长6天然裂缝与安沟长6油苗、油砂属于天然油藏，并已经露出地表，成为天然的石油地质教育教学实践点，每年都有大量的石油大学研究者、石油地质研究单位人员和科技工作者来基地学习实践。它们是中国陆相生油理论的发源地，也是延长石油三大石油地质教育教学实践点。2018年三处石油地质被工业和信息化部认定为国家工业遗产名单。

张家滩页岩（图5-11a）是三叠系延长组长7段湖泛期形成的深湖相黑色泥页岩，因其在延长县张家滩镇出露而被老一代地质学家命名为张家滩页岩。安沟油苗、油砂是长6油层油苗、油砂露头（图5-11b），是全国少有的几处油苗露头的地质地貌。董家河长6天然裂缝（图5-11c）是董家河村中生界三叠系上统延长组长6油层广泛发育的天然裂缝。目前三处石油地质采用的都是就地保护的方法，并作为教育基地供石油工作者参观学习。

5. 无形遗产（石油文化精神）

（1）埋头苦干精神

"埋头苦干"意指"脚踏实地、不畏艰苦、奋力拼搏"，这是1944年毛泽东同志为延长石油厂厂长陈振夏题的词，是对第一代延长石油人的高度评价，也是延长石油百年发展历程的真实写照。以陈振夏为代表的石油工作者在条件十分艰苦的情况下，勘探地质、寻找井位、自制木质钻机，先后打成了延19井、七1井、七3井等旺油井，使原油产量在短短的几年间从几十吨提高到1000吨以上，创造了奇迹。他们这种自力更生和艰苦奋斗的工作态度孕育出延长油田"埋头苦干"的优良传统。[86]

a 张家滩页岩

b 安沟油苗、油砂

c 董家河长6天然裂缝

图5-11　延长石油三大石油地质遗产

（2）女子钻井队精神

1958年，平均年龄20岁左右的女孩子们组建了延长油田的首个女子钻井队。这群女孩子有不服输的干劲，她们边钻井边锻炼边学习，克服了攀登井架高处头晕和扛抬钻具负重气喘等问题，4次刷新男子钻井队纪录，总结出"四勤（勤转绳、勤放绳、勤检查、勤捞砂）、三快（换钻具快、捞砂快、起下钻快）、眼看四面（看井绳松紧、看井架和钻机是否稳定、看转动部分是否正常、看各部件螺丝是否紧固）和耳听三方（听井下冲击、听天车转动、听传动部分声音是否正常）"的先进经验，并被广泛推广。因为她们突出的贡献，延长油田党委将女子钻井队命名为"红旗标杆队"，将她们工作的地方——"死人沟"更名为"红旗沟"。20世纪60年代初延长油田共青团女子钻井队解散。[122]

5.2.3 延长石油工业遗产类型特征

本节主要以被列入国家工业遗产保护名单的10个遗产点为研究对象，对延长石油工业遗产进行归类统计分析，从遗产类型分析图（图5-12）可以看出延长石油工业遗产具有以下几点类型特征。

（1）10个遗产点只包含有形遗产，且有形遗产类型多样。这10个遗产点涵盖了石油产业链上游遗产、石油产业链下游遗产、石油辅助遗产和石油地质遗产4种遗产类型，遗产类型比较丰富，这说明当前延长石油工业遗产更加关注的是有形遗产的保护。

（2）延长石油工业遗产的有形遗产以石油产业链类型为主。石油产业链遗产数量最多，共包括5个遗产点，占有形遗产总数的50%，这说明目前延长石油工业遗产更加关注与石油开采、生产和加工直接相关的遗址和遗迹，即石油物质流动过程中形成的工业足迹。除此之外，延长石油工业遗产还包含3个石油地质遗产，是4个油田中这

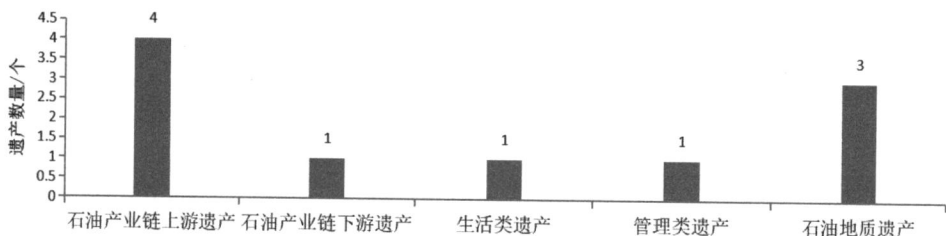

图5-12 延长石油工业产类型分析图

一遗产类型最多的油田，这反映出延长地区的石油地质条件比较特殊，也是延长油田能够成为我国大陆第一个发现石油的原因所在。

（3）部分石油工业遗产类型和遗产要素缺失。与石油系列遗产的类型构成体系相比，延长石油工业遗产中缺少有形遗产的石油产业链中游遗产、石油辅助遗产中的基础设施类和辅助生产类遗产，即主要缺少的是与石油资金流动密切的相关遗址和遗迹。除此之外，延长石油工业遗产还缺少无形遗产。从上文的分析中我们可知，延长油田建设过程中，形成了具有重要价值的"埋头苦干"精神和"女子钻井队"精神，但是这两种石油精神并没有被列入各级遗产保护名录。除此之外，本书还发现了很多具有一定历史价值的石油技术工艺和石油艺术文化，例如：油田自主研发的一些钻井技术、注水技术和采油工艺技术，以及表现石油工业生产的宣传画和诗歌，未来它们都可以作为无形遗产要素进行保护。

5.3
玉门石油工业遗产类型学分析

5.3.1　玉门石油工业遗产的基本概况

玉门油田作为一座中国石油工业文化资源宝库，见证了中国石油工业的发展历程，遗留下来种类繁多、数量丰富的工业遗存。玉门石油工业遗产主要涉及地质勘探、钻井、采油和炼油等一系列石油工业生产过程，包括闲置与废弃的厂房、设备、机器等设施设备；也涉及了一定数量的老遗迹、老建筑和老景观[123]，例如：与油矿工人生活紧密相关的住宅楼、工人文化宫和专家楼等，它们共同构成玉门石油系列遗产的有形遗产。这些遗产代表了中国石油工业发展过程中的多个第一：中国第一个天然石油加工基地——玉门炼油炼化总厂、中国第一条石油运输线、中国第一个石油专业机械厂以及中国第一座石油工人文化宫等[96]。

除有形遗产外，玉门油田还包括大量的无形遗产。例如：创新技术工艺，激励油田工人自强不息、顽强拼搏与努力奋斗的精神文化，以及记录油田发展历程的文字、图片影像资料和口述回忆等。

本书通过查阅全国重点文物保护单位名单、甘肃省省级文物保护单位名单、酒泉市市级文物保护单位名单和玉门市县级文物保护单位名单，并结合实地调研和文献查阅，共整理出22个有形遗产和7个无形遗产，其中包括8个国家级工业遗产和4个县级工业遗产（表5-4、表5-5）。

玉门石油工业遗产有形遗产构成表[115, 118, 124]　　表5-4

编号	名称	地理位置	建造时间	保护等级	初始功能	现在功能	重要历史事件/意义
1	老君庙	玉门市老市区南坪一村	清同治年间	国家级	寺庙	教育基地	老君庙油田发源处
2	老一井	玉门市老市区南坪一村	1939年	国家级	采油	教育基地	中国现代石油工业第一口井，玉门油田第一口油井
3	老四井	玉门市老市区老君庙西南	1939年	国家级	采油	教育基地	老君庙油田主力油层——L层的发现井
4	老八井	玉门市老市区八井区	1940年	县级	采油	教育基地	油矿发现一高产油田
5	王进喜首创钻机整体搬家井	玉门市老市区南坪一村	1956年	县级	采油	教育基地	中国第一次石油钻机整体搬家
6	油田运输处	玉门市老市区	1939年	—	原油运输	油田作业公司侧钻作业队、综合事务站、井控车间和玉门油田井控培训中心工作单位，以及运输队遗址	中国第一条石油运输线
7	西河炼油厂遗址	玉门市老市区老君庙对面	1939年	国家级	原油炼化	教育基地	中国现代炼油工业开端
8	玉门炼油化工总厂	玉门市老市区	1943年	—	原油炼化	原油炼化	中国天然石油加工基地
9	机械厂	玉门市老市区	1939年	—	机械生产加工	机械生产加工	中国第一个石油专业机械厂

续表

编号	名称	地理位置	建造时间	保护等级	初始功能	现在功能	重要历史事件/意义
10	豆腐台水源	玉门市老市区石油河中下游河谷内	1939年	—	玉门老君庙工业和生活用水的主要来源	玉门老君庙工业和生活用水的主要来源	—
11	石油河老桥	玉门市老市区西河坝石油河	1950年	—	老君庙油田往返西山区域、工人上下班与生产运输交通	教育基地	—
12	专家招待楼	玉门市老市区	1956年	国家级	油田接待国内外专家、学者及国家石油工业部领导的场所	保护性老建筑封存	—
13	玉门市老市委办公楼,693人防工程	玉门老市区	20世纪50年代	—	玉门市市委办公楼,人防工程	已停用,现为693人防工程入口	—
14	西河坝窑洞	玉门市老市区石油河峡谷西岸	1939年	国家级	淘金人和建矿初期油矿职工居住生活场所	教育基地	—
15	油城公园	玉门市老市区	20世纪50年代	县级	城市休闲活动场所	红色旅游基地	—
16	石油工人文化宫	玉门市老市区	1957年	国家级	工人文化活动场所	改建为铁人干部学院	中国第一座石油工人文化宫
17	石油工人电影院	玉门市老市区	1957年	县级	市民观看电影场所	改建为玉门老市区游客服务中心	—
18	玉门矿务局医院	玉门市老市区中坪区	1952年	—	玉门矿务局职工医院、油田医院老外妇科楼	闲置	中国石油第一家专业医疗卫生机构
19	石油工人疗养院	酒泉市肃州区	1954年	—	综合性疗养院	停用	中国第一座石油工人疗养院
20	"铁人"故居	玉门市赤金镇	1993年	—	王进喜童年时期居住处	教育基地	—
21	"铁人"王进喜纪念馆	玉门市老市区	2019年	国家级	教育基地	教育基地	—
22	玉门油田展览馆	酒泉市肃州区	2009年	—	教育基地	教育基地	—

玉门石油工业遗产无形遗产构成表　　　　表5-5

编号	名称	建造时间	保护等级	重要历史意义	重要内容
1	石油摇篮文化	20世纪30年代	—	—	核心是玉门精神，底蕴是玉门风格，实质是艰苦创业，内涵包括工业救国、实业报国的爱国文化，艰苦奋斗、自强不息的企业文化，"三大四出"、为国找油的责任文化，为油拼搏、为油奉献的精神文化[95]
2	三大四出	1958年	—	—	大学校、大试验田、大研究所，出产品、出人才、出经验、出技术[96]
3	玉门风格	新中国成立后	—	—	慷慨无私支援别人、历尽艰辛发展自己，支援了别人还要发展自己、发展自己不忘支援别人[125]
4	玉门五种精神	20世纪60年代	—	—	"一厘钱"精神、"穷捣咕"精神、"找米下锅"精神、"小厂办大事"精神和"再生厂"精神
5	巡回检查制	1952年	—	中国石油最早的巡回检查制	以安全生产为主要目的的巡回检查制[96]
6	岗位责任制	1953年	—	中国石油最早的岗位责任制	领导负责制、技术专责制、井区责任制、工地责任制、领班责任制、固井责任制等一系列岗位责任制度[96]
7	603精神	1965年	—	玉门油田第一口"五好油井"、第一台"红旗设备"、第一个"规格化"井场	"四坚持、五过硬"的603经验，"七字管井法"、"四字判断法"（看、听、查、测），"五查两不走"油水井巡回检查方法[95, 125]

5.3.2　玉门石油工业遗产类型学分析

玉门石油工业遗产分为有形遗产和无形遗产。其中有形遗产共有22个，主要涵盖石油产业链上游、中游、下游和石油辅助类4种遗产类型；无形遗产共有7个，主要涵盖了石油文化精神、石油企业制度和石油技术工艺知识等。本节依据石油系列遗产的类型构成体系对玉门石油工业遗产进行类型学解读（图5-13）。

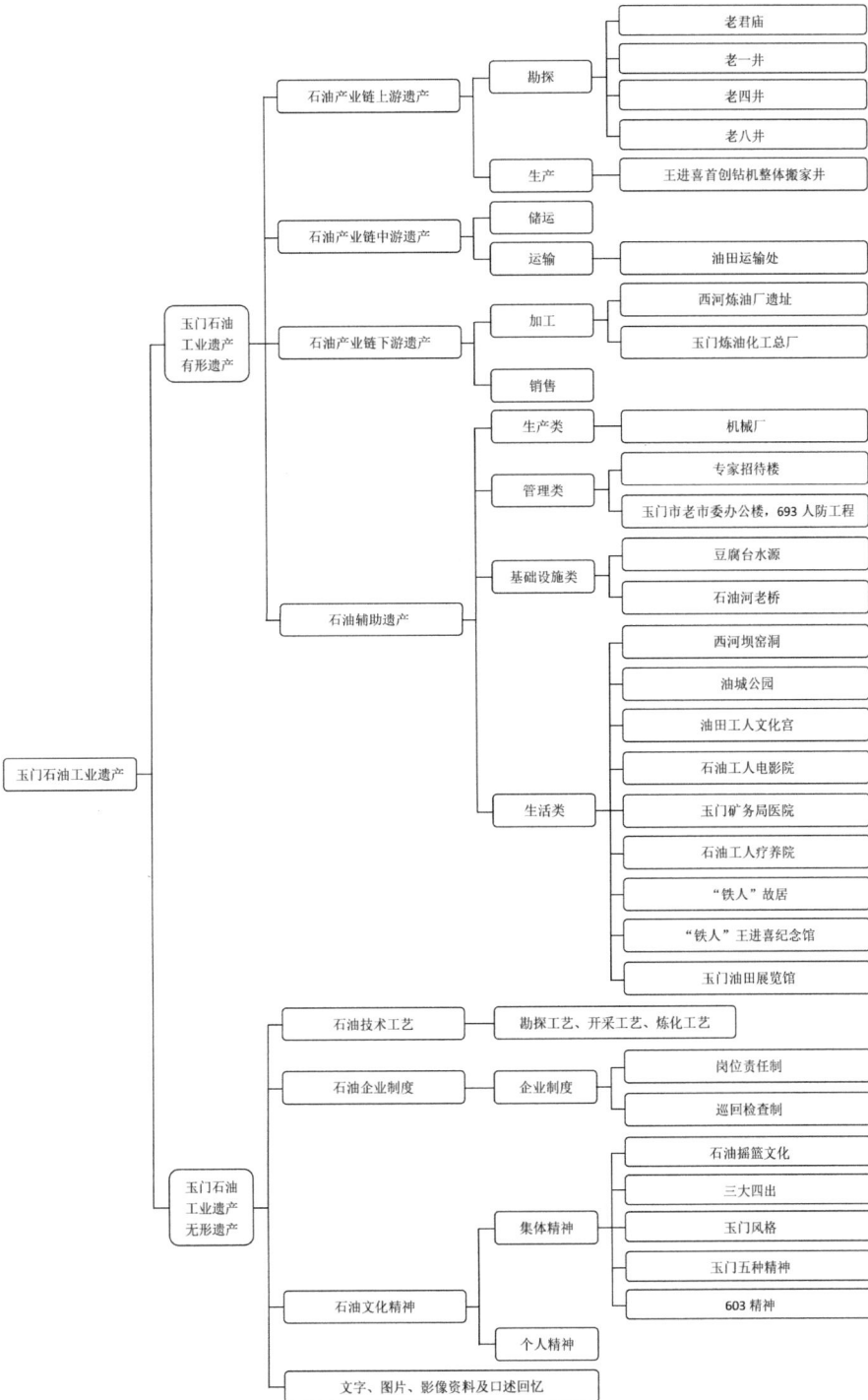

图5-13 玉门石油工业遗产构成图

5.3.2.1 玉门石油工业遗产的有形遗产

1. 石油产业链上游遗产

（1）老君庙

老君庙位于玉门市南坪街道办事处南坪一村石油河东岸50米，是清同治二年（1863年）当地淘金人集资修建的[95]。1939年8月11日，老君庙北15米处钻凿的1号井正式出油，孙健初将该地区命名为老君庙油田，揭开了玉油田开发的序幕。[94]1941年甘肃油矿局出资对老君庙进行修缮，1966年被拆毁，1980年由原石油工业部出资，于原址重建老君庙。现老君庙院内有石碑，刻有重建老君庙的碑记，北边正厅供有老君、山神和土地塑像，厅前有香炉，东侧有吊钟，东西两侧厢房分别为展览室和陈列室。

2012年老君庙被酒泉市政府列为酒泉市文物保护单位。现在老君庙是甘肃省爱国主义教育基地、中国石油天然气集团公司企业精神教育基地、甘肃省中共党史教育基地、酒泉市爱国主义教育基地和国防教育基地（图5-14）。

（2）老一井

老一井位于玉门市老市区南坪一村石油河东岸台地上老君庙南边，它是玉门油田第一口油井。1939年3月13日，按照孙健初所勘测井位，在老君庙北侧15米处，人工挖掘方井。1939年8月，老一井在钻至115.51米时探得一个日产10吨左右的油层，通过与砂岩样品的对比，孙健初根据浅油泉的英文缩写（kan）首字母，将该油层命名为K层。1940年老一井安装抽油机采油，这是中国石油工业的第一口机械采油井。1962年老一井停产，累计产油量846吨。[95]1970年由于山体滑坡老一井毁坏报废。老一井的出油代表了玉门油田的正式开发，对我国现代石油开发具有重要意义。

1981年鉴于老一井在玉门油田开发历史上的重要意义，玉门油田修建了现在的原貌模型。1989年玉门油田建矿50周年前夕，老一井原址安装了抽油机、设置保护围栏，并树立了纪念碑。2011年老一井被认定为甘肃省文物保护单位，2013年被国务院认定为第七批全国重点文物保护单位，现为教育基地，成

图5-14 老君庙

为众多爱国敬业的仁人志士缅怀先烈、抚今追昔的石油圣地（图5-15）。

（3）老四井

老四井位于玉门市老市区老君庙西南，1939年由地质先驱孙健初设计。老四井是先由人工挖掘3米，后顿钻至29.25米始见油花，钻达K油层完钻投产。1940年老四井加深钻井，1941年钻至439.17米时发生强烈井喷，日喷千吨，由此发现L油层，后因井喷失控着火，地层坍塌，于1942年1月填井报废，[95]1954年停产，累计生产原油793.202吨。老四井不仅是老君庙油田主力油层——L层的发现井，还为认识井喷和制服井喷积累了宝贵经验[98]。2012年玉门油田分公司在老四井旧址立碑纪念。2020年老四井被列为玉门石油工业遗存县级文物保护单位（图5-16）。

（4）老八井

老八井位于玉门市老市区南坪区，于1941年2月1日正式开钻，10月22日钻至448.76米时发生强烈井喷。[95]老八井喷油证明了L油层的存在，是玉门油田发现的高产油田，至1943年1月老八井产出原油53175.8吨，其后经过多次复修重用，1985年8月停井。老八井的开采证明了老君庙是一个储量丰富、具有工业开采价值的油藏[98]。1987年8月老君庙油田在老八井原址立碑纪念。现在老八井作为教育基地进行原址保护。2020年老八井被列为玉门县级文物保护单位（图5-17）。

图5-15 老一井

图5-16 老四井

图5-17 老八井

（5）王进喜首创钻机整体搬家井

王进喜钻井队首创钻机整体搬家井遗址位于玉门市老市区南坪一村，是老君庙三橛湾765井。1956年11月，贝乌5队钻井队在老君庙三橛湾承钻的765井快要完钻时，因地质需要，玉门矿务局决定在765井13米之外另打一口井。按当时的规定得放井架拆搬，但这样会延误很多时间，队长王进喜提出"新井搬家准备整体搬迁"的想法，并很快制订出方案。11月23日中午12时整钻机整体搬家开始，只用了10分钟，就将钻机安全、平稳地搬到了760新井上。王进喜此次带领全队职工打破钻机搬迁需拆卸、搬运、安装的常规模式，创造了省时高效的钻机搬家新工艺。[96、95、126]

这次钻机整体搬家的成功标志着省时高效的钻机搬家新工艺的诞生，开辟了石油钻井之先河。不仅为玉门油田大战白杨河，也为王进喜在大庆石油会战中创造新纪录积累了经验，打下了基础。为了纪念钻机整体搬家这一具有重要历史意义的事件，玉门油田保存了765井场，并于2011年8月立碑纪念[98]。2020年王进喜首创钻机整体搬家井被列为玉门县级文物保护单位。

2. 石油产业链中游遗产

油田运输处

玉门油田运输处位于玉门市老市区。1938年6月甘肃油矿筹备处在汉口成立，1939年8月甘肃油矿筹备处在重庆设汽车队，1939—1940年间以重庆为运输枢纽，通过陆运或水运转送油田，1950年1月甘青分公司成立运输大队。1953年后为配合油田石油勘探，开辟了东起潮水盆地、海石湾，西至新疆吐鲁番盆地的运输线。1960年后主要运输区域仍为矿区、河西带及新疆部分地区。1978年10月为配合青海地区的勘探会战，运输路线延伸到柴达木盆地。1981年根据油田勘探区域的不断扩展，运输区域转移至酒泉。1984年运输处开始对外营运，运输区域扩大到西藏。1985年运输处承担了从青海油田拉运原油至玉门的任务[94]，1995年划归吐哈石油勘探开发指挥部[95]。现油田运输处旧址部分是油田作业公司侧钻作业队、综合事务站、井控车间和玉门油田井控培训中心工作单位，部分作为运输队遗址进行保护。

3. 石油产业链下游遗产

（1）西河炼油厂遗址

西河炼油厂遗址位于玉门市老市区老君庙对面。1939年8月老君庙一井出油，油矿遂购置七十加仑蒸馏锅，于石油河畔炼制油品。1939年10月甘肃油矿筹备处在石油河畔兴建第一炼油厂，因其设备特点又被称为"茶壶嘴炼油"，这是玉门油田炼油开端。随着油田规模不断扩大、产量不断增加，油矿于1941年正式成立玉门炼油厂。到1943年炼油厂共建成六组连续蒸馏釜，日炼原油200吨，可生产汽油、煤油和柴油等"国光牌"系列油品，同年7月石油河突发洪水，炼油设备被冲毁，8月炼油厂迁至四台新址，就是现在玉门炼油厂所在地。[95]

图5-18 西河炼油厂遗址

西河炼油厂不仅开创了中国近代炼油工业的先河，而且为抗日战争的胜利做出了重要贡献。现在西河炼油厂旧址保留了西河炼油厂遗址、贮油罐遗址和冷却槽遗址，2012年玉门油田分公司在西河炼油厂遗址设碑纪念，现在作为企业精神教育基地进行保护（图5-18）。

（2）玉门炼油化工总厂

玉门炼油化工总厂位于玉门市老市区四台区，始建于1939年，是中国第一个天然石油加工基地。它为夺取抗日战争的胜利和新中国初期的国民经济建设做出了巨大的历史贡献，被誉为"中国炼油工业的摇篮"。

在中国炼油工业发展过程中，玉门炼油化工总厂开创了特种油品和军用油品的多项全国第一，并开发创新了十余项炼油技术。1965年建成被誉为我国炼油工业"五朵金花"之一的尿素脱蜡装置，1974年建成我国第一套提升管催化裂化装置[94]。20世纪60年代以来，玉门炼油化工总厂不断扩大炼油规模，努力加快技术改造，着力提升产品质量，"九五"期间加工能力达到400万吨，原油加工量攻上200万吨，跻身中等规模炼油厂行列[126]。

"十二五"以来玉门油田充分发挥上下游一体化优势，把炼化业务定位为同勘探开发同等重要的主营业务，努力打造安全环保绿色有效益的精品炼油厂。2016年甩掉了连续17年亏损的帽子，实现了扭亏为盈的跨越式发展，成长为油田的经济支柱和创效主体，继续为推进油田稳健发展和地方经济建设做出了积极贡献[96]。

4. 石油辅助遗产

（1）机械厂

玉门油田分公司机械厂是油田公司从事综合型石油机械制造、加工和维修的专业服务单位，集产、供、销为一体[95]。1939年3月，甘肃油矿筹备处为满足油田开发的需要，在老君庙东建立了临时机械厂，这是中国石油第一个机械厂。1940年初临时机械厂迁至南坪，并对机械厂进行了扩建。1950年玉门矿务局正式成立了玉门机械厂[94]。截至2017年，玉门油田分公司机械厂拥有"玉石"牌抽油杆、抽油泵、抽油机以及压力容器等8大类近百种产品[126]，产品销往国内油田和30余个其他国家和地区。

现在的玉门油田分公司机械厂包括玉门厂区和酒泉厂区两个生产基地，且各种加工手段齐全。在大庆、辽河、长庆以及青海等地都设有销售服务机构，主要从事产品技术服务和对外销售。经过近80年的发展，玉门油田分公司机械厂逐步形成以"三抽"产品等金属制造为主导，配套油田所需柔性复合高压输送管等非金属产品生产，重点发展管杆喷涂等业务，走高端服务和新型制造的可持续发展之路，已经成为油田生产所需产品配套供应的综合型油田机械厂[127]。

（2）专家招待楼

专家招待楼是玉门油田接待国内外专家、学者及国家石油工业部领导的重要场所。1950年初玉门油田面临的困难很多，苏联派技术专家对玉门给予技术方面的指导和帮助。为便于他们工作学习、解决他们的生活住宿问题，1956年玉门矿务局设计建造专家招待楼。1960年底至1961年初苏联援建专家陆续撤离后，专家招待楼成为玉门油田接待上级部门的招待所。[125]

在建立的42年时间里，专家招待楼除作为苏联专家工作生活场所外，还多次接待国家石油工业部领导以及各级部门检查组成员[125]。2017年玉门人民政府将专家招待楼认定为玉门市历史建筑，2020年被认定为县级文物保护单位（图5-19）。

图5-19　专家招待楼

（3）玉门市老市委办公楼、693人防工程

玉门市老市委楼是玉门市老市区市委办公场所（图5-20），内部设有玉门石油管理局。1969年8月根据中共中央和中央军委转发军委办事组《关于加强全国人民防空工作的报告》精神，玉门老市区组织人力挖掘防空工事，即693人防工程[98]（图5-21）。

图5-20　玉门市老市委办公楼

图5-21　693人防工程

现在玉门市老市委办公楼计划被改建为玉门记忆展览馆，并以"城市记忆"和"石油工业"为主题，将传统手法与现代科技结合；采取玉门故事叙事的形式，通过对重大历史事件、人民生产生活状态和地域风情特色等内容的全景展示与解读，复原各阶段玉门的城市状况及人民的生活面貌，进而展示近代以来玉门的历史和变迁[128]。

2017年玉门老市区计划将地下人防工程作为玉门红色旅游项目进行开发。目前693人防工程部分区域已经对外开放，展示场景包括厨房、餐厅、军代表室、作战指挥室、通勤保障室、工程组和医院（分为内科和外科区域）等区域。

（4）豆腐台水源

豆腐台水源位于玉门市老市区西侧石油河中下游河谷内，因南侧山体形状类似豆腐块而得名，水源是由祁连山北麓冰雪融化及少量潜泉汇集而成。豆腐台水源工程包括进水闸、水源防洪堤、淤沉池和大泵房等10个主要设施，承担着原鸭儿峡油田和老君庙油田注水、玉门老市区解放门至南坪生产和居民用水任务，是玉门油田的重要供水枢纽，也是玉门油田生产生活供水的重要水源地之一。豆腐台水源的起源、产生、发展和完善的历程完全与油田同步。[97]

随着时间的推移，豆腐台水源最初建成的水处理设备现已废弃，目前仅有两条长度分别为390米和150米的渗水管道，两座容量分别为1000立方米和100立方米的大小

聚泉池，五座800米的拦洪坝，两座长30米、宽2米、高1.8米的沉砂池以及排洪排沙闸等设备设施仍在使用。豆腐台水源仍然是玉门老市区解放门至老君庙工业和生活用水的主要来源[97]（图5-22）。

（5）石油河老桥

石油河老桥位于玉门老市区南端八井西河坝的石油河上（图5-23）。1950年老君庙油田的工人往返西山区域必须横穿油河，但由于河上无桥，工人上下班、生产车辆运输等通行十分困难，如果遇到雨雪天气，则道路泥泞无法通行。为解决这一问题，玉门油田设计建造了石油河老桥。该桥长40米、桥面宽6米、桥高15米，共有10个泄洪眼，设计承重30吨，属于砖混结构的拱形桥。石油河老桥解决了石油工人工上下班通勤、原油拉运和生产运输等难题。[98]

由于老桥修建等级较低，使用多年后多处横梁断裂，桥面铺装也损坏严重。特别是2000年6月玉门地区遭遇特大暴雨，山洪携带油罐碰撞桥体，桥身出现裂纹，石油河老桥被实行管制。2007年经研究论证，在原老桥上游约200米处、桥头转油站南侧新建老君庙大桥，石油河老桥停止使用[98]。2019年中国石油玉门油田公司在石油河老桥处设立碑纪念。

（6）西河坝窑洞

西河坝窑洞位于玉门市老市区石油河峡谷西岸。西河坝窑洞最早是清朝中后期淘金人在石油河西岸陡峭的山崖上

图5-22　豆腐台水源

图5-23　石油河老桥

沿着河道挖洞居住所用。1939年玉门油田进行开发，西河坝窑洞曾作为石油工人生活居住的地方。当时在石油河西岸约300米长的崖壁下面分布着28孔窑洞，窑洞多数为单室，少数为双室，大小宽约3米，深约5米。窑洞内搭建有土灶和土炕等，四壁多被烟熏成黑色。1946年底随着油矿生产生活条件的逐步好转，员工全部搬出窑洞。[98]

西河坝窑洞见证了老一辈石油人代代相承的不怕吃苦、敢为人先的拼搏奉献精神。现在西河坝窑洞作为红色传统教育及企业精神教育基地供四方游人前来观光[98]。2020年西河坝窑洞被列入县级文物保护单位（图5-24）。

（7）油城公园

油城公园是20世纪50年代玉门市建设最早的城市绿地，公园面积约3万平方米。公园的正门入口处建有延寿阁，公园东侧有2座约400平方米的花房，南侧掘有人工湖，西侧建有孙健初纪念碑，东北侧塑有"铁人"王进喜铜像，以纪念王进喜同志功绩和"铁人"精神，公园北面绿地与花坛分布较广，雕塑与休闲座椅点缀其间。油城公园是城市居民休闲娱乐的重要场所。[98]

2020年油城公园、"铁人"王进喜铜像和孙健初纪念碑被列入县级文物保护单位，并且公园内的延寿阁计划未来被改建为中国石油诗词展览馆（图5-25）。

（8）石油工人文化宫

1957年，为满足油田职工对文化生活需要，玉门老市区建设了文化宫。

图5-24　西河坝窑洞

图5-25　油城公园

1958年文化宫正式建成投用，建筑总面积4024平方米，内部设有图书馆、乒乓球活动室等。[125]工人文化宫成为当时油田开展各种活动的重要场所，也是中国第一座石油工人文化宫，极大地提升了石油工作者的文化生活质量。

文化宫影剧院原为1946年玉门油田建设的大礼堂，1957年整修后更名为"文化宫影剧院"。1977年文化宫影剧院被鉴定为危险建筑物封闭停用。1979年为适应职工文化生活和召开各类大中型会议的需要，在原址上新建文化宫影剧院，1981年基本竣工落成，1986年正式对外营业，2008年停用。[125]

现在油田工人文化宫和文化宫影剧院已经被改建为铁人干部学院，同时将原矿务局工会会员培训中心综合楼也进行了装修改造，设计布展成铁人纪念馆，其目标是为了弘扬与传承铁人精神，并且未来将依托老市区闲置建筑、老一井、石油工人窑洞和石油河等工业遗迹与红色资源，打造成为集"培训+参观+体验+教育"于一体的综合性教育培训场所（图5-26）。

（9）石油工人电影院

石油工人电影院建于1957年，建筑面积1145平方米，二层砖混结构，内部设有1140个座席。当年玉门市娱乐活动少，"溜"电影就成年轻人的主要活动，因此电影院成为当时玉门年轻人非常喜欢的场所。后来随着玉门市和玉门油田的先后搬迁，原玉门市居住人员锐减，石油工人电影院随之关闭[125]。

2019年石油工人电影院被改建为玉门老市区游客服务中心。建筑内部功能主要包括游客服务中心、电影院观影区和老玉门印象馆，二楼展示区有老式放映机和胶卷盘等老物件，放映机区域旁设有火烧沟文化体验区。2020年石油工人电影院被认定为玉门县级文物保护单位（图5-27）。

图5-26 石油工人文化宫	图5-27 石油工人电影院

（10）玉门矿务局医院

玉门油田医疗卫生机构始建于1939年，当时被称为医药室。1942年矿厂医院在老君庙八井正式成立，1950年更名为玉门矿务局医院。1952年玉门矿务局中坪区动工修建新医院，1956年修建老外妇科楼（时称住院部大楼），2000年老外妇科楼停用（图5-28）。[125]

老外妇科楼投入使用的42年间，共出生了接近3万名油田子弟，并且这栋大楼里还创造了多项医疗技术项目，成功处理了多件急救事故，填补了油田医院多项技术空白[125]。现在油田医院老外妇科楼已废弃，医院北侧于2020年恢复建设了玉门市第二人民医院。

（11）石油工人疗养院

玉门油田为了提高职工的健康水平，于1954年8月开始在酒泉兴建石油工人疗养院，这是中国第一座石油工人疗养院。[125]在20世纪七八十年代，玉门油田先后对酒泉疗养院进行了扩建和完善，使之成为集医疗、休养、康复与旅游等功能齐全的综合性疗养院。2003年玉门油田撤销了酒泉疗养院[96]。2017年酒泉市认定疗养院专家楼为市级第一批历史建筑（图5-29）。现在疗养院作为祁连宾馆用于油田接待，院区内主要有"1号楼"、苏联专家楼、"2号楼"和原疗养区疗养楼。

（12）"铁人"故居

"铁人"故居位于玉门市赤金镇，是1923年到1938年铁人王进喜童年时期的居住房屋旧址，现在已损毁消失。1992年在王进喜旧居原址东500米处建造了王进喜故居纪念馆，前院矗有"铁人"王进喜铜像，并于展厅北侧仿建了王进喜故居（图5-30）。该馆被团中央命名为全国青少年教育基地，被甘肃省命名为爱国主义教育基地，被酒泉地区国际教育委员会命名为国防教育基地。现在"铁人"故居成为重要的爱国主义

图5-28　玉门矿务局医院现状

图5-29　石油工人疗养院

教育基地，也是铁人干部学院现场教学点，并在筹建铁人事迹陈列馆。

（13）"铁人"王进喜纪念馆

"铁人"王进喜纪念馆旧址位于赤金镇，建成于2008年，是弘扬"铁人"精神、宣传"铁人"事迹以及传承"铁人"文化的爱国主义教育基地（图5-31）。2009年"铁人"王进喜纪念馆被命名为省级廉政教育基地，是全国"3A"级红色旅游基地，酒泉市爱国主义教育基地和国防教育基地。[129]"铁人"王进喜纪念馆旧址现已废弃不再使用（图5-32）。2019年位于玉门老市区铁人干部学院园内的"铁人"王进喜纪念馆新馆建成开放，纪念馆以"铁人"王进喜成长历程为主线，以玉门社会发展和玉门油田发展为辅线，展示"铁人"人生历程，凝练彰显"铁人"精神的实质内涵。

（14）玉门油田展览馆

玉门油田展览馆位于酒泉市肃州区，建成于2009年（图5-33）。馆内展览主要以

图5-30　仿建的王进喜故居

图5-31　"铁人"王进喜纪念馆新馆

图5-32　"铁人"王进喜纪念馆旧馆

图5-33　玉门油田展览馆

玉门油田80多年的发展历程为主线，全面真实地展示了玉门石油人艰苦创业、拼搏奋进的恢弘历史和精神风貌，展示了玉门油田胸怀大局、奉献石油的"玉门风格"。玉门油田展览馆被中国石油天然气集团公司命名的"企业精神教育基地"，是爱国、爱油田教育的重要阵地，也是企业精神和形象展示的重要窗口，还是油田发展历史的研究场所，用以缅怀石油前辈的历史殿堂。[96]

5.3.2.2　玉门石油工业遗产无形遗产

1. 石油企业制度

（1）岗位责任制

1953年玉门矿务局在执行"一五"计划的过程中，发现个别单位存在工作无人负责和负责不力的现象，这严重影响了工作任务的完成，于是玉门矿务局党委决定大力开展岗位责任制运动。玉门矿务局党委书记杨拯民在干部扩大会上号召迅速建立责任制以消灭工作上无人负责和负责不力的现象，解决大家负责大家都不负责的问题，以此来保证国家计划的完成。在玉门矿务局党委的号召下，各单位先后建立起了领导负责制、技术专责制、井区责任制、工地责任制、领班责任制和固井责任制等一系列岗位责任制度，使管理工作更加规范，生产运行更加顺畅，开创了石油企业强化基础工作、建立岗位责任制的先河。[96]

（2）巡回检查制

1952年玉门矿务局开展了以"推广先进经验和合理化建议"为内容的爱国增产运动，从1月到10月玉门矿务局共采用2513条合理化建议。在这次运动中炼油厂王宽小组创造了以安全生产为主要目的的"巡回检查制"，在值班时对设备实行有规律的巡回检查，这样可以降低劳动强度，并且保证机器的安全运转。随着这个经验在油田的大力推广，事故大大减少，石油产量也大幅提升。此后，巡回检查制在全国石油行业得到了发扬光大。[96]

2. 石油文化精神

（1）石油摇篮文化

玉门油田是新中国第一个天然石油基地，被誉为"中国石油工业的摇篮"。石油摇篮文化是玉门油田在长期发展实践中形成的具有石油特征、玉门特色和创业特点的企业文化。石油摇篮文化的核心是玉门精神，底蕴是玉门风格，实质是艰苦创业；内涵包括工业救国、实业报国的爱国文化，艰苦奋斗、自强不息的创业文化，"三大四出"、为国找油的责任文化，为油拼搏、为油奉献的精神文化。石油摇篮文化是石油精神的文化源头，也是大庆精神"铁人"精神的文化源泉，积淀着玉门石油人的精神追求。它包含着玉门石油人的精神基因，显现着玉门石油人的精神标识，是油田持续发展的丰厚滋养、核心优势和宝贵财富，也是建设"百年油田"的强大思想支撑、精神动力和文化源泉。[95]

（2）三大四出

1958年石油工业部部长余秋里提出玉门油田要发挥"三大四出"的作用，即要把玉门油田建成"大学校、大试验田、大研究所"，也要"出产品、出经验、出技术、出人才"。玉门油田成立的80多年以来，玉门石油人承担"三大四出"的历史重任，即艰苦创业、勇于探索、无私奉献，南下四川、北赴大庆、跑步上长庆、二进柴达木、三战吐鲁番，全力支援新油田开发和炼化项目建设，向全国50多个石油石化企业和地矿单位输送10万多骨干、4000多台（套）精良设备，仅千人以上的大调出就有近20次，培养和输送7名两院院士和10多名省部级以上干部。[96]

（3）玉门风格

玉门油田自开发建设之日起就将支援新油田与建设新炼油厂作为自己的一种使命与责任。新中国成立后玉门油田义不容辞地担负起"三大四出"的历史重任，逐渐形成了以"慷慨无私支援别人、历尽艰辛发展自己""支援了别人还要发展自己、发展自己中不忘支援别人"为基本内涵的"玉门风格"。只要新油田与新炼油厂需要，玉门油田就要人给人、要设备给设备，什么时候要什么时候给。并且玉门油田在支援新油田与新炼油厂建设后，自身上下直面困难、无怨无悔，以"人走精神在、人减干劲增""调走旧的造新的、调走洋的造土的""不守摊子再创业、脱皮掉肉咱不怕"的顽强拼搏精神，历经艰辛发展油田。"玉门风格"在石油行业广为传颂，也成为"石油摇篮"文化的重要组成部分。[95]

（4）玉门五种精神

玉门精神是石油精神的重要组成部分，也是石油精神在"石油摇篮"的生动体现。20世纪60年代开始，油田在支援新区会战后，出现了历史上最为艰难的岁月。大批人员、设备支援新区，油田生产经营陷入十分困难的境地，具有艰苦奋斗传统的油田职工，在困难面前不低头，迎难而上求发展，在与各种困难抗争中形成了自力更生、艰苦奋斗的"一厘钱"精神，缺乏设备、自己制造的"穷捣鼓"精神，原材料不足、改制代用的"找米下锅"精神，人员不足、多做贡献的"小厂办大事"精神，修旧利废、挖潜改制的"再生厂"精神，简称玉门老"五种精神"。它是玉门精神的核心内容，油田职工耳熟能详，在石油行业具有广泛影响。[96]

（5）603精神

老君庙采油厂603采油岗位始建于1962年，是一个集采油、注水与储运为一体的综合性岗位。1965年5月，玉门油田党委总结推广了603岗位以"坚持团结协作、搞好岗位建设，坚持三老四严、认真执行制度，坚持岗位练兵、提高技术水平，坚持科学态度、确保稳产高产，思想作风过硬、油水井管理过硬、执行岗位责任制过硬、设备管理过硬规格化建设过硬"为内容，形成了"四坚持五过硬"的典型经验（603经验，603岗位因此而命名），推动了油田岗位建设的全面发展。

603岗位摸索出著名的"七字管井法"（即摸、碰、调、控、憋、洗、挤）和"四字判断法"（看、听、查、测），并创新性提出"五查两不走"（查资料报表是否准确、查生产流程是否对路、查工具是否齐全完好、查油水井生产是否正常、查设备运转是否良好，交接不清不走、油水井生产不正常不走）油水井巡回检查方法，使得油水井利用时率达到98%以上，这促进了老油田精细开发，并为探索油田高含水后期开发规律奠定了基础。[95, 96, 123]

历经60余年风雨的603岗位先后被授予"甘肃省模范集体""甘肃省共青团号""中国石油天然气总公司先进集体""甘肃省青年文明号""全国五一劳动奖状""甘肃省文明示范岗""中国石油天然气集团公司百面红旗单位"和"中国石油天然气集团公司企业精神教育基地"等多种荣誉称号。[95, 96, 123]

5.3.3 玉门石油工业遗产类型特征

截至2023年，玉门油田共有12项石油工业遗产被列入国家级（8个）和县级（4个）遗产保护单位名录。本节将以这12个遗产点为研究对象，对玉门石油工业遗产进行类型学分析。

按照石油系列遗产的类型构成体系将这12个遗产点进行归类分析（图5-34），可以看出其只涉及有形遗产，包括6个石油产业链遗产点，涉及石油产业链上游和石油产业链中游两个遗产类型；包括6个石油辅助遗产点，涉及管理类和生活类两个遗产类型。这说明目前玉门石油工业遗产保护更加关注的是有形遗产的保护，并且不仅关注了石油物质流动过程中形成的遗存，还关注了石油资金流动过程中形成遗存。

对比石油系列遗产的有形遗产类型发现，玉门石油工业遗产保护名录中有形遗产

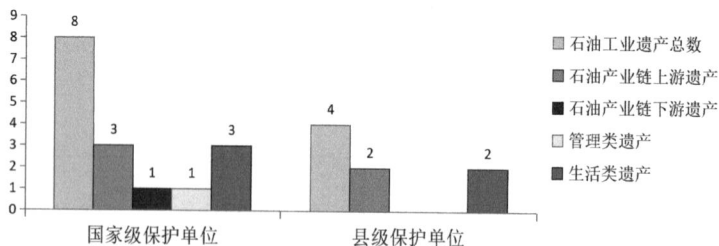

图5-34　玉门石油工业遗产类型学分析

类型缺少石油产业链中游遗产、石油辅助遗产的基础设施遗产和辅助生产遗产三种类型的遗址和遗迹。通过上文的对玉门石油工业遗存的整理分析，我们知道有很多值得保护的石油工业遗存并没有被列入保护名录中，这里面就包括缺失的三种类型。例如：基础设施类——石油河老桥、生产类——机械厂、石油产业链中游——油田运输处等，这些遗存都可以作为遗产要素来填补缺失的遗产类型空白。

除此之外，玉门石油工业遗产保护名录中还缺少无形遗产。玉门油田作为最早开发的油田之一，历经百年历史，形成了很多具有历史价值的石油文化精神。通过上文的整理分析，初步确定了7个值得保护的无形遗产点，涉及石油企业制度和石油文化精神两种无形遗产类型，例如：石油企业制度——巡回检查制、石油文化精神——玉门五种精神等，这些无形遗存都具有重要的历史价值和意义，可以填补玉门石油工业遗产的无形遗产空白。

5.4
克拉玛依石油工业遗产类型学分析

5.4.1　克拉玛依石油工业遗产的基本概况

本书研究的克拉玛依石油工业遗产包含了两部分内容：一部分是独山子油田的石油工业遗产，另一部分是克拉玛依油田的石油工业遗产，它们作为一个整体共同体现了克拉玛依石油工业的发展历程，见证了中国石油工业百年历史。

在历史文献资料和实地调查的基础上，本书对克拉玛依市的石油工业遗产进行了比较详细的研究，确认了克拉玛依市的各级文物保护名录（表5-6）。截至2023年底，本书共整理出13个克拉玛依石油工业有形遗产，这些遗产都被列入了国家级工业遗产保护单位，另外有3个无形遗产。

克拉玛依石油工业遗产表[115, 118, 119]　　　表5-6

编号	名称	建造时间	地理位置	保护等级	初始功能	现在功能	重要历史事件/意义
1	克拉玛依一号井	1955年	克拉玛依区	国家级	勘探开发	石油文化广场	克拉玛依油井的第一口井
2	采油二厂193井	1958年	白碱滩区	国家级	勘探开发	红色文化主题展馆	克拉玛依油田的第一口高产井
3	101窑洞房	1964年	白碱滩区	国家级	住宅及办公	红色文化主题展馆	石油工人早期生产和生活的重要场所
4	独山子石油工人俱乐部	1955年	独山子区	国家级	后勤服务	独山子展览馆	新疆石油工业历史上重要的文化建筑
5	中苏石油股份公司旧址	1950年	独山子区	国家级	办公管理	改造后待用	新中国石油工业第一家中外合资企业
6	机械制造总公司和物资供应总公司	1951年	克拉玛依区	国家级	办公管理	石油文化创意产业园区	辅助克拉玛依石油工业生产的重要场所
7	黑油山地窖	1965年	克拉玛依区	国家级	住宅及办公	原址保护	石油工人早期生产和生活的重要场所
8	独山子第一套蒸馏釜遗址	1936年	独山子区	国家级	勘探开发	原址保护	独山子第一批的炼油设备
9	新疆第一口油井遗址	1909年	独山子区	国家级	勘探开发	原址保护	第一口油井的发掘是新疆近代石油工业的开端
10	独山子职工子弟学校旧址	1952年	独山子区	国家级	教育培训	政府部门办公处	独山子石油工人生活教育的重要场所
11	沥青丘及纪念碑（黑油山沥青丘）	1982年	克拉玛依区	国家级	自然景观	旅游景点	世界范围内罕见的地质景观
12	独山子油田遗址	1930年	独山子区	国家级	勘探开发	遗址保护	独山子区域最早的油田遗址
13	贝乌40型钻机	1950年	克拉玛依区	国家级	勘探开发	遗址保护	石油勘探过程中重要的开采设备

编号	名称	建造时间	地理位置	保护等级	初始功能	现在功能	重要历史事件/意义
14	野外地质调查记录本	—	—	国家级	—	—	—
15	岩心标定记录本	—	—	国家级	—	—	—
16	四等水准观察手簿	—	—	国家级	—	—	—

5.4.2　克拉玛依石油工业遗产类型学分析

克拉玛石油工业遗产包括13个有形遗产（图5-35），涉及石油地质遗产、石油产业链上游、石油产业链下游和石油辅助类4种遗产类型；无形遗产3处。本节依据石油系列遗产的类型构成体系，对克拉玛依石油工业遗产进行类型学解读。

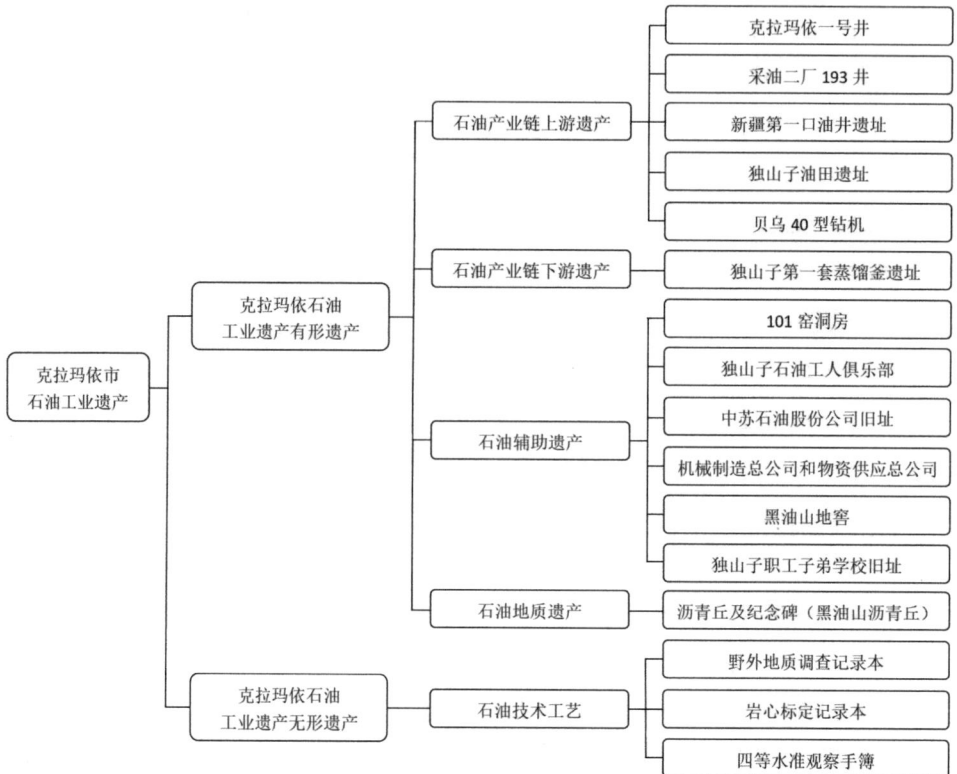

图5-35　克拉玛依石油工业遗产类型构成图

1. 石油产业链上游遗产

（1）克拉玛依一号井

克拉玛依一号井又称"克一井"，位于克拉玛依市的克拉玛依区。1955年7月6日克一井开钻，井深620米，10月29日完钻出油，标志新中国第一个大油田——克拉玛依油田的诞生。2013年克拉玛依一号井被封井，累计生产原油1.7939万吨，生产天然气302万立方米。[130]2013年克一井被认定为第七批全国重点文物保护单位，2018年被列入第一批中国工业遗产保护名录，2021年被新疆列入第一批革命文物保护名录。

现在克一号井的旧井遗址只剩下采油树，旧址已经被保护起来（图5-36）。为了更好地展示克拉玛依一号井的历史价值，原址上修建了石油文化主题纪念广场，形成了克拉玛依一号井景区。这个纪念广场既是国家重点建设的红色旅游景区，也是克拉玛依城市文化景观的重要组成部分，成为克拉玛依油田奋斗史的见证。[131]

图5-36　克拉玛依一号井

（2）采油二厂193井

采油二厂193井位于克拉玛依市白碱滩区，建于1958年，最高日产原油达到260吨，是新疆第一口日产原油超过百吨的油井，也是我国第一口日产原油百吨以上的高产油井，被誉为"英雄井"（图5-37）。193井的高产进一步证实了克拉玛依油田蕴含着丰富的石油资源，也预示了新疆具有丰富的油藏储量和勘探前景。这口油井已经运行60多年，累计产油60多万吨。[132, 133]

图5-37　克拉玛依采油二厂193井 [133]

图片来源：全国第一口高产井——克拉玛依英雄193井 [EB/OL]．[2023-10-25]．https://mp.weixin.qq.com/s/sS4Xvcj-U2KUj4N_yAcLxyA

193井具有重要的历史价值，2007年被认定为新疆维吾尔自治区重点文物保护单位，同年6月被认定为中国石油天然气集团公司的企业精神教育基地，2018年被列入我国第一批中国工业遗产保护名录，2021年被列入新疆首批革命文物保护名录。

（3）新疆第一口油井遗址

新疆第一口油井遗址位于距离独山子城区西南方向两公里的泥火山景区内，是独山子油田的第一口油井，也是中国陆地上第二口油井。1909年清政府从俄国进口采油机械在独山子区域打造了新疆第一油井，并喷出工业油流。新疆第一口油井是新疆最早的工业油井，它标志着新疆近代石油工业的开端。[134]

现在新疆第一口油井遗址采用了就地保护模式，原址保留了高1.3米、直径0.3米的钻井管筒，钻井套管旁立着纪念碑，遗址周围布置了一圈防护围栏（图5-38）。

图5-38　新疆第一口油井

2007年新疆第一口油井被认定为第六批
新疆维吾尔自治区级文物保护单位，
2013年被列入第七批全国重点文物保护
单位，2018年被列入中国工业遗产保护
名录，2020年又被列入国家工业遗产
名单。[135]

（4）独山子油田遗址

独山子油田遗址位于克拉玛依市独
山子区，是当时中国最早的三大油田之
一。1907年清政府新疆商务局开始采集
独山子石油。1930年独山子油田开始正
式规模钻井采油。从20世纪30年代到新
疆和平解放年间，独山子油田共采油

图5-39　独山子油田遗址

11497吨。在20世纪50年代后期中国与
苏联的合作关系停止后，独山子的200多口油井被弃用（图5-39）。

（5）贝乌40型钻机

贝乌40型钻机是20世纪50年代初从苏联引进的钻机，钻机纵长12米，横长4米，
井架高42米，井架重11.87吨，底座重16.96吨。1955年中苏石油股份公司将13台贝乌
40型钻机移交给独山子矿务局钻井处。随着油田规模的不断扩大和钻井技术的不断更
新，贝乌40型钻机渐渐被功能更先进的新型钻机所取代，2003年新疆石油管理局钻井
公司将贝乌40型钻机捐赠给了克拉玛依博物馆，现放置于克拉玛依博物馆院内供公众
参观。[136]

2. 石油产业链下游遗产

独山子第一套蒸馏釜遗址

独山子第一套蒸馏釜遗址位于距离独山子城区西南方向的泥火山东侧。20世纪
初清政府从俄国购进一套蒸馏釜设备，这套设备由4个单独釜组成，每个单独釜的容
积为4立方米。1934年安集海建炼油厂，于是蒸馏釜设备从独山子油田运往安集海。当
时安集海建炼油厂用这套设备进行石油炼制，这是新疆首次使用蒸馏釜炼制石油。[101]
1936年安集海炼油厂被并入独山子炼油厂，并将该蒸馏釜安装在泥火山东侧沟谷台地
上，1937年拆除蒸馏釜。后经历史变迁该装置未能得到保存。

独山子第一座蒸馏釜遗址已被作为石油文化教育基地进行原址保护，先后经过了三次修缮。现在在原址按原比例复原了当年蒸馏釜，比较好地诠释和展示了当时炼油的历史情境（图5-40）。2018年独山子第一座炼油釜作为独山子油田的一个核心物项被列入第一批中国工业遗产保护名录中。

图5-40　蒸馏釜复原的历史场景

3. 石油辅助遗产

（1）101窑洞房

101窑洞房位于克拉玛依市白碱滩区，始建于1964年，因附近有101注水站而得名。1964年采油二厂职工在戈壁滩盖起了5栋窑洞房，其中1栋为办公室，4栋为宿舍，建筑总面积为600平方米。101窑洞房成为当时职工们工作、学习与生活的地方。[137] 1972年由于克拉玛依油田开采工作重心的调整，101窑洞房停止了使用。

目前101窑洞建筑群的1栋窑洞因为油田开发需要被拆除，其余4栋保持了原有的建筑组合方式和建筑外观风貌，是克拉玛依保存完好的石油职工住所之一。2007年采油二厂开始对101窑洞房进行清理，在建筑主体周围建造围栏进行保护（图5-41）。2010年101窑洞房被列入克拉玛依市重点文物保护单位名录，2014年被列入新疆维吾尔自治区重点文物保护单位名录。

目前在101窑洞原址上新建了一栋以石油工业为题材的纪念馆建筑，主要展示了相关历史时期的机器设备、生产工具、历史档案、相关藏品、商标徽章及文献与手稿等藏品298件，是新疆维吾尔自治区爱国主义教育基地，也是新疆维吾尔自治区文物保护单位，还是中国石油天然气集团公司企业精神教育基地。[137] 2018年101窑洞被作为克拉玛依油田石油工业遗产的核心物项列入第一批中国工业遗产保护名录。

（2）独山子石油工人俱乐部

石油工人俱乐部位于克拉玛依市的独山子区，始建于1955年，是独山子早期的综合性文化活动中心。石油工人俱乐部采用苏联式建筑设计风格，建筑外观整体呈米黄色和白色，主体建筑层数为三层，并附有一层地下室，总建筑面积约为4000平方米。石油工人俱乐部主要建筑功能包括剧场、会议室、图书阅览室、游戏室和健身房多功能室等。2007年独山子俱乐部被认定为新疆维吾尔自治区重点文物保护单位。[138]

图5-41　101窑洞房

2013年独山子石化公司和独山子区政府决定将独山子石油俱乐部扩建为克拉玛依市独山子区展览馆，并于2016年正式开馆使用（图5-42）。改建后的展览馆布展面积为2700平方米，主要分为主展区、专题展厅和外景区三部分，馆中珍藏了历史照片、文件文献与历史实物等历史文物，比较全面地展示了独山子油田发展历史。[138]

（3）中苏石油股份公司旧址

中苏石油股份公司是新中国成立后首批中外合资企业之一，也是中国石油第一家中外合资企业，在新疆石油史乃至中国石油发展史上具有重要地位。[101]中苏石油股份公司旧址位于克拉玛依市独山子区，始建于1950年。旧址办公楼建筑层数为2层，建筑面积约2340.8平方米，建筑立面以米黄色与白色为主。

目前的办公楼经过一定程度的改建，改造后的建筑结构为土木结构，东墙二楼原有的有四个门被改建为窗户。建筑内部空间基本保持了原有的建筑风格，铺有木质地板和木质楼梯，屋顶仍然采用铁皮顶（图5-43）。2007年4月中苏石油股份公司旧址被列入第六批新疆维吾尔自治区区级文物保护单位名录。

图5-42　独山子俱乐部

图5-43　中苏石油股份公司旧址

（4）机械制造总公司和物资供应总公司

机械制造总公司和物资供应总公司位于克拉玛依区，是克拉玛依市保留比较完整的石油工业机械生产厂区，也是全国唯一以石油工业遗产保护和石油文化传承为主要特色的文化创意产业园区。这两个厂区始建于20世纪五六十年代，主要包括柴油机大修车间、机械加工车间、热处理工和锻造（铸造）车间等。[139]

机械制造总公司的前身是克拉玛依矿务局机械厂，成立于1956年，初期是在黑油山临时搭建帐篷当作厂房，到1959年，机械厂搬到了现在的厂区，业务范围涵盖了采油井口装置制造、油管加工、钻井修井采油、各种机具配件制造、柴油机等。1962年矿务局机械厂更名为新疆石油管理局机械厂，1998年新疆石油管理局机械厂与第二机械厂、汽车销售维修公司重组合并，成立新疆石油管理局机械制造总公司。[139]现在机械厂分为南北二厂，厂内保存的部分建筑建于20世纪五十年代克拉玛依油田建设初期。物资供应总公司成立于1951年。

2014年两个厂区作为工业文化遗产保护区域被列入新疆维吾尔自治区区级文物保护单位，并且被改造为具有石油文化特色的文化创意业园区（图5-44），2018年被列入国家工业遗产保护名录。

（5）黑油山地窖

黑油山地窖始位于克拉玛依市，建于1955年，是半地下式地窖，也是20世纪50年代石油工作者办公和生活的地方。克拉玛依油田的建设初期，第一代石油工作者的工作和生活条件都非常艰苦，为了解决办公和住宿问题，在黑油山脚下建造了近20座大地窖，每个井队住一座地窖。20世纪60年代，随着克拉玛依油田的不断发展，开始陆续建造起地面建筑，这使得原有的地窖逐渐废弃。黑油山地窖是现在仅存的两座地窖遗址。

图5-44 克拉玛依文化创意产业园

单座地窖长22.3米、宽7.4米、深1.5米，面积约为165平方米。1983年克拉玛依博物馆对黑油山地窖进行了修缮，将其作为克拉玛依博物馆的展示部分。2005年克拉玛依博物馆又对地窖的建筑主体进行翻修加固，将原用芦苇搭盖的房顶改换成防雨毛毡房顶，并在建筑内部复原了当年石油工人生活场景（图5-45）。2021年克拉玛依博物馆再次对黑油山地窖进行了修缮和展陈提升。2010年黑油山地窖被认定为克拉玛依市级重点文物保护单位，2014年被认定为新疆维吾尔自治区区级重点文物保护单位，2018年被列入国家工业遗产保护名录。[140]

（6）独山子职工子弟学校旧址

独山子职工子弟学校旧址位于独山子区，建于1952年，是为了解决当时石油职工子弟上学问题而建造的学校。独山子职工子弟学校是克拉玛依油田的第一所子弟学校，也是新疆石油工业史上第一所子弟学校。

独山子职工子弟学校采用了仿苏联式建筑样式，建筑布局整体呈现凹字形，为两层建筑，占地面积约为954平方米，建筑室内主要以木材质为主。现在建筑已经进行了两部分改造，其中正立面的灰色瓷砖替代了原先的米黄色涂漆，建筑屋顶改用了铁皮材质，并在建筑屋顶上开设了红色拱形天窗（图5-46）。2007年独山子职工子弟学校旧址被认定为新疆维吾尔自治区区级重点文物保护单位，目前作为爱国主义教育基地和革命文物保护单位。

图5-45 黑油山地窖

图5-46 独山子职工子弟学校旧址

4. 石油地质遗产

沥青丘及纪念碑（黑油山沥青丘）

黑油山位于克拉玛依市东北部，距离市中心约2公里，是新疆油田重要油苗露头的地方，早在清末就有史书记载其出油。"克拉玛依"在维吾尔语中是"黑油"的意思，这个天然石油沥青丘因此得名黑油山[141]，正是因为黑油山才发现了克拉玛依油田。

黑油山属于三叠系石油的露头，是由于地壳变动，使得地下石油受地层压力的影响沿石裂隙不断向地表渗出。长年外溢的原油与沙石混杂固化，其中石油中轻质部分挥发后，剩下稠液同沙土凝结堆积，形成了现在的沥青丘。其中一个最大的沥青丘高13米，面积约0.2平方公里。整个沥青丘都呈黑色，地表凹凸不平，山丘上有110多处油泉，其中核心油泉就有30多处（图5-47）。油泉不断涌出油泡，这些油都是珍贵的低凝原油，油脂黏稠、黝黑且含蜡量少。2006年黑油山沥青丘被命名为中国石油企业精神教育基地，2018年被列入国家工业遗产名单，2019年升级为集团公司石油精神教育基地。[141]

图5-47　黑油山的油泉

5.4.3 克拉玛依石油工业遗产类型特征

本节主要以13个克拉玛依石油工业遗产为研究对象，进行归类统计分析研究。从遗产类型统计分析图可以看出（图5-48）克拉玛依石油工业遗产具有以下几点类型特征。

（1）克拉玛依石油工业遗产以有形遗产为主，且遗产类型多样。克拉玛依石油工业遗产包括6个石油产业链遗产（5个石油产业链上游遗产、1个石油产业链下游遗产），6个辅助遗产（生活类4个、管理类1个、辅助生产类1个）和1个石油地质遗产，可以说涵盖的有形遗产类型比较丰富多样。这说明目前克拉玛依石油工业遗产的保护研究比较关注有形遗产部分，且保护内容比较全面。

（2）克拉玛依石油工业遗产的有形遗产类型，以石油产业链上游和石油辅助遗产类型为主。石油产业链遗产主要以勘探与开发的油井遗址和遗迹为主，涵盖的遗产要素形式比较单一。石油辅助遗产涵盖了生活类遗产、管理类遗产和辅助生产类遗产三种类型，是四个油田中石油辅助遗产类型最全面的一个油田。并且石油辅助遗产以生活类遗产为主，包括居住建筑、学校和俱乐部三种建筑功能形式，也是四个油田中生活类遗产的功能形式最丰富的一个油田。

（3）克拉玛依石油工业遗产的部分遗产类型和遗产要素缺失。通过分析研究还发现，克拉玛依石油工业遗产的无形遗产缺少石油文化精神、石油企业制和石油艺术文化。这并不是说克拉玛依油田没有值得保护的相关遗产要素。例如：克拉玛依油田建设过程中，石油工作者传承下来的"不出油、不死心"的石油精神、为油献身的奉献精神、艰苦创业与民族团结等精神，都可以看作是石油文化精神的重要组成部分。同时还发现克拉玛依石油工业遗产缺少石油产业链中游遗产类型，即储油库和输油管道。在文献资料的研读过程中，研究团队也发现了具有重要历史价值的输油管线，例如：1958年兴建的克拉玛依——独山子输油管线。在后续对克拉玛依石油工业遗产的

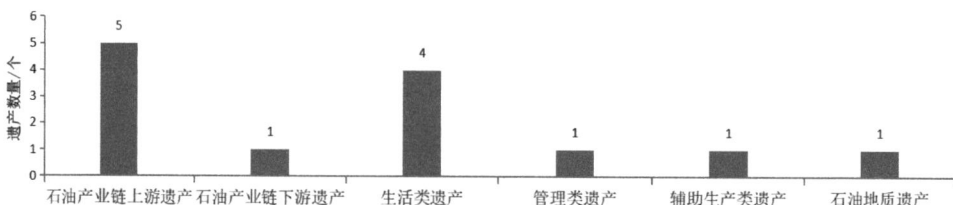

图5-48 克拉玛依石油工业遗产类型分析图

保护工作中，需要尽可能多地找到遗产要素来填补这些遗产类型空白，这对于系统性认识克拉玛依石油工业遗产的整体性价值具有重要的意义。

5.5
大庆石油工业遗产类型学分析

5.5.1　大庆石油工业遗产的基本概况

　　截至2023年底，大庆石油工业遗产共26个遗产点被列入国家级、省级和市级工业遗产保护名单（表5-7）。大庆石油工业遗产主要包括设施设备群、建构筑物、工业区域及工人村等生产和生活遗存和现存，其中约有75%的遗产点还处于正常的使用状态。这些遗产涵盖了石油系列遗产类型构成体系的大部分遗产类型。

大庆石油工业遗产保护名录[114, 142]　　　　表5-7

编号	遗产名称	初始功能	区域位置	现在功能	保护等级	重要事件
1	松基三井	勘探井	大同区高台子镇	教育基地	国家级（核心物项）	大庆油田发现井
2	萨55井	勘探井	红岗区解放街道	教育基地	国家级（核心物项）	铁人第一口井
3	萨66井	勘探井	红岗区解放街道	教育基地	省级	三点定乾坤井
4	杏66井	勘探井	红岗区杏树岗	正常生产	省级	三点定乾坤井
5	喇72井	勘探井	让胡路区庆新街道	遗址广场	省级	三点定乾坤井
6	西水源	地下水源	让胡路区喇嘛甸镇	正常生产	省级	大庆第一座地下水源
7	红旗村干打垒建筑群	工人村	红岗区东干线500米处	闲置	省级	"干打垒精神"代表
8	大庆油田历史陈列馆	大庆会战指挥部	萨尔图区会战大街	展览馆	国家级（核心物项）	大庆石油会战指挥部
9	东油库	油库	萨尔图区萨尔图街道	正常生产	省级	大庆第一个座油库，首车原有外运地

续表

编号	遗产名称	初始功能	区域位置	现在功能	保护等级	重要事件
10	西油库	油库	让胡路区西滨路	教育基地	省级	大庆第二座油库
11	南三油库	油库	大同区林源镇	正常生产	省级	—
12	葡萄花炼油厂遗址	炼油厂	大同区庆葡街道	教育基地	省级	大庆第一座炼油厂
13	北二注水站	注水站	萨尔图区拥军街道	正常生产	省级	大庆油田岗位责任制发源地
14	北1-5-65注水井	注水井	萨尔图区拥军街道	正常生产	省级	"四个一样"发源地
15	中四队	采油队	萨尔图区铁人街道	正常生产	省级	"三老四严"发源地
16	创业庄	工人村	红岗区创业庄	教育基地	省级	"五把铁锹发源地"
17	缝补厂旧址	缝补厂	萨尔图区东风街道	展览馆	省级	"缝补厂精神"发源地
18	铁人回收队旧址	废旧物回收	让胡路区庆新街道	油田物资公司	省级	"回收队精神"发源地
19	二号丛式井采油平台	采油平台	萨尔图区铁人街道	正常生产	省级	第一个丛式井采油平台
20	石油会战誓师大会广场	万人广场	萨尔图会战大街	改为他用	市级	大庆石油大会战的起点
21	中十六联合站	联合站	萨尔图区奔二村	正常生产	市级	大庆最大规模联合站
22	中区电话站	电话站	萨尔图区会战大街	正常使用	市级	大庆第一个电话站
23	原气象站旧址	气象站	萨尔图区中心街	闲置	市级	大庆第一座气象站
24	徐深1井	勘探井	肇州县榆树乡	正常生产	市级	庆深气田发现井
25	林四井	地热井	林甸县宏伟乡	正常生产	市级	—
26	贝16作业区贝16井	探井	内蒙古自治区呼伦贝尔	正常生产	市级	海拉尔油田发现井

5.5.2　大庆石油工业遗产类型学分析

大庆石油工业遗产中，除去基本信息不够全面的，本书重点研究了其中22个。将它们按照石油系列遗产的类型构成体系进行分类研究（图5-49），发现大庆石油工业遗产的类型主要包括有形遗产和无形遗产，其中有形遗产主要包括石油生产链上游、中游和下游遗产类型和石油辅助类4种遗产类型，无形遗产主要包括石油文化精神和石油企业制度两种遗产类型。

大庆石油工业遗产

- 大庆石油工业遗产有形遗产
  - 石油生产链上游遗产
    - 松基三井
    - 萨55井
    - 萨66井
    - 杏66井
    - 喇72井
    - 二号丛式井采油平台
    - 中十六联合站
  - 石油生产链中游遗产
    - 东油库
    - 西油库
    - 南三油库
  - 石油生产链下游遗产
    - 葡萄花炼油厂遗址
  - 石油辅助遗产
    - 西水源
    - 红旗村干打垒建筑群
    - 大庆油田历史陈列馆
- 大庆石油工业遗产无形遗产
  - 石油企业制度
    - 岗位责任制
    - 三老四严
    - 四个一样
  - 石油文化精神
    - 干打垒精神
    - 缝补厂精神
    - 五把铁锹精神
    - 回收队精神
    - 铁人精神

图5-49　大庆石油工业遗产类型构成分析图

5.5.2.1　大庆石油工业遗产的有形遗产

1. 石油产业链上游遗产

（1）松基三井

松基三井位于大同区高台子镇，始建于1959年，是松辽平原的第三口基准井，也是大庆长垣构造带上的第一口探井，还是大庆油田的发现井。1988年松基三井被关停，累计生产原油1.01万吨。1989年中国石油天然气总公司对松基三井进行了修缮。2009年为纪念大庆油田发现50周年，大庆油田有限责任公司对松基三井再次进行了修葺。目前松基三井遗址保留了井口采油树，恢复了试采时的原貌，并且新建了文物保护碑、展示松基三井钻探历史的大型浮雕和路道铺装等，形成了小型纪念公园（图5-50）。[143]

松基三井作为大庆油田成功开发的标志，不仅确立了陆相生油理论，还见证了大庆石油工人英勇无畏的创业精神。大庆石油工人将"爱国、创业、求实、奉献"的大庆精神展现得淋漓尽致。2001年松基三井被认定为国家重点文物保护单位，2004年被中国石油天然

图5-50　松基三井小型纪念公园

气集团公司命名为首批"企业精神教育基地"，2018年被列入为国家工业遗产名单。

（2）萨55井

萨55井又称铁人第一口井，是1960年4月"铁人"王进喜同志率1205钻井队（时称1262队）参加大庆石油会战打的第一口油井。在设备缺乏与水源不足的艰苦条件下，王进喜和队友们以人拉肩扛运钻和破冰取水保开钻的方式用5天零4小时打完井，创造了当时世界石油钻井速度的最快纪录。[144]

目前，萨55井比较完整地保存了当时石油开采场景的历史情境，场所中包括井架、泥浆池、水池与地窝子等遗产要素（图5-51）。萨55井是"铁人精神"的发祥地，也是大庆"铁人精神"的象征，2001年被认定为国家级重点文物保护单位，2018年被列入第一批国家级工业遗产名单。

（3）萨66井

萨66井位于大庆萨尔图区解放南村，于1960年3月完钻喷油。由于萨66井是大庆长垣北部萨尔图构造上的第一口探井，也是萨尔图油田的发现井，因此是大庆非常重要的"功勋井"之一。1984年11月萨66井被关井报废（图5-52）。

图5-51　萨55井

萨66井、杏66井和喇72井相继喷油标志着大庆长垣的北部地下储油量比南部多，使得大庆石油会战重点区域从大同镇转移到了萨尔图地区，改变了大庆石油会战最初制定的开发策略，因此这三个井一起被称为"三点定乾坤井"。2014年萨66井被认定为黑龙江省重点文物保护单位，现在是一处非常重要的爱国主义教育基地。[144]

（4）杏66井

杏66井原名杏1井，位于红岗区杏树岗镇先锋村，是大庆市杏树岗镇构造第一口探井（图5-53）。1960年3月杏66井开钻，井深达1158.58米，是大庆油田的"三点定乾坤"的功勋探井之一，现在仍然在继续生产石油。2014年被列入黑龙江省重点文物保护单位。[145]

（5）喇72井

喇72井原名喇1井，位于大庆市让胡路区庆新街道。1960年3月28日喇72井开钻，井深达12025米，1960年4月喷出高产量油流。喇72井是大庆长垣喇嘛甸构造上布置的第一口探井，也是喇嘛甸油田的发现井。现在喇72井已经停产保护，遗址只保留下井口采油树，旁边还矗立了"喇72井"纪念碑（图5-54）。2014年喇72井被列入黑龙江省重点文物保护单位。[144]

（6）二号丛式井采油平台

二号丛式井采油平台位于一座人工湖心岛上，于1989年7月投产，开发面积达35万平方米。二号丛式井采油平台包括直井4口、定向斜井14口、计量间1座、配水间1座和配电间1座，当前仍处于正常的工作状态（图5-55）。

图5-52 萨66井

图5-53 杏66井

图5-54　喇72井广场

图5-55　二号丛式井采油平台

　　二号丛式井采油平台是大庆油田最大的丛式井组，也是我国唯一一座水上公园平台井组，还是大庆旅游参观和摄影爱好者的胜地。二号丛式井采油平台的日常工作由女性石油工作者负责，多年来他们坚持发扬大庆石油会战精神的光荣传统，先后被评为"巾帼建功"岗，是大庆会战精神平台管理的典范，2007年被列入二号丛式井采油平台大庆市重点文物保护单位。

　　（7）中十六联合站

　　中十六联合站始建于1997年，占地面积达到4.4万平方米，是大庆油田公司规模较大、自动化程度较高的现代化联合站。中十六联合站的主要功能是将进站的油、气与水混合物进行分离，把处理后合格的原油与天然气外输，合格的污水回注地下。中十六联合站平均日处理液量3.5万吨，其中净化油0.7万吨，处理污水2.8万立方米，外输天然气12万立方米。中十六联合站先后被中石油天然气集团公司和大庆油田公司命名为"企业精神教育基地""永做油田精品的联合站"等。2009年中十六联合站被认定为大庆石油工业遗产保护单位。[144]

2. 石油生产链中游遗产

　　（1）西油库

　　西油库始建于1961年，是大庆会战时期的第二座大型油库，也是当时全国最大的储运库，主要担负原油铁路装车外运任务。[144]2015年由于油田生产改革需要，西油库正式停产。现在西油库场所内保存了油库、装卸设备和外运线等设施设备（图5-56）。2014年西油库被认定为黑龙江省重点文物保护单位。现在西油库已经改建为大庆油田有限责任公司储运销售公司教育培训基地。

西油库作为大庆石油会战的产物，成功解决了当时原油铁路装车外运的需要，保障了大庆石油会战采用工作的顺利进行，也保证了产出石油的顺利外运，为石油会战运输做出了突出的贡献，具有重要的历史价值。

（2）东油库

东油库始建于1960年4月，占地面积11.85万平方米。1960年6月首车原油从东油库运出，1973年9月发出了向日本出口的第一列车原油，1974年停止了铁路装车外运。东油库累计外输原油约4亿吨，目前仍在使用中（图5-57）。[144]

东油库是大庆首车原油外运的起点，正是因为东油库的建成使得大庆石油会战进入了新的阶段，更是开创了中国石油工业的新纪元。同时，东油库作为大庆精神的代表，体现了爱国主义精神、独立自主与自力更生的艰苦创业精神，具有重要的社会价值。2007年东油矿被认定为大庆市重点文物保护单位。

图5-56　西油库

图5-57　东油库

（3）南三油库

南三油库位于大庆市大同区林源镇，建于1968年12月，共包括12座5万立方米的储油罐和18台原油运输泵。2005年6月南三油库新增了俄罗斯原油运输任务，成为国家一级计量和安全生产单位。[144]南三油库不仅是中石油系统内最大的原油储运基地，而且承担了卸俄油改造工程，成为中俄两国能源战略合作的标志性工程。南三油库也很好地集成了大庆精神和铁人精神，形成了"为国争光、精诚合作、攻坚克难、不辱使命"的南三精神。2007年被南三油矿被认定为大庆市重点文物保护单位。

3. 石油生产链下游遗产

葡萄花炼油厂遗址

葡萄花炼油厂位于大庆市大同区，始建于1960年，是大庆第一座炼油厂。1960年7月葡萄花炼油厂生产出第一批油品，1965年停产。1989年葡萄花炼油厂遗址的烟囱被改造。[144] 此后康世恩总理的题词"不忘会战岁月、发扬大庆精神"刻印在烟囱上。现在葡萄花炼油厂遗址上保留了原厂烟囱（图5-58），增设了小型雕塑，并建造了葡萄花炼油厂展览馆。

葡萄花炼油厂从设计到投产，只用半年的时间，当时炼成了成品汽油、煤油与柴油，解决了大庆会战时对油品的需求，具有重要的历史价值和意义。2007年葡萄花炼油厂被认定为大庆市工业遗产保护单位，是大庆市教育基地。

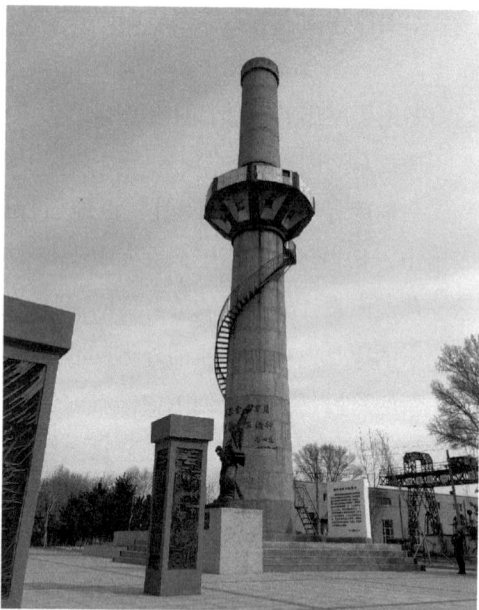

图5-58　葡萄花炼油厂遗址

4. 石油辅助遗产

（1）西水源

1960年西水源投产，成为大庆油田第一座地下水源。西水源成立初期主要负责供给油田西部地区的生产生活用水，之后经过多次扩建，扩充与完善了工艺流程。现西水源拥有多个大型生产厂房，是大庆规模较大的水厂，主要担负让胡路去、萨尔图区、萨北及采油三厂等部分地区生产和生活用水的供给任务，目前仍在正常使用（图5-59）。[144]

图5-59　西水源

西水源作为大庆石油会战的产物，它的成功建成和投产解决了当时油田建设用水和日常用水的需求，保障了大庆石油会战时期采油工作的顺利进行，为大庆石油会战做出了突出的贡献。多年来西水源坚持"岗位责任制""铁人精神"与"三老四严"等优良作风，成为大庆企业精神教育基地。2008年西水源被认定为大庆市市级工业遗产保护单位，2014年被认定为黑龙江省重点文物保护单位。

（2）红旗村干打垒建筑群

大庆市红旗村干打垒建筑群是大庆石油会战时期国家建筑工程部第六工程局为了解决支援油田建设的工人及家属生活问题建造的生活聚居区，是当时比较典型的石油工作者居住点，也是大庆仅保留比较完整的干打垒建筑群。

红旗村干打垒建筑群共保存有两处：一处是建工一村，另一处是建工二村。两处工人村基本保持了原有的街道形式和建筑形态，其中建工一村主要包括居住建筑、大礼堂、商店和水塔等建、构筑物，建工二村则保存的几乎都是居住建筑。但是由于目前两处遗址都无人居住，年久失修，并且没有得到及时的维护，使得整体保存状况不佳（图5-60）。

红旗村干打垒建筑群作为大庆石油会战时期的特殊产物，它的形成和发展解决了当时油田广大职工的居住问题，保障了大庆石油会战的顺利完成，具有特殊的政治意义。并且"干打垒精神"作为大庆"六个传家宝"精神之一，具有重要的社会价值。2013年红旗村干打垒建筑群被列入黑龙江省重点文物保护单位。

（3）大庆油田历史陈列馆（大庆石油会战指挥部旧址）

大庆石油历史陈列馆位于萨尔图区，是大庆石油会战指挥部二号院旧址所在地。1960年为了"靠前指挥"，松辽会战指挥部接管的各主要部门由安达市迁往萨尔图

图5-60 红旗村干打垒建筑群

图5-61　大庆油田历史陈列馆

区，二号院就是其中一个指挥部。原来的二号院是一个坐北朝南的长方形四合院，周围建造的都是干打垒建筑。2006年二号院改建成为大庆市油田历史陈列馆，成为非常重要的爱国主义教育基地（图5-61）。[144]

　　大庆石油历史陈列馆作为大庆石油会战的指挥部具有很高的历史价值和社会价值，这里也见证了油田会战时期人们艰苦奋斗的精神。2005年大庆石油历史陈列馆被评定为黑龙江省重点文物保护单位。大庆石油历史陈列馆先后荣获全国爱国主义教育示范基地、全国工业旅游示范基地及国务院国资委青年干部学习教育基地等荣誉称号。

5.5.2.2　大庆石油工业遗产的无形遗产

1. 石油文化精神遗产

（1）"缝补厂精神"——大庆缝补厂旧址

　　大庆"缝补厂精神"发源于石油会战时期的缝补组。1960年大庆石油会战条件十分艰苦，在会战工委的支持下，共产党员鄂长松等3名转业战士和曾阳春等5名职工家

属在两栋牛棚里办起了缝补组。1963年
正式创办缝补厂，它的主要任务是为生
产前线修旧利废和加工"两旧一新"的
棉工服。[144]

大庆"缝补厂精神"作为大庆艰苦
创业的"六个传家宝"之一，体现了大庆
石油工人"艰苦创业、勤俭节约"的大
庆精神。2007年"缝补厂精神"发源地
被列入大庆市第一批工业遗产保护名录。

图5-62 "五把铁锹精神"展览馆

（2）"五把铁锹精神"——创业庄

"五把铁锹精神"诞生于创业庄（图5-62），指的是薛桂芳、王秀敏、杨学春、丛
桂兰和吕玉莲五名青年女性，在大庆石油会战时期表现出来的艰苦奋斗的精神。[145]

大庆石油会战初期各方面条件都比较差，主、副食品供应不足，4万多名职工的
生活相当艰苦。为了渡过难关，大庆会战工委号召家属组织起来发扬南泥湾精神，自
己动手丰衣足食。这五位女性率先开垦了32亩荒地，当年收获粮食1750斤，以实际行
动支援了石油会战，建立了大庆油田第一支以农为主的家属生产队。因为她们的突出
表现，薛桂芳被授予黑龙江省劳动模范和"五把铁锹闹革命的带头人"的称号。"五
把铁锹精神"也因此成为大庆艰苦创业的"六个传家宝"之一。[145] 2007年创业庄被
认定为大庆市第一批工业遗产保护单位。

（3）"回收队精神"——铁人回收队旧址

铁人回收队旧址位于大庆让胡路区庆新街道方晓社区，1969年在铁人王进喜的提
议下，当时的钻井指挥部成立了油田第一个废旧材料回收队。回收队的主要任务是回
收旧的机器设备，并进行修旧利用。回收队的建立不仅为国家节约了大量的物资，而
且还解决了生产建设中的急需。[144]后来回收队成为油田物资管理工作的一项重要任
务。"铁人回收队精神"体现了大庆石油工人艰苦奋斗与勤俭节约的精神，也因此成
为大庆艰苦创业的"六个传家宝"之一。2009年铁人回收队被列入大庆市第二批工业
遗产保护名录。

2. 石油企业制度

（1）"三老四严"——中四队

"三老四严"指的是"当老实人、说老实话、办老实事，严格的要求、严密的组

织、严肃的态度、严明的纪律"的工作态度，发源于中四队（见图5-63）。"三老四严"是会战时期大庆采油一厂中四队实际工作中出现的问题进行深入讨论后的总结。1964年石油部召开第一次政治工作会议，将中四队的经验总结提炼为"三老四严"精神，[143]并于1960年记入《中华人民共和国石油工业部条例》，要求在全国石油系统贯彻执行。

"三老四严"的工作态度是大庆石油会战期间形成的重要精神，也是大庆精神文化的重要组成部分。因此，这种精神及其精神产生的场所被列入大庆市工业遗产保护名录。

（2）岗位责任制——北二注水站

岗位责任制包括岗位专责制、交接班制、巡回检查制、设备维修保养制、质量负责制、班组经济核算制度、岗位练兵制度与安全生产制度，发源于北二注水站（图5-64）。1962年5月8日深夜，北一注水站因失火化为灰烬，会战工委组织"一把火烧出的问题"大讨论，北二注水站在讨论中总结出了岗位责任制，成为石油系统基层管理的重要工作制度。[144]此后岗位责任制对大庆油田的安全生产起着关键性作用。2007年岗位责任制的发源地北二注水站被列入大庆市第一批工业遗产保护名录。

（3）"四个一样"——北1-5-65注水井

"四个一样"指的是"黑天和白天干工作一个样、坏天气和好天气干工作一个样、领导不在场和领导在场干工作一个样、没有人检查和有人检查干工作一个样"的工作态度，是石油会战时期大庆油田第一采油厂第二油矿五队5-56井组首创。1964年"四个一样"与"三老四严"一同写入《中华人民共和国石油工业部工作条例》，作为工作作风的主要内容颁布。[146]

图5-63 "三老四严"中四队

图5-64 北二注水站

六十多年来5-56井组没有发现一次违反制度，也没有发生过一次责任事故，现在仍然处于正常工作状态。2007年"四个一样"及北1-5-65注水井被认定为大庆市工业遗产保护单位。

5.5.3 大庆石油工业遗产类型特征

本节以前文22个大庆石油工业遗产点为研究对象，对它们进行类型学特征分析（图5-65），可以发现大庆石油工业遗产具有以下特点。

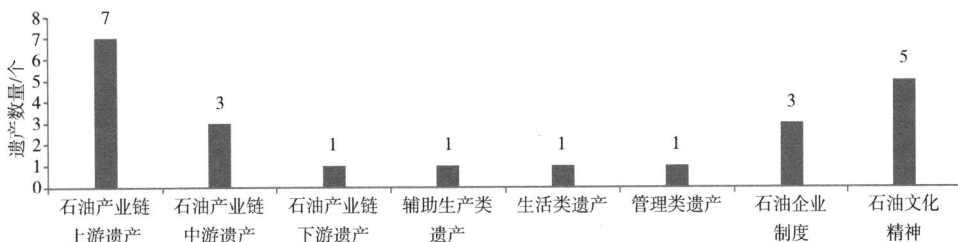

图5-65 大庆石油工业遗产类型统计分析

（1）大庆石油工业遗产包括有形遗产和无形遗产。有形遗产包括石油产业链上游、中游、下游和石油辅助遗产四种类型，无形遗产主要包括石油企业制度和石油文化精神两种类型。石油工业遗产类型比较丰富。

（2）大庆石油工业遗产的有形遗产以石油产业链遗产为主。石油产业链遗产数量最多，共包含11个遗产点，约占有形遗产总数的78%，主要涉及勘探井、采油井、油库与炼油厂等遗产要素。这说明目前大庆石油工业遗产保护更加关注的是与石油开采、生产、存储和加工直接相关的遗址和遗迹，即石油物质流动过程中形成的工业足迹。除此之外，大庆石油工业遗产还包括3个石油辅助遗产点，主要涉及辅助生产类遗产、生活类遗产和管理类遗产。

（3）大庆石油工业遗产中的部分遗产类型和遗产要素缺失。与石油系列遗产类型构成体系相比，大庆石油工业遗产主要缺少石油地质遗产和石油辅助遗产类型的基础设施类遗产。通过对大庆油田的历史文献研究和实地调研走访，研究团队发现很多在石油资金流动过程中形成的、具有保护价值的石油工业遗存（现存）并没有被列入各级保护名录中。例如：大庆油田建设的重要铁路运输线——让通铁路线（1964年），培养大庆油田建设人才的全国重点大学——东北石油大学（1960年）（原名大庆石油学院），大庆油田建设的第一个热电厂——龙凤热电厂（1961）等。这些遗存（现存）都可以用来弥补缺失的遗产要素。

（4）大庆石油工业遗产保护名录中还包含了一定数量的无形遗产。这些无形遗产都与一定的空间场所相对应。例如："岗位责任制"——北二注水站、"老三四严"——中四队、"四个一样"——北1–5–65注水井、"五把铁锹精神"——创业庄、"缝补厂精神"——缝补厂旧址、"干打垒精神"——红旗村干打垒建筑群遗址、"回收队精神"——铁人回收队、"铁人精神"——萨55井，正是因为这些空间场所具有"无形"的价值和意义，才被列入遗产保护名录中。

因此大庆石油工业遗产的无形遗产可以看作是对有形遗产的一种叙述方式，体现了当时石油企业和石油工作者的共同价值观。这正如史密斯所说的"遗产是无形的，遗产作为一个文化过程，价值观和意义才是遗产保护和管理的真正对象。"[52]

大庆石油工业遗产的无形遗产缺少石油工业技术工艺知识、石油文化艺术与社区文化等。虽然在国家级保护名录中提到了"社区"和"大量的史料"，但是这些都是很笼统的概念，需要将这些概念细化到具体的方面。

通过对大庆石油历史文献资料的整理，研究团队也发现了很多遗存可以作为无形遗产要素进行保护，例如：油田自主研发的一些钻井技术、注水技术与采油工艺技术等，表现石油工业生产的宣传画和诗歌，以及油田建设初期（城市建设初期）形成的"工农结合"的居住点布局模式，它们都可以作为无形遗产要素进行保护。

5.6
中国石油系列遗产的类型特征及关联性因素分析

通过上文对玉门石油工业遗产、克拉玛依石油工业遗产、延长石油工业遗产和大庆石油工业遗产的类型学分析研究，研究团队发现四个油田的石油工业遗产在类型构成体系上存在一些共同点和不同点。本节以石油系列遗产的类型构成体系为依据，对四个油田的石油工业遗产的类型进行对比分析，其目的是总结出中国石油系列遗产在遗产类型方面体现的共性特征。

5.6.1　中国石油系列遗产的整体性类型特征

研究团队将4个油田的石油工业遗产的类型进行量化分析和对比分析，发现它们共同体现了以下几个特点。

（1）中国石油系列遗产的类型构成体系比较完整

通过上文分析可知4个油田的石油工业遗产类型丰富多样，涵盖了石油系列遗产的大部分遗产类型。例如：玉门石油工业遗产包括石油产业链遗产、石油辅助遗产、石油文化精神和石油企业制度遗产，延长石油工业遗产包括石油地质遗产、石油产业链遗产、石油辅助遗产和石油文化精神遗产。虽然每一个油田的石油工业遗产在类型和数量上存在一定的差异，但每一个油田的石油工业遗产类型构成体系都比较完整，基本能够体现一个比较完整的石油工艺流程。

中国石油系列遗产的这一类型特征主要是由于中国油田一般都是一个拥有地质勘探、钻井施工、油田开发、炼油化工以及机械制造等石油工业类型的大型综合性油田，这些大型油田基本涵盖了石油产业链的上游、中游、下游所有组成部门，形成了一些特有的石油技术工艺、工作制度和社区生活模式，保留下来一系列具有历史价值、技术价值、社会和文化价值的石油遗产资源。因此形成了中国石油系列遗产类型构成体系比较完整的特点。

（2）中国石油系列遗产的有形遗产以石油产业链遗产类型为主

这4个油田的石油工业遗产类型中有形遗产的数量最多，所占遗产总数的比重最高。其中玉门石油工业遗产有形遗产占比重为76%，克拉玛依石油工业遗产有形遗产占比重为77%，延长石油工业遗产有形遗产比重为83%，以及大庆石油工业遗产有形遗产比重为78%。这说明目前中国石油工业遗产的保护研更加注重有形遗产的保护。

4个油田的有形遗产主要包括石油地质遗产、石油产业链遗产和石油辅助遗产，并且这三种遗产类型占每个油田的有形遗产的比重各不相同。例如：玉门石油工业遗产中有形遗产只涉及石油产业链遗产和石油辅助遗产两种类型，遗产比重分别为36%和64%，其中石油辅助遗产比重最大。克拉玛依石油工业遗产中三种遗产类型所占比重分别为8%、46%和46%，其中石油产业链遗产和石油辅助遗产比重最大。延长石油工业遗产中三种遗产类型所占比重分别为23%、46%和31%，其中石油产业链遗产所占比重最大。大庆石油工业遗产中有形遗产只涉及石油产业链遗产和石油辅助遗产，比重分别为67%和33%，其中石油产业链遗产所占比重最大。

可以看出克拉玛依石油工业遗产、延长石油工业遗产和大庆石油工业遗产的有形遗产都是以石油产业链遗产为主，也就是说目前石油工业遗产保护更加关注的是与石油工业生产直接相关的遗址和遗迹。

（3）中国石油工业遗产的无形遗产以石油文化精神为主

4个油田中玉门石油工业遗产、延长石油工业遗产和大庆石油工业遗产都包含无形遗产，说明无形遗产在中国石油系列遗产中是一种比较重要的遗产类型。并且目前无形遗产主要以石油企业制度和石油文化精神两种遗产类型为主。将每一个油田的两种无形遗产类型的数量与各自无形遗产总数进行量化分析发现：玉门石油工业遗产中无形遗产只涉及石油企业制度和石油文化精神，其中前者占无形遗产比重的29%，后者占无形遗产比重的71%；延长石油工业遗产中，无形遗产只涉及石油文化精神遗产；大庆石油工业遗产中无形遗产包括石油企业制度和石油文化精神，其中前者占无形遗产比重的38%，后者占72%。

由此可知，玉门油田、延长油田和大庆油田三个油田的无形遗产中石油文化精神数量所占比重最大，这说明目前无形遗产保护更加关注的是石油文化精神，也就是说更加注重石油精神的传承。这是因为这些石油精神基本都形成于新中国建立初期，当时石油工人的工作条件非常艰苦，但是他们在油田的开发建设中都表现出了吃苦耐劳与艰苦奋斗的精神。这些精神使得新中国石油工业得以迅速发展，因此具有重要的价值和意义。

（4）中国石油系列遗产缺失部分遗产类型和遗产要素

对比石油系列遗产的类型构成体系，研究团队发现了四个油田共同缺失的遗产类型和遗产要素。其中石油产业链遗产缺失销售类遗产，即加油站，四个油田的各级保护名录中都没有涉及加油站，并且国家工业遗产保护单位以及各省级工业遗产保护单位也不涉及加油站，这说明加油站这一遗产要素还没有引起足够的重视。团队在梳理中国石油工业发展历史的过程中发现了几处具有较高历史价值的加油站，例如：民国时期美国细亚火油公司在南京建造的一处加油站，现在还保留了加油站的收费亭，这是我国已知历史最悠久的加油站建筑。

石油辅助遗产类型缺少基础设施类型，主要包括道路、桥梁和铁路等遗产要素，目前国家工业遗产保护名单还没有涉及这种遗产类型。但是研究团队在调研过程中也发现了几处值得保护的遗存和现存，例如：玉门老君庙油田附近的西河坝上的石油河老桥（20世纪50年代），大庆油田建设初期为了石油运输建设的通辽铁路（1964），它们都具有较高的历史价值，但是都没有被列入任何等级的遗产保护名录中。

除此之外，研究团队还发现石油工业遗产的无形遗产较少涉及石油技术工艺，这说明目前石油工业遗产的保护对遗产技术价值的认知度还不高。同样在研读文献资料时，研究团队也发现了具有一定历史价值的、能够体现中国石油技术工艺发展历程的开采技术和炼油技术，例如：1907年延长炼油房采用的釜式炼油技术，1960年玉门油田发明的侧钻井技术与单管冷输流程技术。这些石油工艺技术可以填补这种遗产类型的空白。

因此，为了形成石油系列遗产的更加完整的认知，在后续的保护研究中可以对比石油系列遗产的类型构成体系的遗产类型和遗产要素，找到更多值得保护的遗产要素来填补缺失的遗产类型。

（5）石油系列遗产的特殊类型——石油地质遗产

需要说明的是，在国家工业遗产保护名录中延长石油工业遗产和克拉玛依石油工业遗产都涉及了石油地质遗产。其中延长石油工业遗产包含张家滩页岩、安沟油苗、油砂和董家河长6油层裂缝三个遗产，克拉玛依石油工业遗产包含黑油山沥青丘遗产。这4个石油地质遗产都属于自然地质类遗迹，虽然它们没有与石油开采、加工、储存及运输等石油工艺流程发生直接的生产关系，但它们是发现石油的地质标志，属于石油勘查的重要组成部分，直接决定了延长油田和克拉玛依油田的建立，因此也具有重要的价值和意义。

5.6.2　中国石油系列遗产类型特征的关联性要素分析

通过上一节的分析可知，4个油田的石油工业遗产在类型构成上共同体现出一些特点，为了更加深入地解读这些特点，本节将对可能影响石油工业遗产类型特点的关联性要素进行分析讨论。

1. 中国油田发展模式与策略

中国石油工业发展跨越了百年历程，新中国成立前的油矿建设发展主要以勘探开发和炼制加工为主，例如：延长油田、独山子油田以及玉门油田。新中国成立后，油田开发建设的目标基本上都是建造一个集勘探、钻井施工、油田开发、炼油化工、交通运输及机械制造等工业类型于一体的大型综合性油田，例如：大庆油田、克拉玛依油田和大港油田等。因此，每一个油田在开发建设过程中都包含了石油产业链的上游、中游和下游，涉及了地质勘察—物探—钻井—采油—运输—加工等环节和工艺流程，因此石油产业链遗产类型丰富。

此外中国油田的建设发展往往经历一个从无到有的过程，除了石油产业链的建设，还建设很多的辅助生产和生活配套设施，例如：供水系统、机械设备厂及物资供应站等辅助生产工业区，以及石油工人居住点、学校、疗养院、医院等石油工人生活空间场所，这样就逐渐形成了具有一定规模的石油城镇，因此也就遗留下来类型丰富的石油辅助遗产类。例如：克拉玛依油田的101窑洞、大庆油田的西水源、玉门油田的石油工人疗养院及延长油田的石油工人何延年窑洞等。因此，中国石油系列有形遗产丰富的类型与中国油田的发展模式具有很大的关联性。

2. 当前石油系列遗产价值评价的关注点

另一个影响中国石油系列遗产类型特点的因素是在遗产价值评价体系下，现代工业遗产的保护研究更加关注遗产哪方面的价值和意义。从现有的石油系列遗产保护名录来看，有形遗产更加关注的是遗产的历史价值，即遗产的年代价值、物证价值和稀缺价值等价值因素。例如：中国陆地第一口井（延一井）、中国第一个炼油房（延长石油厂的炼油房）、新疆第一口井以及大庆油田发现井（松基三井）等，都强调的是石油工业发展的"第一"，也就是物证价值。

在石油系列遗产要素的选择上年代价值也是一个重要的考虑因素。目前所有遗产类型选择的保护对象都是选择年代比较久远的，经过统计分析发现石油系列遗产的建造时间主要集中在20世纪初和20世纪中叶这个时间段，这在后文的分析中将会进行详细的说明。

中国石油系列遗产的无形遗产主要包括石油文化精神和石油企业制度，例如：延长油田的"埋头苦干精神"、玉门油田的"玉门五种精神"、大庆油田"铁人精神"等集体精神和个人精神；大庆油田的"岗位责任制""三老四严"、玉门油田的"巡回检查制"等石油企业制度。这可以看出无形遗产的评价更加关注的是石油系列遗产的社会文化价值。

石油系列遗产的价值评价关注点影响了遗产类型和遗产要素的选择，如果想要在后期石油系列遗产的保护过程中填补空白的遗产类型和遗产要素，就需要不断扩展遗产价值评价的关注点或者建立比较完整的石油系列遗产价值评价体系。

3. 地域文化和外来文化对石油系列遗产建筑的影响

石油系列遗产的石油辅助遗产类型涉及很多建筑类型，这些建筑一般都具有比较鲜明的地域特色，例如：大庆油田早期建设的石油工人居住的干打垒建筑群就是在当地民居"干打垒"建筑形式的基础上进行了技术改进，并且延续了民居建筑外观形式；延长油田石油工人何延年居住的窑洞则传承了陕北的窑洞建筑形式；玉门老君庙油田西河坝两侧遗留的简陋窑洞则是直接利用山体挖成的临时居住空间。这些居住建筑主要是由于油田建设初期各方面条件都比较艰苦，为了快速解决石油工人的生活问题，一般会采用当地的居住建筑形式，因此遗留下来很多具有地域特色的建筑形式。

除此之外，玉门油田和克拉玛依油田的部分建筑遗产还具有比较明显的苏式建筑特征，例如：独山子石油工人俱乐部、独山子职工子弟学校旧址、玉门油田的石油工人疗养院和专家招待楼。这主要是由于在20世纪50年代初期，我国和苏联建立了中苏石油合作公司共同开发建设油田，于是很多苏联专家到我国进行石油开发建设的指导研究，各个油田为了满足他们工作和生活的需求建造了仿苏式建筑。同时为了体现中苏友谊，很多与石油工作、学习和生活相关的建筑也采用了苏式建筑风格，这种风格的历史建筑也因此成为中国石油发展历史进程的一种见证。

6

中国石油系列遗产的
时空格局分析

　　每个油田都包含了类型多样的石油工业遗产，它们形成于不同的历史时间、分布于不同的空间区域。这些遗产点是否形成了共同的独特的时空格局特征？这些特征与哪些因素具有关联性？哪一种因素的关联性最直接？……对这些问题的研究分析将直接影响针对石油系列遗产后续的系统性保护方法和保护策略的制定。因此本章将每个油田的所有遗产点作为一个整体，运用GIS空间分析、叠加分析和统计分析方法对4个油田的石油工业遗产进行时空格局特征的历史学分析，讨论每个油田的石油工业遗产的时空格局的整体性特征，以及影响这些特征的关联性因素。这对于认识中国石油系列遗产的整体性特征具有重要意义。

6.1
延长石油工业遗产的时空格局分析

　　本节以被列入中国工业遗产保护名录（第一批）的"延长油矿"的10个有形遗产点为研究对象，对其进行时空格局的整体性分析，探讨遗产呈现的时空格局的整体性分布特点及其可能影响时空格局特征的关联因素。

6.1.1　延长石油工业遗产的建造时间相对集中

　　依照延长石油发展的历史分期对其工业遗产的遗产类型与建造时间（发现时间）进行统计分析，得到遗产建造时间分布区段图（图6-1）。

　　这里有两点需要说明：其一，延长石油工人何延年窑洞（东征会议旧址）的建造时间并不清楚，它被列为石油工业遗产的一个重要原因是，1936年毛泽东等领导同志在这里主持召开了著名的"东征会议"，因此本书以这次重要历史事件的时间作为它的遗产时间节点。其二，三处遗产——安沟油苗与油砂、董家河长6天然裂缝与张家滩页岩都属于石油地质遗产，根据现阶段掌握的资料，这三处石油地质发现的时间是20世纪50年代。我们以此作为遗产时间节点。

　　从延长石油工业遗产建造时间统计分析可以看出，有2个遗产点分布在清末石油

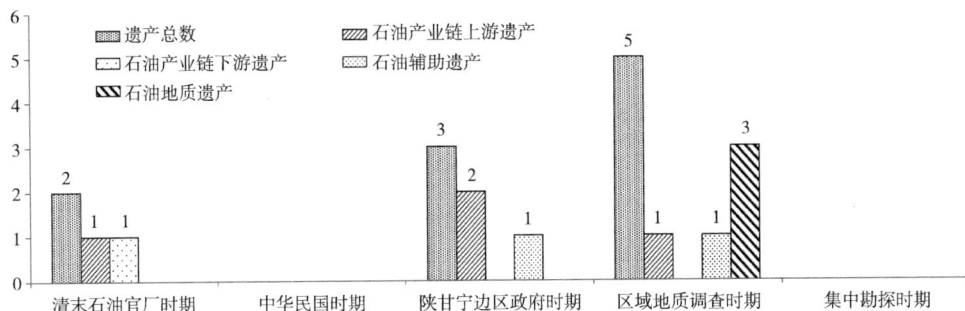

图6-1 延长石油工业遗产建造时间分布图

官厂时期，3个遗产点分布在陕甘宁边区政府时期，以及5个遗产点分布在区域地质调查时期。其中前两个时期属于延长石油工业起步阶段，后一个时期属于延长石油工业探索阶段，这样就形成了延长石油工业遗产建造时间相对比较集中的特点。

为了进一步解读延长石油工业遗产比较集中的时间分布特点，我们对遗产建造的历史背景进行关联性分析。

"19世纪五六十年代西方资本主义国家以'洋油'输入中国，逐渐垄断中国的石油市场，为了抵制'洋油'的倾销，国人开始发展起自己的石油工业。当时德、日等国企图夺取我国陕北地区的石油开采权，陕北各界人士群起抗争，并纷纷主张自办陕北地区的石油工业。"[4] 于是，1905年清政府计划开办了延长石油厂，并对延长县周围进行了石油勘查工作，并于1907年在延长县成功钻成了中国陆上第一口油井——延一井，延一井的出油填补了我国民族石油工业的空白，因此，延一井具有重要的历史价值和意义。

1935年，中国共产党接手延长石油厂，开始了轰轰烈烈的油田开发及战后重建。1941年9月，七里村1号井出油，从此拉开了七里村油田开发的序幕。后来陆续钻探了七2井、七3井、七4井和七5井，其中七1井和七3井是高产井。七里村油田的发现为抗日战争及解放战争提供了大批物资，并有力地支援了抗战。因此，陕甘宁边区政府时期遗留下来的石油工业遗存具有重要历史价值和意义。

"新中国建立之后，中国共产党决定率领人民甩掉'贫油'与'落后'的帽子。"[3] "1950年燃料工业部召开了第一次全国石油工业会议，把河西走廊和陕北盆地列为勘探重点。当年9月在西安成立了西北石油管理局，并组建了陕北石油勘探大队，其主要任务是进行路线地质调查和重力粗查。"[86] 到1952年，西北石油勘探地面普查面积

20314平方千米，重力探勘29798平方千米，其中包括延长张家滩页岩、董家河长6天然裂缝和安沟油苗、油砂露头处的地质构造调查。1952年正式开钻了延深探一井，其目的是了解陕北盆地沉积岩沉积情况及各纪系的油储与生油层情况，这是延长油田的第一口深探井。这段时期对陕北地区的勘探不仅对延长油田的后续发展至关重要，对于我国后续勘探策略的制定也具有重要的意义。因此这时期的石油工业遗产主要以石油地质遗产和石油勘探遗产为主。

通过以上的分析研究，说明已经被列入工业遗产保护名单的延长石油工业遗产的建造时间主要集中在清末石油官厂时期、陕甘宁边区政府时期和区域地质调查时期三个时期。这三个时期的油田建设开发对于当时中国的政治、经济和石油工业发展都具有特别重要的历史意义，因此这三个时期遗留下来的石油工业遗存具有重要的历史价值、经济价值和社会价值。

6.1.2 延长石油工业遗产的空间分布特点

本节将10个延长石油工业遗产的有形遗产点作为一个整体进行遗产空间分布特征的讨论分析，并且为了比较深入地解读遗产呈现的空间分布特征，将遗产和延长县自然水系统和道路系统进行关联性研究。

1. 延长石油工业遗产呈现"集中式"空间分布特征

经过空间区域分布统计分析可以看出，七里村镇分布的石油工业遗产数量最多，共涉及5个遗产点，占遗产总数的50%，石油工业遗产类型包括石油产业链上游遗产、石油产业链下游遗产和生活类遗产三种类型。七里村镇是遗产类型最多样的一个空间区域，形成了延长石油工业遗产空间分布呈现出相对集中的特点（图6-2）。

为了解读延长石油工业遗产"集中式"的空间分布特点，我们将遗产与当时的历史背景和油田开发策略进行关联性分析。

依据前文对延长石油工业遗产建造时间的研究可知，在陕甘宁边区政府时期和区域地质调查时期，延长油田重点勘探开发的油田就是七里村油田。

自1935年中国共产党接管陕北探勘处和延长石油官厂以后，为了支持抗日战争和解放战争，保证边区工业生产和经济建设中石油产品的供给，中国共产党开始加大延长县石油的勘探力度。1941年8月，七1井井喷标志着七里村油田的发现，自此七里村油田成为当时重点勘探开发的油田。并且当时为了方便原油加工，1947年延长石油厂

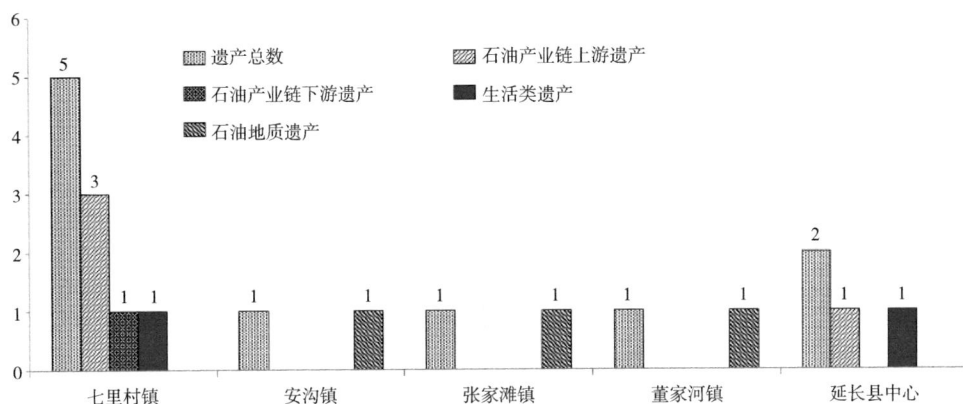

图6-2 延长石油工业遗产空间分布统计分析图

迁址到七里村镇。七里村镇就成为当时延长石油生产与生活的中心。

七里村镇遗留下来大量的石油产业链和石油辅助类遗址和遗迹，如七1井和七3井、延长石油厂以及苏联专家招待所等。这些遗存见证了延长石油厂为中国石油工业的发展和建设发挥的重要作用，具有重要的历史价值和经济价值。

2. 延长石油工业遗产呈现"线性"总体空间分布特点

从所有遗产点的总体空间分布来看，延长石油工业遗产空间分布的另一个特征是"线性"特征。

首先，利用GIS技术将遗产点与七里村镇、安沟镇和张家滩镇的主要水系（延河和安沟河）进行关联性分析，并以水系周围200米为空间缓冲区，发现延长石油工业遗产点全部分布在这个空间缓冲区范围内（图6-3）。

为了进一步说明遗产点和水系之间的紧密性，我们以两个水系为基点对遗产点与水系之间的距离进行量化分析，分析结果如图6-4所示。从遗产点的整体分布及变化趋势来看，随着与水系距离的增大，遗产点呈现递减趋势，并且遗产数量波动较大，但遗产点主要集中在距离300米之内，500米以外没有遗产点。这反映了遗产距离水系越近、数量越多，对河流水域的依赖性越强。

结合遗产的建造时间来看，随着时间的推移，延长石油工业遗产在缓冲区数量呈现递减趋势。这主要是由于我国早期石油工业在开采、加工及运输等方面存在很大困难，对水系的依赖度较大。后期随着我国逐渐进入快速发展阶段，石油技术工艺的不断改进、交通体系的不断发展，使得石油工业对水系的依赖逐渐降低。

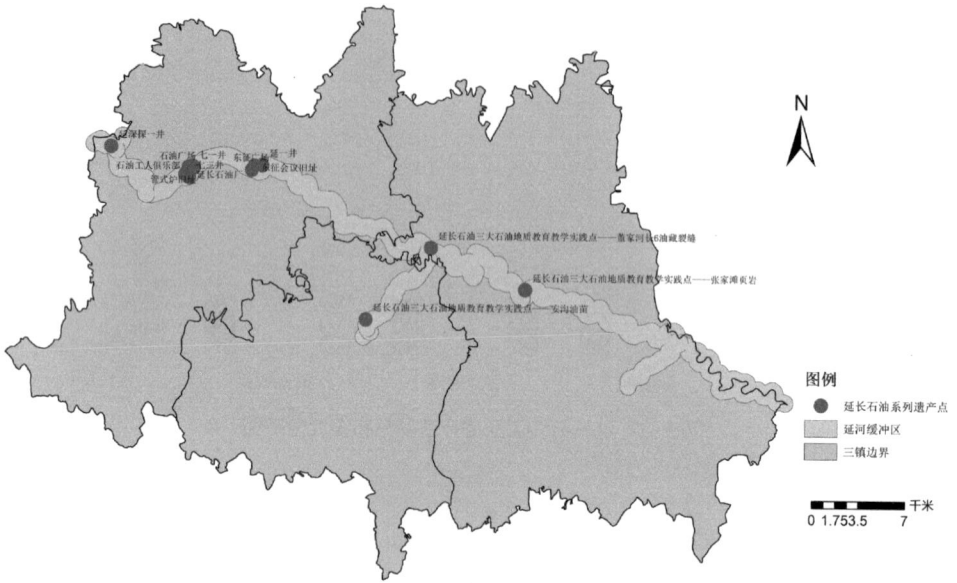

图6-3　遗产点与河流水系缓冲区图示图

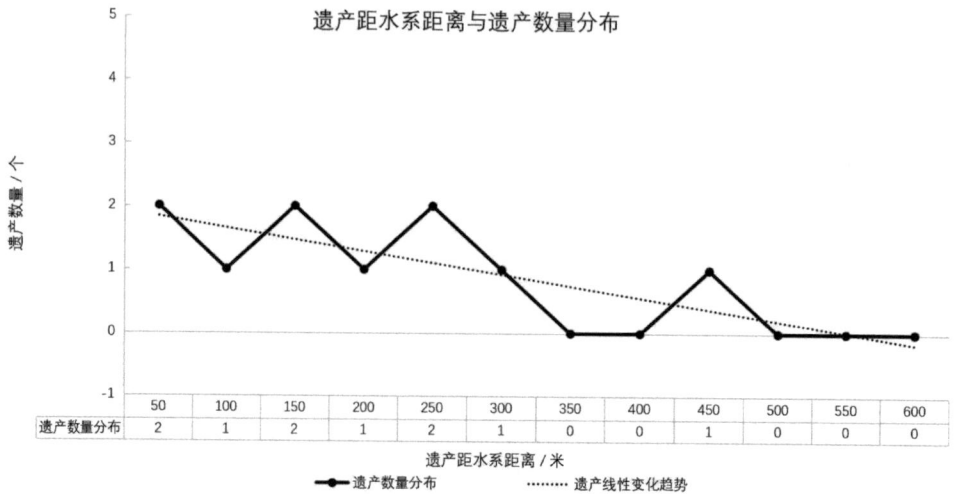

图6-4　遗产数量和距水系距离变化图

其次，利用GIS技术将延长石油工业遗产点与三个镇的主要道路网进行关联分析，并且以主要道路网（G520、G6521、G210等公路）200米以内为缓冲区（图6-5）。从图中可以看出，延长石油工业遗产点呈现"线性"分布在七里村工业区，主要在运输线的周边布置了采油区、油库与炼油厂等。同时遗产点建设避开了繁闹的商业区与

图6-5　主道路缓冲区图示

居住区，有效避免了工业生产对居民生活的干扰。新的交通体系对石油工业原料运输、加工及石油销售产生重要影响，进而影响了城市发展空间形态。

　　同时为了进一步说明遗产点与主要道路之间的紧密程度，我们将遗产点与道路的距离进行量化分析，分析结果如图6-6所示。从遗产点的整体分布可以看出，随着遗产点与道路之间的距离增大，遗产数量逐渐减少。

　　这主要是由于延长石油工业发展的早期石油运输艰难，主要以原有的延安到西安的山路为主，后来为了便于石油运输又修筑了多条公路运输路线，并且在公路的沿线布置了油库、炼油厂及炼化厂等工业区。这些工业区以交通运输线串连，使得延长石油工业遗产点呈现"线性"分布特征。新中国成立前后，延长县道路建设快速发展，工厂开始向城市主干道聚集，呈现出以G520公路和G6521公路为主轴横向发展的趋势。后来随着城市道路建设规模不断扩张，带动了延长石油工业向交通路线聚集，逐渐形成向外放射蔓延的工业格局。

　　综上所述，延长石油工业遗产空间分布除了与河流水系有关，还与城市的交通系统密切相关。正是在这两个主要因素的影响下，延长石油工业遗产呈现"线性"总体空间布局的特点。

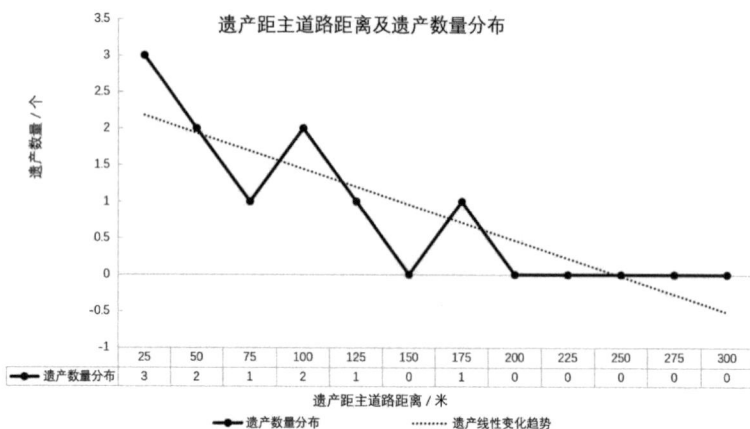

图6-6　遗产距主道路距离与遗产数量分布图

6.2
玉门石油工业遗产的时空格局分析

6.2.1　玉门石油工业遗产的建造时间相对集中

　　本节以第五章统计分析的玉门石油29个工业遗产点为研究对象来分析其时间分布特征，同时分析研究可能影响遗产点时间分布特征的关联性因素。

　　玉门油田可以划分为6个历史阶段。本节依据玉门油田发展的6个历史阶段分别对玉门石油工业遗产时间进行统计分析，得到遗产时间分布区段图（图6-7）。

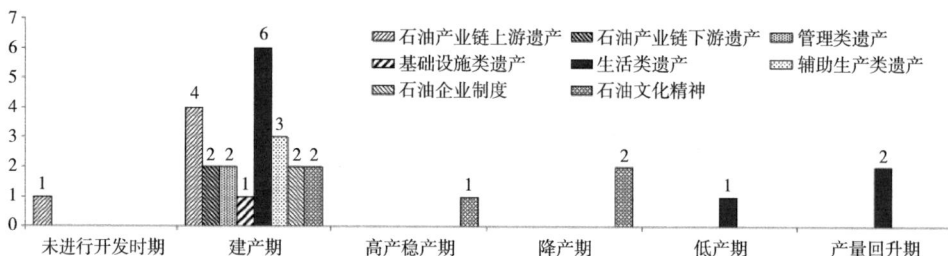

图6-7　玉门石油工业遗产的时间分布统计分析图

从时间分布图可以看出玉门油田建产期的遗产点数量最多，共涉及22个遗产点，其中包括18个有形遗产点和4个无形遗产点。

玉门石油工业遗产相对集中的时间分布特点可以从以下几个方面进行关联性解读。

第一个方面，抗日战争时期国内对石油资源开发的迫切需求。当时我国沿海各主要城市及大片土地相继被占领，内地和海外的石油进出口通道被拦截，国内基本断绝"洋油"来源，因此这个时期需要尽快开发中国自己的石油资源，建立中国自己的现代石油工业。当时玉门油田被认为是国内加快开发石油资源最有利的地区，于是1938年国民党政府决定开发玉门油田，并于同年6月组建甘肃油矿筹备处，12月组成勘探队进行了测量地形、勘查地质及确定井位等工作，自此正式开始玉门石油勘探。[97]

1939年玉门老一井出油，进而发现了K油藏，至此玉门老君庙油田正式投产。此后相继于1941年4月开钻老四井时发现L油；同年10月老八井发生强烈井喷，进而发现一个高产油田；1945年4月发现M油藏，并以L油藏作为重点加以开发[93]。到1949年，玉门油田实际探明可采储量1700多万吨，年产原油7万多吨。在将近11年的开发中，玉门油田共生产原油52.48万吨，约占全国同期产量的90%以上，并且可以炼制汽、煤、柴油等12种成品油，成为当时规模最大、产量最高、员工最多及工业技术领先的现代石油矿场。玉门油田为中国石油工业的发展做了必要的技术、经验和人才准备，奠定了新中国石油工业发展的基础。[94]

第二个方面，新中国成立初期需要快速解决国内石油产能不足的问题。新中国成立初期石油产业十分贫乏，石油资源情况尚未探明，石油产量仅能满足国内需要的25%[3]。为了尽快解决这种紧迫的局面，1953—1959年间，中央组织石油工作者先后对中国西北、四川及东部地区进行了勘察[78]。玉门油田作为新中国国民经济恢复时期石油工业发展的重点，相继开发了鸭儿峡油田、石油沟油田、白杨河油田和单北油田。同时还寻求技术突破，创造了大量的新技术与新方法，产生了大量的管理经验和技术经验。到1957年，原油年产量达到75.54万吨，约占全国当年原油产量的87.78%，原油年加工量达到36.88万吨，并且可生产29种石油产品，至此玉门油田被建设成了我国第一个天然石油工业基地。[94]

第三个方面，新中国建设初期玉门油田在完善和扩建老君庙油田的基础上，玉门市城镇建设有了飞速的发展。这个时期的玉门市开始进行城市规划布局，城市进入了大规模建设时期，开始大批量建造住宅和宿舍，也开始关注油矿工人的生活文娱需求，并着重对城区文化卫生设施进行建设。这一时期玉门油田建成了油城公园、石油工人文化宫及石油职工医院等公共建筑空间，还新建了玉门石油管理局、玉门市委办公楼及专家楼等管理建筑[147]。因此这个时期遗留下来了一定数量的石油辅助遗产类型。

由此可见，建产期的玉门油田作为我国重点建设的油田，有力地支援了抗日战争和新中国石油工业发展建设，奠定了我国石油工业发展的基础，成为中国石油工业发展史的重要组成部分，因此这个时期的石油工业遗存和遗迹具有重要的历史价值和意义。

6.2.2 玉门石油工业遗产的空间分布特点

本节以22个有形遗产为研究对象来探讨玉门石油工业遗产的空间格局特征及其关联性影响因素。首先利用GIS技术绘制了22个遗产点的空间分布图（图6-8），并将玉门石油工业遗产类型和城镇空间区域进行数量统计分析，最后将石油工业遗产点和油田空间分布、城市空间布局及城市交通路网的基础图进行叠加分析，得出玉门石油工业遗产在空间分布上具有以下两个主要特点。

1. 玉门石油工业遗产呈现"集中式"的空间分布特征

通过分析研究玉门石油工业遗产（有形遗产）的空间分布图以及遗产类型在城镇空间区域的分布数量统计图（图6-9），可以得出22个有形遗产点中有19个遗产点分布在玉门老市区，玉门老市区成为遗产数量分布最多城市空间区域，并从玉门石油工业遗产类型的空间分布数量统计图中可以看出，玉门老市区的石油工业遗产类型涵盖了石油产业链上游、中游、下游和石油辅助遗产四种遗产类型，成为遗产类型最为丰富的一个城市空间区域，玉门石油工业遗产的空间分布就呈现出"集中式"分布特点。

为了比较全面的解读玉门石油工业遗产的"集中式"的空间格局特点，我们将遗产点与油田的空间分布、开发策略和玉门市城镇发展演变三个因素进行关联性分析。

玉门石油资源主要分布于酒泉盆地，玉门油田开发的老君庙油田、鸭儿峡油田、石油沟油田、白杨河油田、单北油田及青西油田均位于玉门油区酒西盆地。

其中"老君庙油田是玉门油田最早发现并开发的油田，也是新中国成立前规模最

图例
- 高速公路
- 主要道路（国道、省道、环路等）
- 二级道路（城市主干道等）
- 其他道路（城镇街道、乡村道路等）
- 铁路
- 绿地
- 水域
- 水系

N

0 4.5 9 18 27 36 千米

图例
- ● 国家级重点文物保护单位
- ▫ 省级重点文物保护单位
- ▲ 市级重点文物保护单位
- ■ 县级重点文物保护单位
- ⬟ 无保护等级

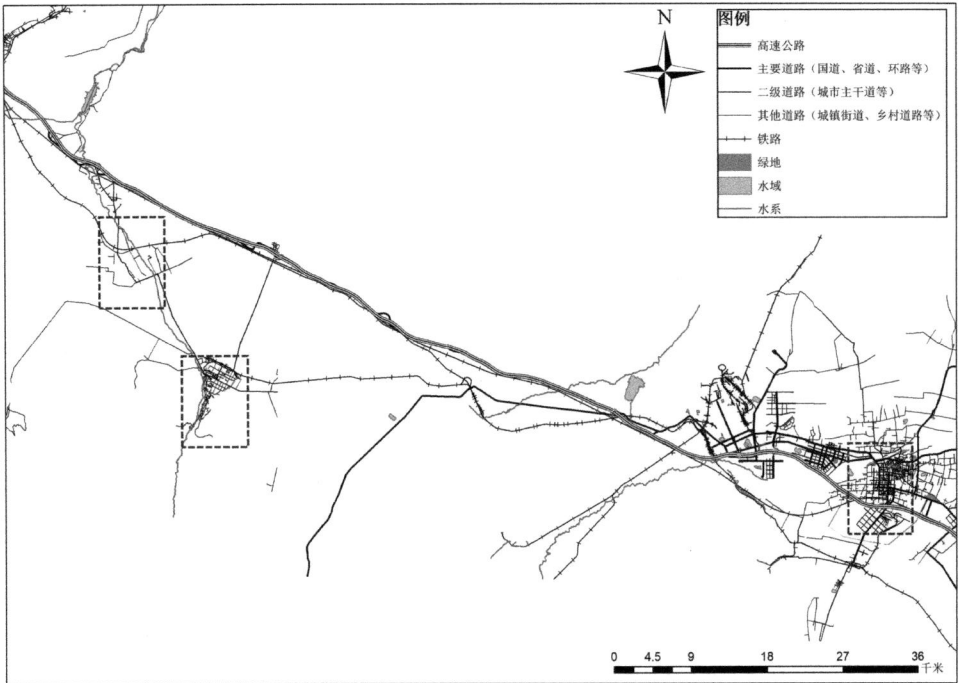

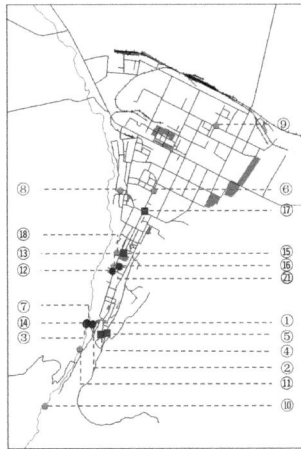

酒泉市玉门市赤金镇　　　　酒泉市玉门市老市区　　　　酒泉市肃州区

注：
①老君庙
②老一井
③老四井
④老八井
⑤王进喜首创钻机整体搬家井
⑥油田运输处
⑦西河炼油厂遗址
⑧玉门炼油化工总厂
⑨机械厂
⑩豆腐台水源
⑪石油河老桥
⑫专家招待楼
⑬玉门市委办公楼，693人防工程
⑭西河坝窑洞
⑮油城公园
⑯油田工人文化宫
⑰石油工人电影院
⑱玉门矿务局医院
⑲石油工人疗养院
⑳"铁人"故居
㉑"铁人"王进喜纪念馆
㉒玉门油田展览馆

图6-8　玉门石油工业遗产空间分布图

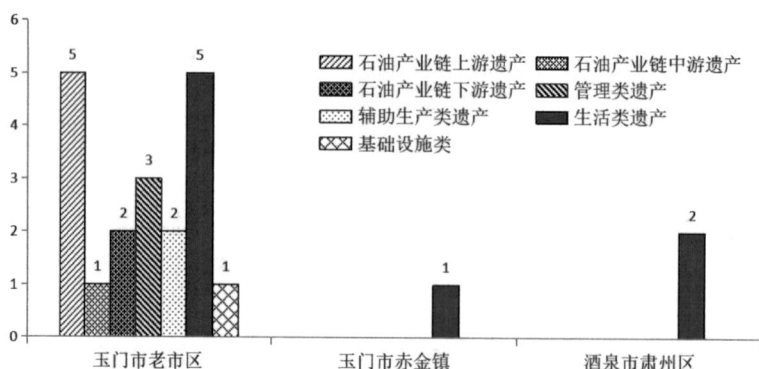

图6-9　玉门石油工业遗产类型的空间分布数量统计图

大和工艺技术领先的石油厂矿"[148]，逐渐形成了拥有地质勘探、钻井、采油、炼油及机修等专业队伍的综合性石油企业。老君庙油田在开发建设、石油炼制、科研技术工艺及企业管理等方面开创了众多的先河，新中国成立后，玉门油田被列入全国156个重点建设工程之一。在新中国成立的最初10年间，老君庙油田仍然是玉门油田重点开发的油田，在机械制造、供水供电、建筑安装和交通运输等方面都有了长足的发展，到1957年，老君庙油田成为中国第一个石油工业基地。1937—1959年间，老君庙油田就遗留下来一定数量的石油生产链遗址和遗迹。

　　老君庙油田地处祁连山脚下且临近石油河，为了就近开采、存储和加工原油，同时也考虑到石油工业生产对水的需求，最初老君庙石油生产区建造在了石油河谷的两侧。后来随着老君庙油田的不断开发，在了临近老君庙油田的石油河旁一块自然形成的、比较平坦的斗形的冲积平原上建设了原油加工场所和石油工人的生活场所，初步形成了玉门油矿区（图6-10）。此后油矿区空间范围从南向北逐渐扩展，逐渐演变为集生产区和生活区为一体的综合性油矿区，并且发展成为玉门市的核心发展空间区域，即现在的玉门老市区（图6-11）。玉门老市区就遗留下一定数量的、与石油物质流动和石油资金流动相关的遗址和遗迹。

　　玉门老市区城镇建设先后经历了七个主要的历史阶段：矿区建设期、大规模建设期、建设调整期、建设停滞期、迅速发展期、稳步发展期以及建设停滞期[147, 149]。

　　矿区建设期的玉门油田初步制定了矿区发展规划，矿区规划将玉门矿区建设于石油河畔，南边建有井场，北边建有炼油厂，中间建设为石油城，住宅设置于北坪，并确定了南坪、中坪、北坪、八井、西河、东岗及四台等地名。玉门老市区经过两年的

1 四台炼油厂　9 大礼堂　18 电厂　27 釜式炼炉　35 矿场实验室
2 乙种宿舍　10 祁连别墅　19 小广场　28 圜门宿舍　36 老医院
3 丙种住宅　11 小食堂　20 南坪住宅　29 第二宿舍　37 第一宿舍
4 丁种住宅　12 商店　21 长城公司　30 矿区水库　38 第三宿舍
5 小公园　13 矿厂段　22 子弟小学　31 浴室　39 矿场机修部
6 食堂　14 油罐　23 机房　32 土油池
7 新宿舍　15 邮局　24 石油河桥　33 矿场储油罐
8 总办公所　16 医院　25 炼油厂　34 矿场办公室
　　　　17 机厂　26 老君庙　玉门石油工业遗产

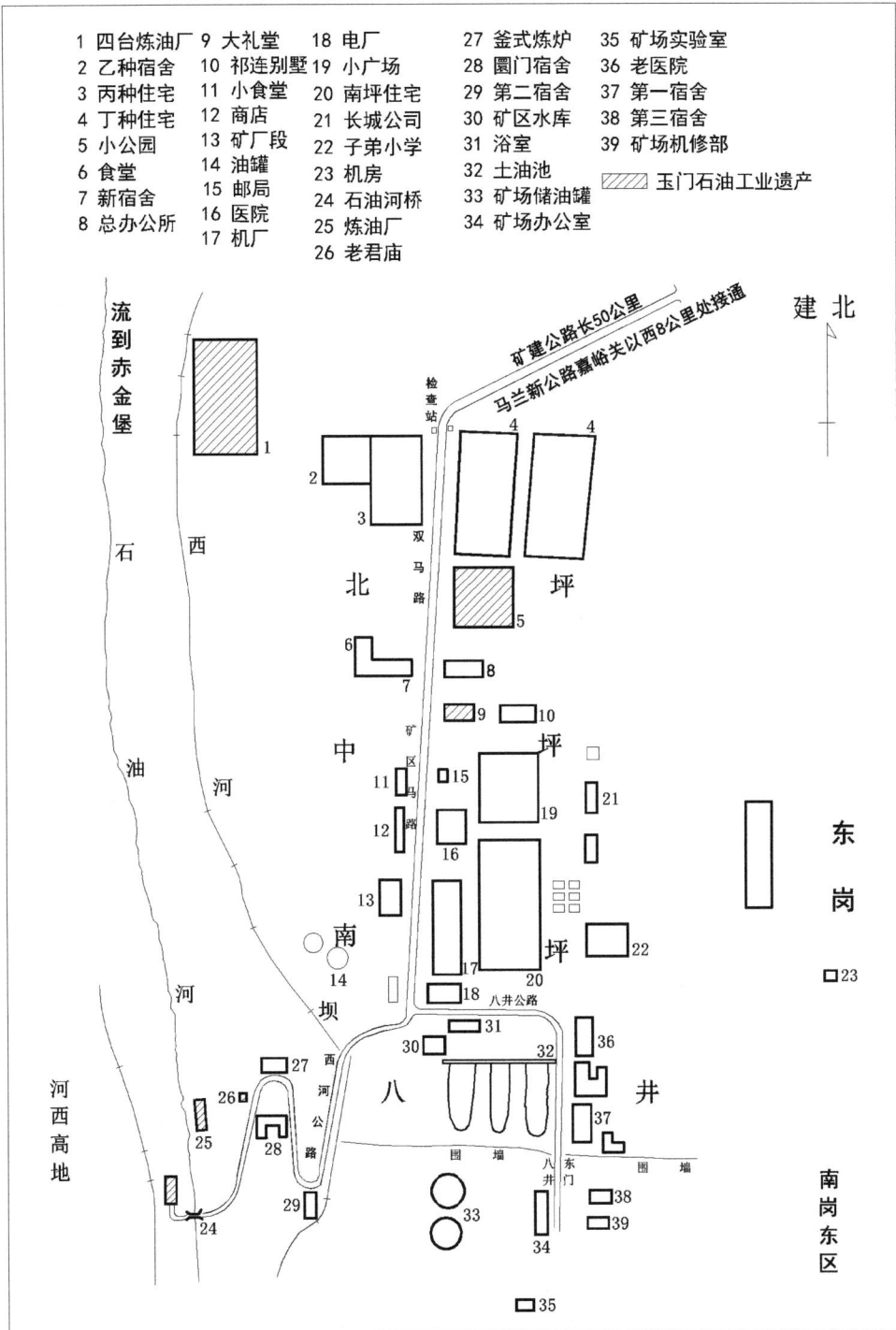

图6-10　1945年玉门油矿区平面示意图[146]

-159-

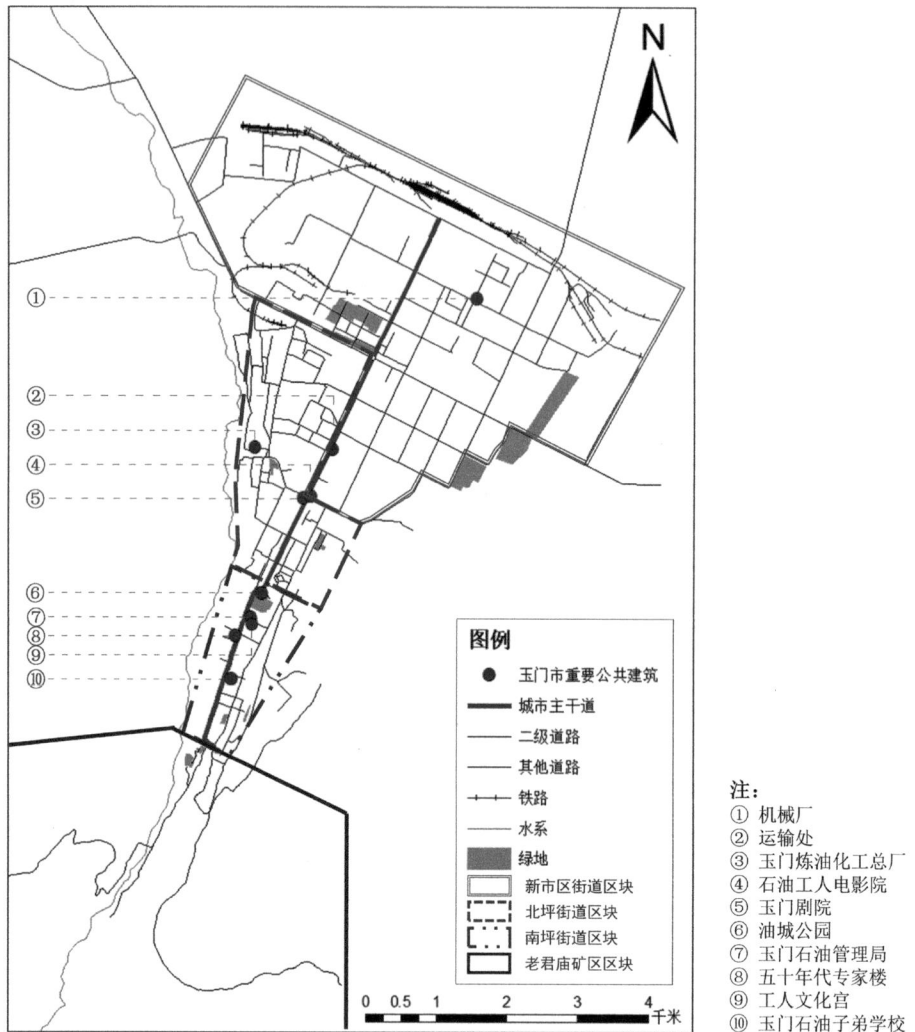

图例

● 玉门市重要公共建筑
━━ 城市主干道
── 二级道路
── 其他道路
╫ 铁路
── 水系
▓ 绿地
▢ 新市区街道区块
▢ 北坪街道区块
▢ 南坪街道区块
▢ 老君庙矿区区块

0 0.5 1 2 3 4 千米

注：
① 机械厂
② 运输处
③ 玉门炼油化工总厂
④ 石油工人电影院
⑤ 玉门剧院
⑥ 油城公园
⑦ 玉门石油管理局
⑧ 五十年代专家楼
⑨ 工人文化宫
⑩ 玉门石油子弟学校

图6-11　玉门老市区空间格局形态（现状图）

建设，矿区整体布局已初具雏形[150]。这时期玉门老市区的建设主要集中在南部老君庙油田矿区，矿区空间功能主要以满足石油生产需求为主，建造了老一井、老四井、老八井及西河炼油厂，此外为了满足油矿矿工生活需求还建造了西河坝窑洞和石油河老桥。

大规模建设期的玉门矿区规模不断扩大，矿区由南向北延伸，开辟了新市区，初步形成了南坪、北坪及新市区的基本油矿空间格局，并于1955年12月正式成立玉门市。这时期的玉门油田主要扩建了油矿区的南坪空间区域，这一空间区域成为当时玉门市的政治、经济、文化及体育活动中心，例如：20世纪50年代专家楼、油城公园及玉门矿务局医院等公共建筑都分布在这个空间区域。因此这个空间区域遗留下来大量的辅助石油类遗存。

建设调整期和建设停滞期的玉门老市区保持了原有的矿区空间形态，并且在迅速发展期玉门老市区又向北开辟了新空间区域，新空间区域主要功能是化工工业园区，同时也分布着多个工业区，主要包括运输处、炼油厂及机械厂。至此玉门老市区形成了比较完整的城市空间布局，城市整体空间格局已经成型。到2006年8月玉门市驻地正式搬迁完成至新市区，即原玉门镇，玉门老市区城市建设进入停滞阶段。

从玉门老市区的城区建设发展来看，玉门老市区的城区空间形态演变始终围绕着老君庙油田开发建设，逐渐演化成集生产与生活为一体的石油城镇，因此遗留下来大量的石油生产与生活遗存和遗迹，也因此形成了玉门石油工业遗产整体呈现"集中式"空间格局的分布特点。

2. 玉门石油工业遗产总体呈现"线性"的空间分布特点

从总体空间分布特点来看，玉门石油工业遗产的另一空间分布特点是呈现"线性"空间形态，即大部分的遗产点都分布在玉门老市区一条南北向的中轴线上。这条中轴线贯穿城市南北，是城市的最主要的一条道路（图6-12）。

为了进一步解读玉门石油工业遗产"线性"分布的空间形态特点，我们将遗产点和老君庙油田的自然环境及玉门老市区的城镇空间格局形式进行关联性分析。

清同治年间，人们开始在石油河东岸悬崖下和干油泉"掘坑取油"，到民国初期土法开采的油区面积约有10余平方公里，1927年石油沟一带开始土法采油。1939年玉门油田开始正式采用现代方法进行采油，逐渐形成了以石油河峡谷为依托的石油开采、生产及加工的空间场所，例如：西河炼油厂遗址、老四井遗址、西河坝窑洞遗址和豆腐台水源遗址都是临石油河而建的，这样就初步形成了以石油河为核心的"线性"石油生产空间形态。

1935年以前，玉门老市区原是一片荒山僻野，远离城镇，没有居民。发现老君庙油田后，由于玉门老市区既临近老君庙油田，又临近石油河谷，并且还是一片地势较高的、独立的、比较平坦的平原。这样的地形地势条件既有利于石油生产，又有利石油工人的生活建设，因此玉门老市区所在的空间区域成为建立老君庙油矿区的最佳地理位置。

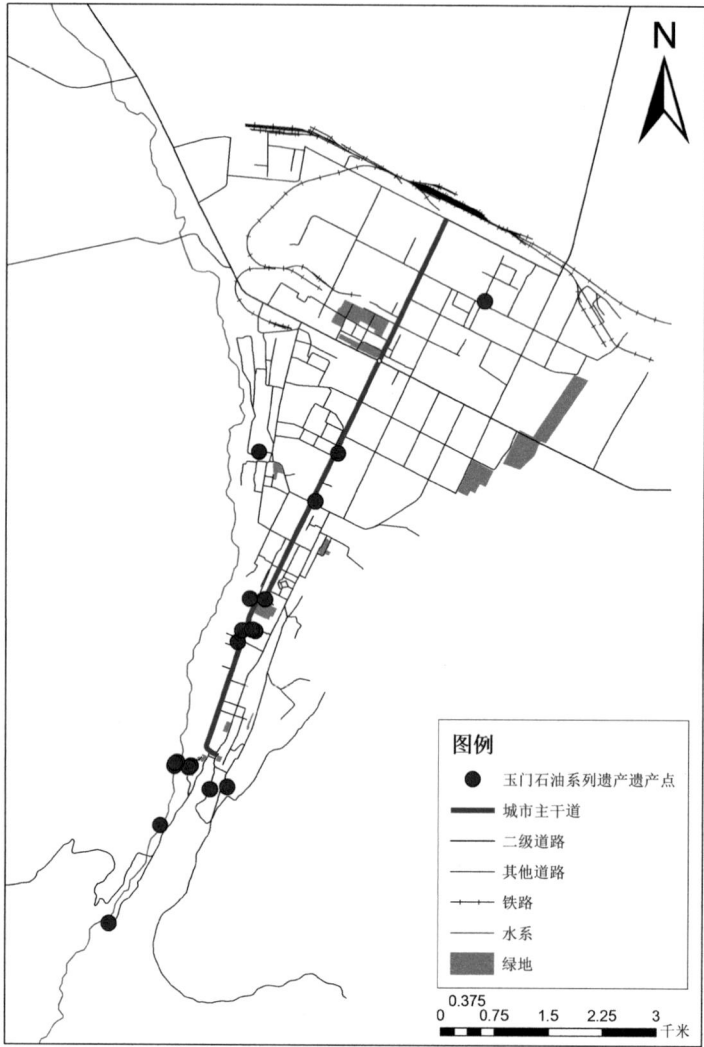

图6-12 石油工业遗产"线性"分布图

由此可见，老君庙油田所在的自然地理环境因素对老君庙油田的石油工业空间格局和矿区建设模式产生了重要的影响，进而也影响了玉门石油工业遗产总体空间呈现"线性"的形态特征。

并且从玉门老市区的整个空间格局演变来看，矿区空间从南向北逐渐扩展，最终形成了斗形的空间形态。玉门老市区在空间布局上有一条比较重要的主干路贯穿矿区南北，成为矿区空间发展的中轴线。新中国成立前这条主道路（矿区马路）是当时唯一一条主干路，并且道路两侧布置了电厂、机厂、邮局、医院及总办公室等重要的石油辅助厂区及建筑，这样初步形成了玉门老市区的中轴线式布局。

新中国成立后，这条主干道路更名为解放路，并且继续向北延伸扩建成了现在的建设路。在解放路的两侧布置了很多重要的公共建筑，如：玉门石油管理局、玉门石油子弟学校、玉门文化宫和玉门剧院等。解放路周围空间逐渐发展成为长条状的带型矿区公共空间区域，也因此这条道路两侧的空间区域遗留下了一定数量的建筑遗存。又因为这些建筑遗存都建设于玉门油田建产期，对应玉门老市区的矿区建设期和大规模建设期，因此石油工业遗产主要集分布在老市区南向的老君庙矿区区块和南平坝街道区块的中轴线带状空间上，因此最终形成了石油工业遗产呈现"线性"空间分布特点。

综上所述，玉门石油工业遗产的空间分布特征主要受到自然地理环境、石油空间分布状况、矿区空间形态等综合因素的影响。

6.3
克拉玛依石油工业遗产的时空格局分析

本节以被列入中国工业遗产保护名录和国家工业遗产名单的克拉玛依石油工业遗产的13个有形遗产点为研究对象，进行遗产点时空格局的整体分析，探讨遗产点呈现出来的空间格局整体性特征及其可能影响这些时空格局特征的关联性因素。

6.3.1 克拉玛依石油工业遗产的建造时间相对集中

克拉玛依石油工业遗产分布在独山子油田和克拉玛依油田，因此在分析研究遗产的时间分布特点时，本节将按照两个油田的历史发展阶段进行统计分析。

从遗产点的时间分布图（图6-13）可以看出，独山子油田的石油工业遗产的建造时间都分布在独山子石油工业发展的前两个阶段：起步阶段和快速发展阶段。油田起步阶段共有3个遗产点，都属于石油产业链遗产。油田快速发展阶段也涉及3个遗产

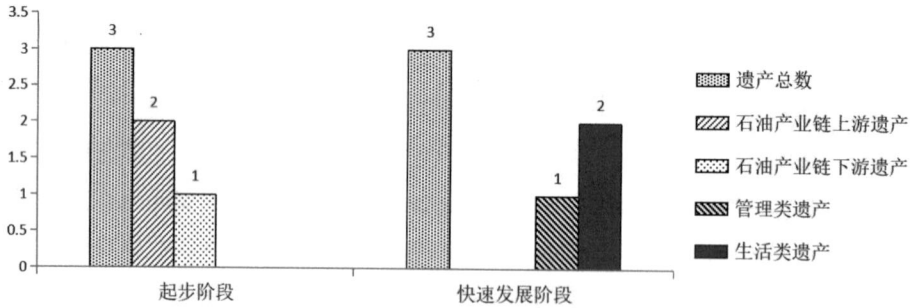

图6-13 独山子油田的石油工业遗产时间分布图

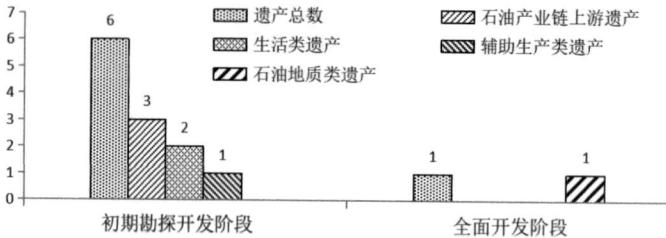

图6-14 克拉玛依油田石油工业遗产时间分布图

点，都属于石油辅助遗产类型。这两个时期遗产数量各占独山子油田石油工业遗产的50%。因此成了遗产建造时间相对集中的特点。

从克拉玛依油田的石油工业遗产点的建造时间分布图（图6-14）来看，油田初期勘探开发阶段的遗产数量最多，共涉及6个遗产点，约占遗产总数的86%，这样也形成了克拉玛依油田的石油工业遗产建造时间比较集中的时间分布特点。

克拉玛依（地区）石油工业遗产相对集中的时间分布特点可以从以下三方面进行关联性分析。

第一个方面，从中国石油工业发展历程来看，在新中国成立之前，独山子油田是当时中国三个著名的油矿之一，承担着石油开采和加工的主要任务，对中国当时的石油工业发展起到了重要作用。因此这个时期遗留下来的有形遗产具有重要的价值和意义。并且独山子油田在发展的起步阶段形成了一个比较简单的石油产业链，建成了一个集钻井、采油与炼油为一体的综合性石油矿区。因此这个时期遗留下来一定数量的石油产业链遗存，如：新疆第一口油井、独山子第一套蒸馏釜遗址以及独山子油田遗址等遗产。

第二个方面，新中国成立以后，由于国外对中国石油进口的封锁，使得我国必须尽快解决石油无法自给自足问题。因此从1951年开始，我国恢复和扩大了独山子油田的开采和加工，开展利用现代正规技术的石油勘探，这使得独山子石油工业进入快速发展期。到1956年，独山子油田勘探开发有了很大的进展，采油量超过3万吨成为新疆原油生产的主力军。

并且在独山子油田的快速发展期矿区的管理者为了更好地保证油田的生产，提高石油工作者的日常工作环境和生活质量，初步将矿区划分成为生产区和居住区，建造了一些供石油工作者学习、休息及其娱乐的公共建筑。"到1958年，独山子区共有房屋220栋，建筑面积约10万平方米。"[101]因此这个时期遗留下来了一定数量的公共建筑遗存，如：独山子石油工人俱乐部、中苏石油股份公司和独山子职工子弟学校旧址等。由于这些遗存记录了当时石油工作者工作和生活积极状态，保障了油田开发建设的顺利进行，因此具有重要的价值和意义。

第三个方面，为了尽快解决新中国初期石油产量不足的紧迫局面，在1953—1959年间，中央组织石油工作者开始对我国的西北、四川和东部地区进行了勘察。1955年10月29日，克拉玛依一号井的喷油标志着克拉玛依大油田的发现，这是新中国独立自主进行油气勘探取得的第一个大成就。

克拉玛依油田的初期开发阶段为了满足当时国家用油的迫切需要，油田采用了"边勘探、边建设、边试生产"的原则。到1965年底，克拉玛依油田的勘探任务基本完成，并成为新疆主要的原油产地。因此在这段时期克拉玛依油田也遗留下来一定数量的石油勘探与开发类型的石油工业遗存，例如：克拉玛依一号井、采油二厂193井和贝乌40型钻机。

并且，当时为了配合克拉玛依油田的开发建设，还建造了一定数量的石油辅助建筑，例如：黑油山地窖、101窑洞房、机械制造总公司及物资供应总公司等石油工业遗存。这些遗存也是克拉玛依油田历史发展的物质印记，具有重要的历史价值和意义。

6.3.2　克拉玛依石油工业遗产的空间分布特点

1. 克拉玛依石油工业遗产点全部分布在城市辖区

经过空间区域分布统计分析，发现克拉玛依石油工业遗产空间格局的一个重要特点是13个遗产点都分布在城市辖区。其中6个遗产点分布在独山子区，5个遗产点分布

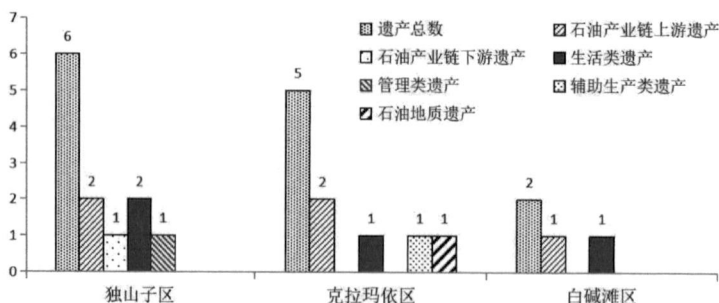

图6-15　克拉玛依石油工业遗产空间分布统计分析图

在克拉玛依区，2个遗产点分布在白碱滩区（图6-15、图6-16），这样就形成了克拉玛依石油工业遗产全部分布在城市辖区的空间分布特点。

为了解读克拉玛依地区石油工业遗产的空间分布特点，研究团队将遗产点与独山子油田、克拉玛依油田的发展历程和克拉玛依城市历史演变进行关联性分析。

独山子区分布了6个遗产点，包括新疆第一口油井遗址、独山子第一套蒸馏釜遗址、独山子油田遗址、独山子石油工人俱乐部、中苏石油股份公司以及独山子职工子弟学校旧址。它们属于石油产业链遗产和石油辅助遗产，约占遗产总数的46%。独山子区是克拉玛依石油工业遗产分布数量最多的城市空间区域。

独山子油田作为克拉玛依地区最早发现与开发的油田，油苗早就为当地人所熟知。1909年成功打出了第一口油井，即现在的新疆第一口油井，1937年1月独山子新建的第一口油井喷油标志着独山子油田的发现。1936—1943年，新疆省政府和苏联政府建立合作关系，在新疆第一口油井的北部建立了集钻井、采油与炼油为一体的独山子炼油厂，开始用现代方法钻探和开采石油。同时为了保证石油生产的顺利进行，独山子炼油厂临近的空间区域还建造了办公室、工人宿舍、材料库、油库以及医院等建筑，形成了比较完整的石油辅助生产体系。至此，独山子油田被建设成为集钻井、采油与炼油为一体的综合性石油矿区（图6-17）。因此，新中国成立之前，独山子油田作为新疆地区唯一的油矿遗留下来了一定数量的石油工业遗存。

1950—1954年间，成立中苏石油股份公司独山子矿务局。当时独山子矿区没有制定详细的科学建设规划，只初步将矿区分为生产区和居住区两部分，其中生产区逐渐向北扩展，居住区则向东扩展，这种空间发展模式直接影响了未来独山子区的空间发展模式（图6-18）。

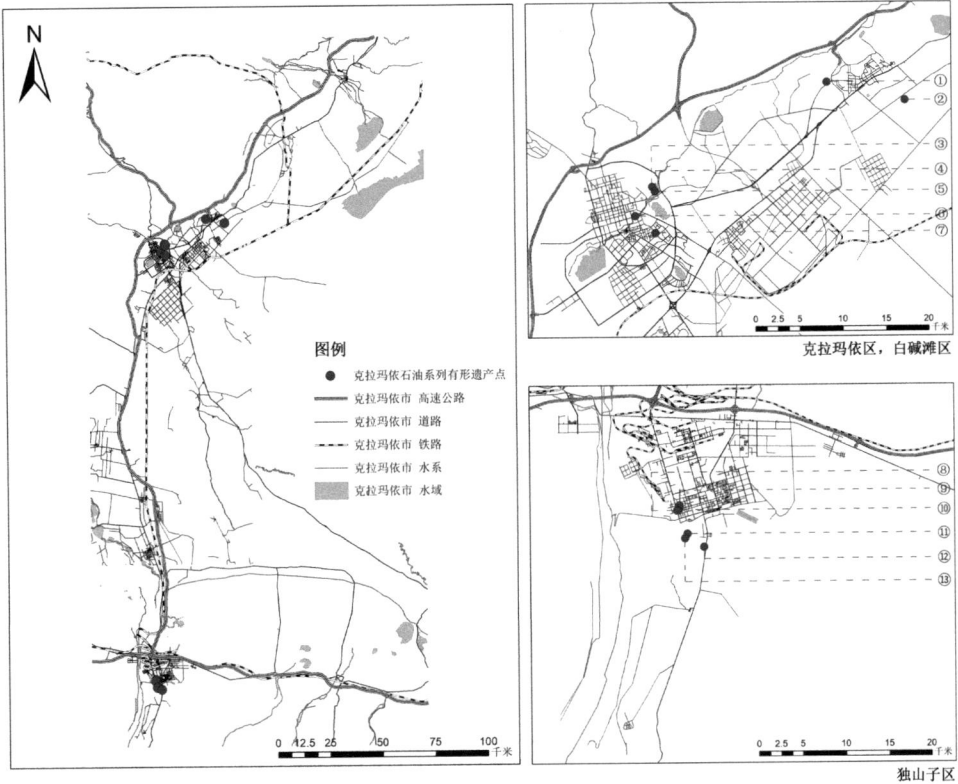

注：
① 101窑洞房
② 采油二厂193井
③ 沥青丘及纪念碑
④ 贝乌40型钻机
⑤ 黑油山地窖
⑥ 机械制造总公司和物资供应总公司
⑦ 克拉玛依一号井
⑧ 中苏石油股份公司旧址
⑨ 独山子石油工人俱乐部
⑩ 独山子职工子弟学校旧址
⑪ 独山子第一套蒸馏釜遗址
⑫ 独山子油田遗址
⑬ 新疆第一口油井遗址

图6-16　克拉玛依石油工业遗产空间分布图

1958年，独山子矿区共有200多栋房屋，约10万平方米建筑面积。除居住建筑以外，还建设了医院、邮电局、银行和职工子弟学校等辅助建筑来满足石油工作者生活和娱乐等的需求，因此，这时期遗留下来一定数量辅助建筑的遗址和遗迹。1958年，独山子矿区归属于克拉玛依市，成立了独山子区，正式成为克拉玛依市的一个市辖区，这样就形成了克拉玛依石油工业遗产分布在城市辖区的空间分布特点。

克拉玛依区分布了5个遗产点，包括克拉玛依一号井、贝乌40型钻机、机械制造总公司和物资供应总公司、黑油山地窖和沥青丘及纪念碑，属于石油产业链遗产、石油辅助遗产类和石油地质遗产，涉及克拉玛依石油工业遗产的全部遗产类型，是遗产

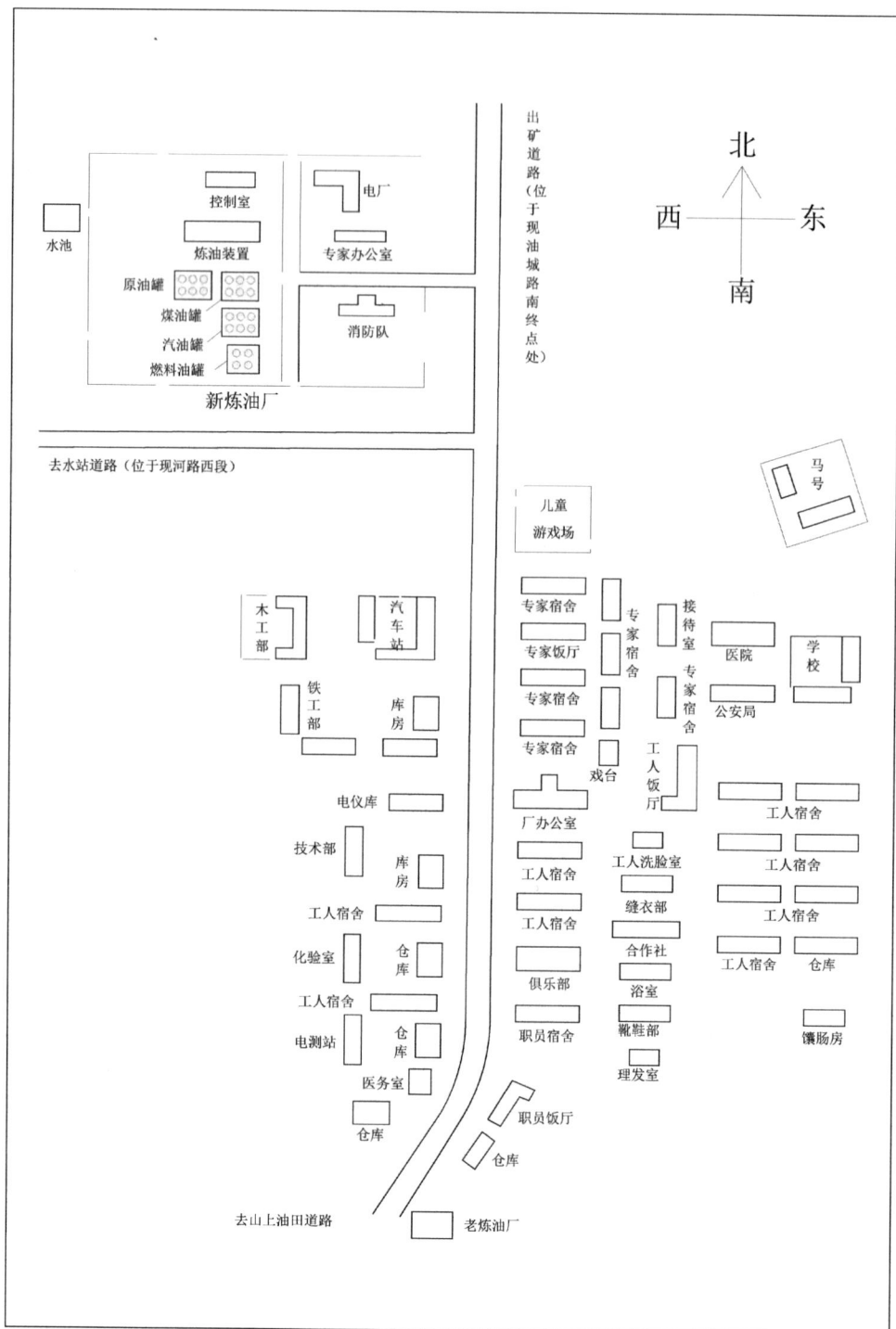

图6-17 1940年代独山子石油矿区平面图

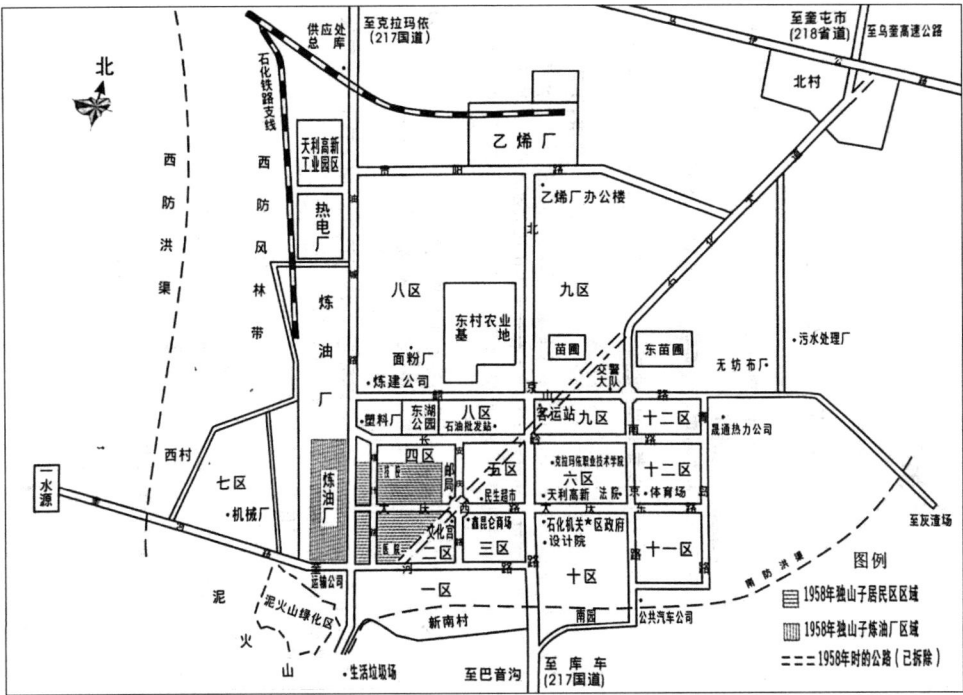

图6-18　独山子城区图（2000年与1958年比较）[101]

图片来源：克拉玛依市独山子地方志编撰委员会. 独山子区志［M］. 乌鲁木齐：新疆人民出版社，2003.

类型分布最多的城市区域。

克拉玛依油田是新疆油气区已发现和开发最大的油田，也是克拉玛依地区最大的油田，地下储油区贯穿克拉玛依区、白碱滩区和乌尔区三个城市辖区。其中克拉玛依区位于克拉玛依市的中部地区，东北角是天然沥青丘黑油山，属于地表石油裸露的区域，分布着很多石油泉，因此，在临近黑油山地区建设了最初的克拉玛依油矿生产区。

并且，克拉玛依油田建设的初期采用的是"边勘探、边建设、边生产"的开发策略，即"油田生产第一、居住区要靠近生产区"的原则。因此在临近克拉玛依油矿生产区，还建造了石油辅助工作区和生活区，例如：小学、医院、纪念馆和宾馆等公共建筑。其中石油生产区位于油矿区的南部，生活区位于油矿区的北部，初步形成了克拉玛依油矿区的空间格局。此后，克拉玛依油矿区的区域范围逐渐向南、向西发展，最终形成了现阶段克拉玛依区的主城区的空间格局，因此在克拉玛依区遗留下来一定数量与石油工业直接相关和间接相关的早期遗存。

通过以上的分析可知，克拉玛依地区的石油工业遗产主要涉及独山子油田和克拉玛依油田，而没有涉及其他油田，例如：小拐油田、乌尔禾油田以及周边地区的其他油田，这可能是因为这两个油田是新中国成立前后的中国石油工业发展的典型代表，因此具有更高的历史价值和意义。但是从全面展示克拉玛依油田的石油工业发展历程来看，克拉玛依石油工业遗产最好涉及整个地区油田以及油田发展历程的重要时间节点。因此，在未来克拉玛依油田的石油工业遗产保护研究中，研究空间区域范围可以扩展到整个克拉玛依地区。

2. 克拉玛依石油工业遗产呈现"聚集式"的局部空间分布特点

本书对克拉玛依石油工业遗产进行空间核密度分析（图6-19），发现有两个核密度分布比较密集的空间区域：一个在独山子区的北部区域，另一个在克拉玛依区的北部区域。其中独山子区的北部区域的密集度最高，因此克拉玛依石油工业遗产空间分布呈现"聚集式"的局部空间分布特点。

为了研究分析遗产点的这种空间分布特点，我们将遗产点与两个油田早期矿区空间格局及其演变过程进行关联性分析。

独山子矿区建设初期石油开采和炼制技术条件都比较简陋，交通运输条件差，需要将石油产业链的技术工艺流程集中在临近的空间区域。因此，这个时期遗留下来的新疆第一口油井遗址、独山子第一套蒸馏釜遗址和独山子油田遗址之间的距离都比较近，共同形成了石油生产区。并且为了方便石油工人的生活，在石油生产区域的东侧建造了石油工人生活区，这样形成了最初独山子矿区的西侧生产区与东侧生活区的空间格局。

1950年后，独山子矿区在保持早期矿区空间格局的基础上，生产区逐渐向北扩展，居住区向东扩展。并且在临近生产区的空间区域还建造了石油办公场所（中苏石油股份公司）和石油工人的生活休闲场所（独山子石油工人俱乐部和独山子职工子弟学校旧址），逐渐形成了现有的独山子区主城区的空间形态。由于，独山子区的主城区位于独山子区的北部区域，因此独山子油田的石油工业遗产也就聚集式地分布在独山子区的北部空间区域。

克拉玛依油田矿区建设初期，油田生产区和生活区要紧密相连，因此在黑油山区域的西侧形成了最初的克拉玛依油矿区空间形态。结合克拉玛依城市总体规划编制和城市发展建设，克拉玛依区的城市空间演变可以划分为五个阶段：初步确定石油矿区空间格局、形成石油工业城市空间格局、完善城市多重属性功能、协调城市其他区域

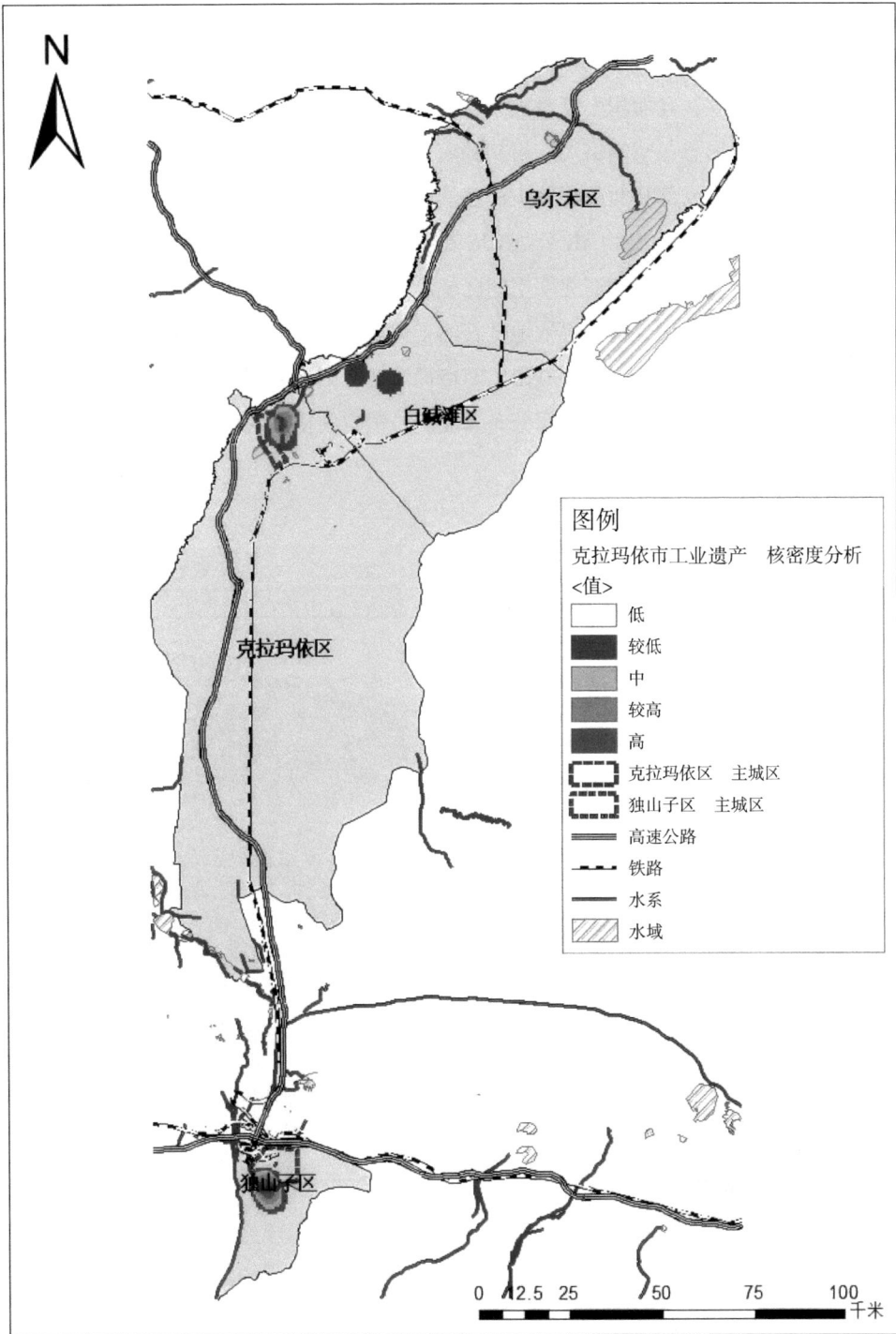

图6-19 克拉玛依石油工业遗产空间核密度分析图

发展和强化工业核心地区带动区域活力。

　　克拉玛依区的主城区空间形态以矿区建设初期为基础，区域空间范围逐渐向南、向西两个方向扩展，且面积不断增加。空间形态从最初规整的方格网状形态演变成为不规则的多边形形态，空间格局从最初的南部生产区、北部生活区的城市基本布局演变为中心生活区、南部和北部部分生产区的城市空间格局，最终形成了克拉玛依区的主城区空间格局（图6-20）。由于克拉玛依区的主城区位于整个辖区的北部，因此克拉玛依油田的石油工业遗产在北部空间区域形成了聚集式空间分布特点。

　　通过分析可以看出，克拉玛依地区石油工业遗产的空间分布特点主要在地下石油资源分布、油田发展策略、油矿城镇空间格局演变等因素共同作用下形成的，其中影响最大的两个因素是地下石油资源分布和油矿城镇空间格局演变。

1964年城市规划总平面　　　　　　　　　　1986年城市规划总平面

图6-20　克拉玛依城市规划平面图（1964—2006年）[151]

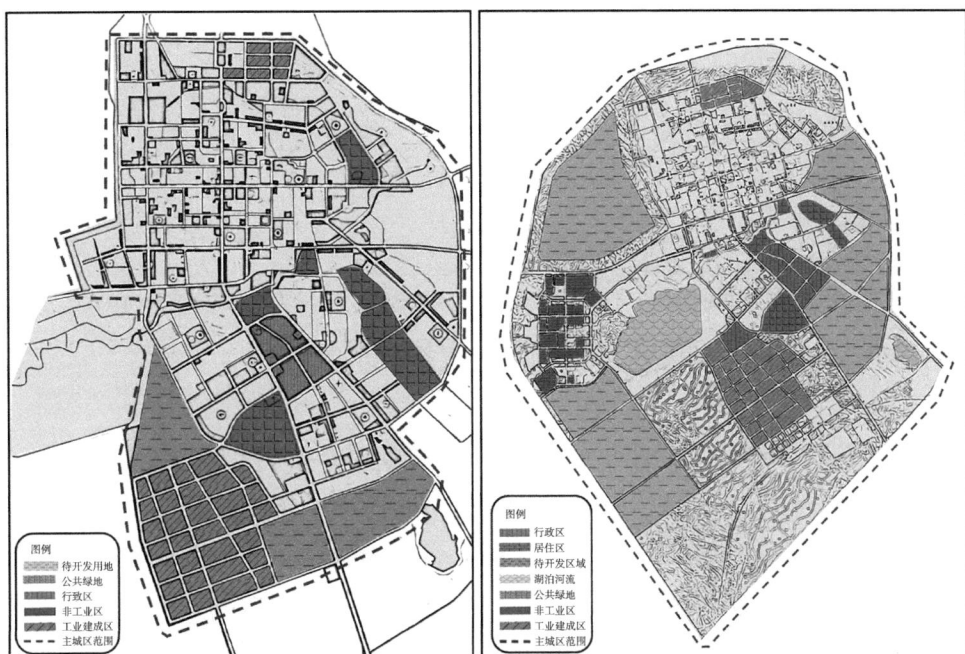

1996年城市规划总平面　　　　　　2006年城市规划总平面

图6-20　克拉玛依城市规划平面图（1964—2006年）[151]（续）

6.4
大庆石油工业遗产的时空格局分析

大庆石油工业遗产的22个遗产点形成于不同的时间点、分布于不同的城市区域，共同形成了独特的时空格局特征。

6.4.1　大庆石油工业遗产的建造时间相对集中

依据大庆油田发展史，大庆油田建设被划分为4个时间段：石油会战时期、快速上升时期、高产稳产时期以及可持续发展时期[108]。本节依据这4个时间段对大庆石

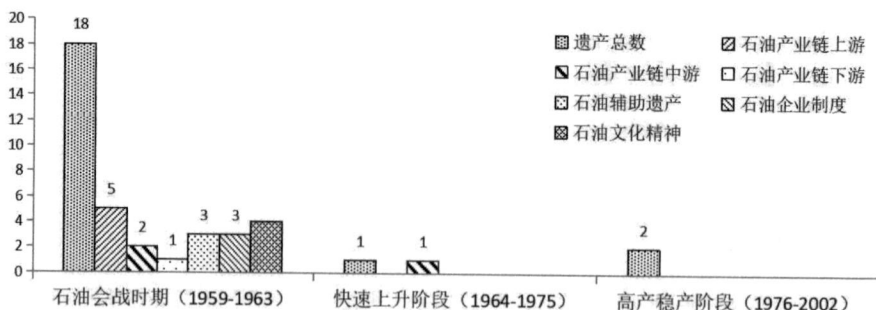

图6-21 大庆石油工业遗产时间分布统计图

油工业遗产类型和建造时间进行统计分析，得到时间分布统计图（图6-21）。

从时间分布区段图可以看出，大庆石油工业遗产的建造时间都分布在前三个发展阶段。其中石油会战时期的遗产数量最多，包括18个遗产点，并且遗产类型也最全面，涵盖了大庆石油工业遗产的所有遗产类型。这样就形成了大庆石油工业遗产建造时间相对集中的时间分布特点。

大庆石油工业遗产建造时间相对集中的分布特点主要受到以下三个方面影响。

第一个方面，大庆石油会战时期油田发展建设对新中国建设初期的石油工业发展具有非常重要的历史意义。1959年石油工业部发现大庆油田后，在1960—1963年间中国石油部集中全石油系统的力量开展了著名的大庆石油会战。到1963年底，大庆油田的原油年量占全国原油总产量的67.8%，4年上缴利润和折旧10.7亿元，为中国石油自给自足奠定了基础[3]，并且使中国从石油进口国变为石油出口国（1962年第一次向国外出口原油）。"大庆石油会战"也因此成为中国石油工业发展史上一个里程碑式的历史事件。

第二个方面，大庆油田建设初期惊人的开发速度。当时为了快速探明油田储量，尽快生产原油，解决国内原油产能不足的问题，大庆油田采用了"边勘探、边建设、边生产"的开发策略。仅仅用三年半的时间就快速建立了一个完整的石油产业链，初步形成了一个石油产业类型比较齐全的综合性油田。[78]因此这一时期遗留下来类型丰富的有形遗产，例如：勘探井、采油井、储油库和炼油厂等遗产要素。

第三个方面，国家对石油迫切的需要使得石油企业和石油工作者以极大的热情和高度的责任感投入到油田开发建设中，体现出了共同的价值观。石油企业为了实现石油的高效安全生产，快速形成了各种重要的工作制度，例如："岗位责任制""四个一样"和"三老四严"。由于石油工作者及其家属也都积极投入到油田建设和生活保障工作中，因此涌现出一大批的优秀工作者和家属，例如："五把铁锹精神"（石油工作者家属）、"缝补厂精神"（石油工作者家属）和"回收队精神"（石油工作者），它们成为无形遗产的重要组成部分。

6.4.2 全部遗产点都分布在城市辖区

本节将大庆石油工业遗产类型和空间区域进行统计分析，并利用GIS将遗产点和城市行政分区图、石油资源空间分布图以及城市形态演变图等基础图进行多次叠加分析来探讨大庆石油工业遗产的空间格局特征。

经过空间区域分布统计分析，发现大庆石油工业遗产空间格局的一个重要特点是所有遗产点散点式分布在城市辖区（萨尔图区、让胡路区、龙凤区、红岗区和大同区）（图6-22），且遗产数量呈现从北向南逐渐减少的趋势。其中萨尔图区遗产数量最多，涉及9个遗产点，涵盖了石油产业链遗产、石油辅助遗产石油企业制度和石油文化精神四种遗产类型。

为了全面解读大庆石油工业遗产的空间格局特点，本书结合大庆石油资源分布状况、油田开发策略和城市区域演变三个因素进行关联性分析。

大庆石油资源主要分布在大庆长垣区域（图6-23）。这一空间区域南北最长距离约120千米，东西最宽约30千米，主要包括萨尔图油田、杏树岗油田、喇嘛甸油田、高台子油田、葡萄花油田、太平屯油田和敖包塔油田[108]。从图6-23可以看出，大庆长垣贯穿萨尔图区、让胡路区、红岗区、大同区和肇源县，这样就形成了油田采油区面积大、分布广，且工业生产点和居住点呈现分散布局的特点，这直接决定了石油工业遗产散点式空间分布特点。

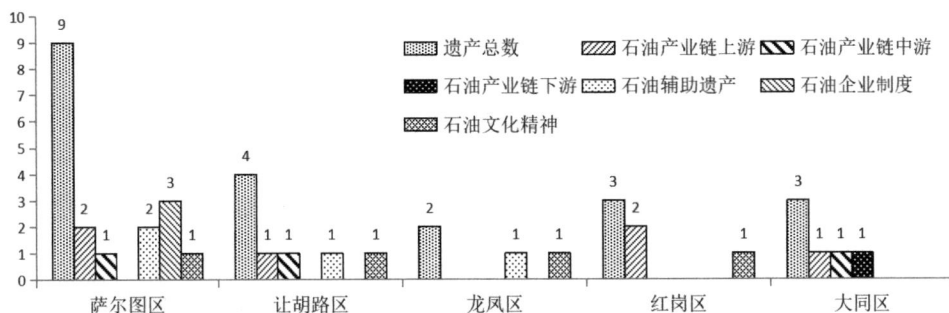

图6-22 大庆石油工业遗产空间分布统计图

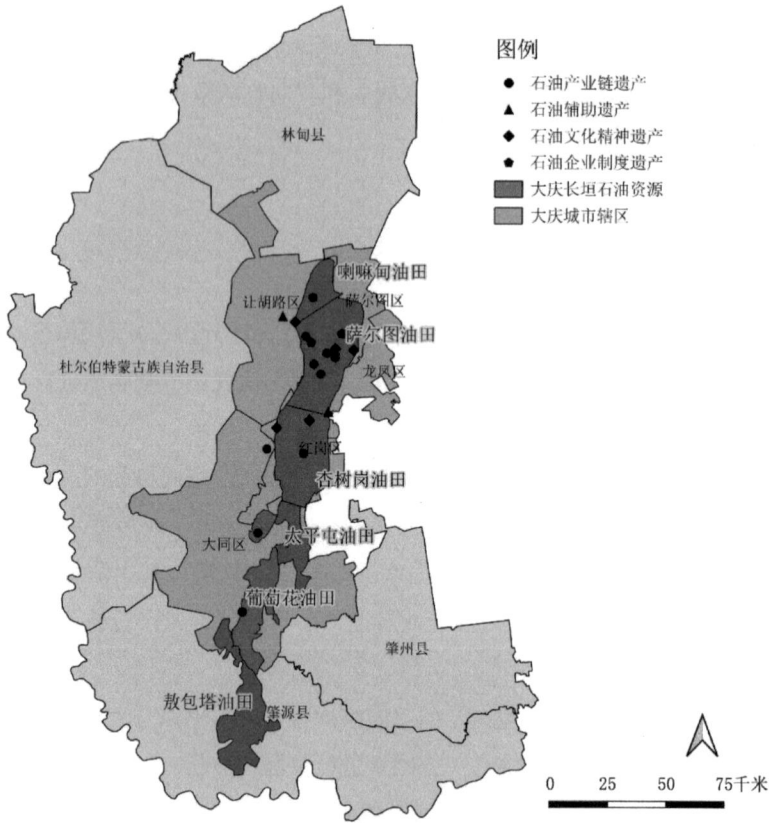

图6-23　大庆石油工业遗产空间分布图

　　大庆长垣的开发策略主要与地下石油的储量有直接的关系。1959年，最早勘探发现的是大庆长垣南部的高台子油田和葡萄花油田，葡萄花油田由于石油储量相对较多，成为最初规划预探的油田。1960年，大庆油田在探明大庆长垣北部地下油层厚度高于南部油层厚度后，规划开发重点从南部的葡萄花油田（1959年开发）转移到了北部的萨尔图油田（1960年开发）、杏树岗油田（1966年开发）和喇嘛甸油田（1972年开发）。

　　由于萨尔图油田油层厚、面积大、产量高，所在空间区域处于哈尔滨市与齐齐哈尔市之间的滨洲铁路线上，地下和地上条件都更为有利[111]。因此萨尔图油田成为大庆油田第一阶段建设规划开发的油田，也成为大庆油田中开发最早、油田面积最大、产量最高的综合性油田。

　　大庆城市区域范围经历了四个主要的演变阶段，我们以现在的大庆城市区域图为底图，将四个演变阶段的城市空间区域图与对应的油田开发区域进行叠加分析（图6-24）。

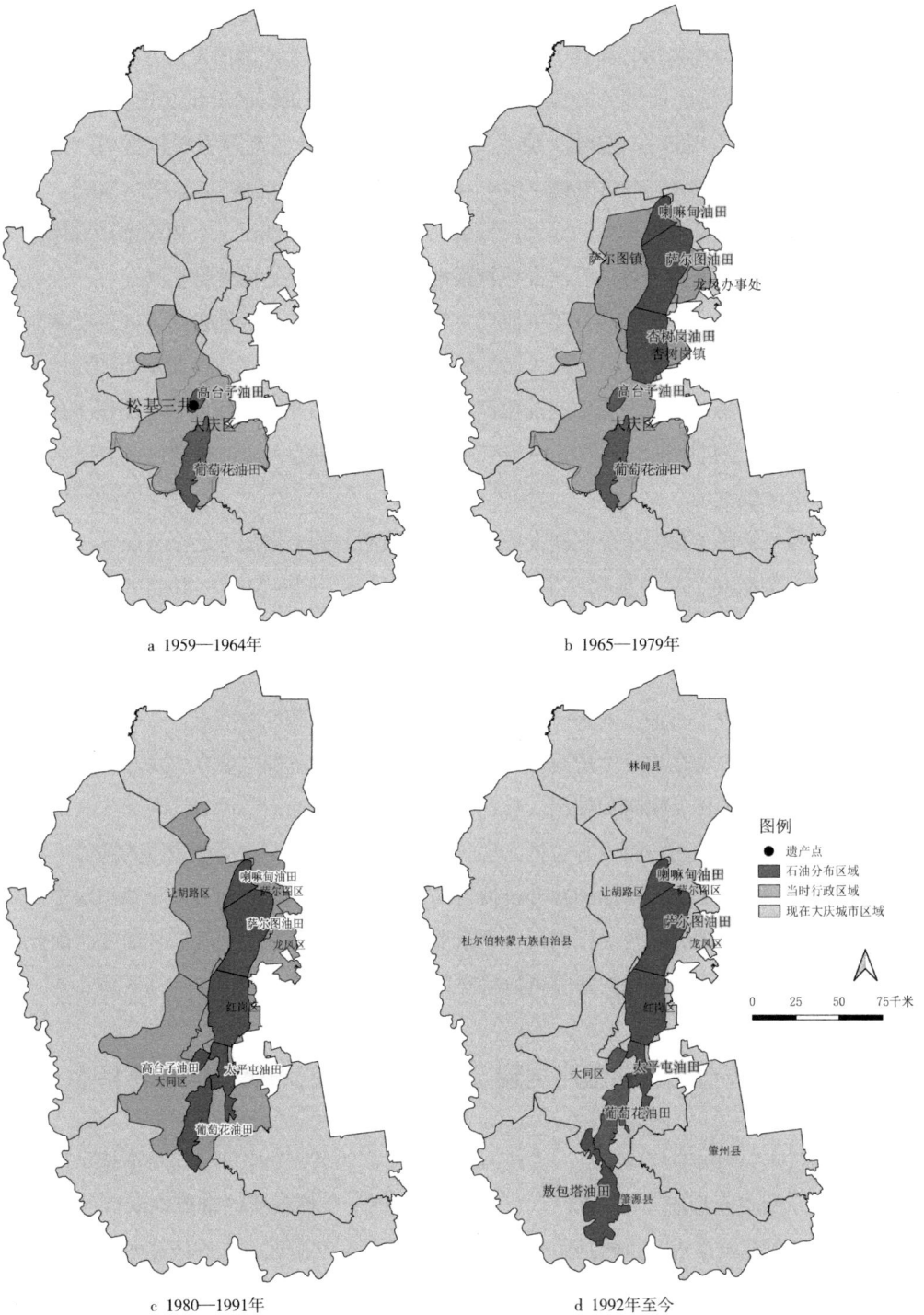

a 1959—1964年

b 1965—1979年

c 1980—1991年

d 1992年至今

图例

● 遗产点
石油分布区域
当时行政区域
现在大庆城市区域

0　25　50　75千米

图6-24　大庆城市区域演变图

第一阶段（1959—1964年）成立大庆区[78]。大庆区隶属于当时的安达市，包含大庆长垣的葡萄花油田和高台子油田所在的空间区域。大庆油田发现井松基三井就位于大庆区（图6-24a）。这一空间区域也是当时决定最先进行油田建设开发的区域。

第二阶段（1965—1979年）成立安达特区。安达特区范围主要包括当时的大庆区、萨尔图镇（区）、杏树岗镇（区）和龙凤办事处四个区域[113]（图6-24b）。这一时期大庆油田主要建设开发的是大庆长垣北部的萨尔图区油田、杏树岗油田和喇嘛甸油田，因此从分析图上可以看出安达特区的区域范围主要是向北部扩展。

第三个阶段（1980—1991年）成立大庆市。大庆市行政区域包括大同区、萨尔图区、让胡路区、红岗区和龙凤区（图6-24c）[110]，涵盖了大庆长垣的萨尔图油田、杏树岗油田、喇嘛甸油田、葡萄花油田高台子油田（1983开发）和太平屯油田（1980年开发）。由于敖包塔油田开发于1995年，因此这个时期的大庆市行政区域并不包括敖包塔油田区域范围。

第四个阶段（1992至今）在大庆市五个区域的基础上增加了四个县级区域，包括肇州县、肇源县、林甸县和杜尔伯特蒙古族自治县（图6-24d），形成了最终完整的大庆城市区域范围，其中肇源县涵盖了敖包塔油田区域。

从大庆城市区域范围演变的4个阶段来看，大庆城市的发展始终围绕油田建设开展，这样就促成了石油工业遗产全部散点式分布在城市辖区的特点。

通过上述分析还发现大庆石油工业遗产的空间分布范围主要在大庆长垣的萨尔图油田、杏树岗油田、喇嘛甸油田、葡萄花油田和高台子油田，没有涉及大庆长垣的太屯油田和敖包塔油田，更没有包括大庆长垣外围油田区域，这可能是因为前五个油田的建设时间更早、历史价值和社会价值更高。但石油工业遗产作为一个油田历史发展的印记和见证，最好涉及油田的每一个重要的历史时间和空间的发展和演变，因此未来大庆石油工业遗产的保护研究可以将空间范围扩展到整个油田的空间区域。

6.4.3 大庆石油工业遗产呈现"一带一轴"的总体空间分布特点

从总体空间分布特点来看，大庆石油工业遗产的另一个空间分布特征是呈现"一带一轴"的空间形态（图6-25）。"一带"指的是一个长条状的带形空间区域，这个空间区域贯穿城市南北，包括萨尔图区、让胡路区、红岗区、大同区和龙凤区五个主要城市区域。通过上文分析可知，这个带形空间区域是大庆长垣石油资源的主要空间分布区域。

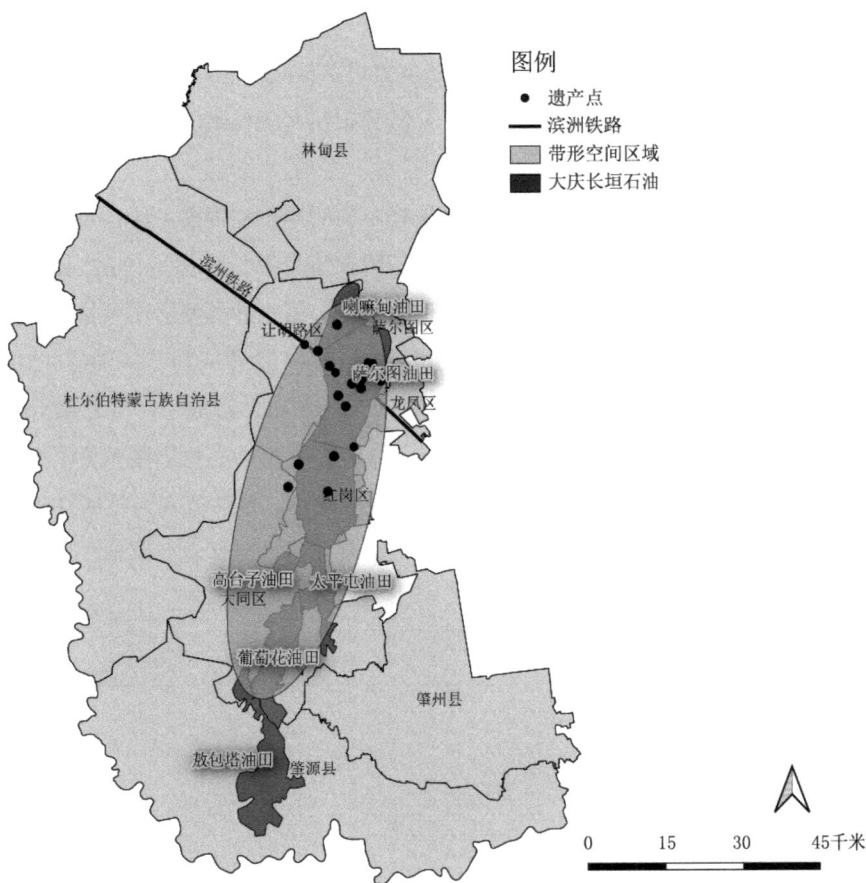

图6-25　大庆石油工业遗产"一带一轴"空间分布示意图

　　"一轴"指的是一条铁路线，即滨洲铁路。滨洲铁路是原中东铁路的一部分，西接满洲里，北接哈尔滨，是1960年代以前大庆地区唯一的对外交通线。这条铁路线作为大庆油田建设初期的主要运输线，周围布置了不同类型的工业场所，主要包括油库、炼油厂和机械维修厂等。

　　为了进一步解读大庆石油工业遗产"一带一轴"的空间格局特点，本书将遗产点与城市发展模式和城市空间形态演变进行关联性分析。

　　大庆城市发展经历了三个历史阶段：矿区建设阶段（1959—1979年）、城镇建设阶段（1980—1989年）和城市建设阶段（1990至今）。在矿区建设阶段大庆城市发展始终坚持"一切为油田生产服务"和"工农一体、城乡一体、有利生产、方便生活"的原则，逐渐形成了一种比较特殊的乡村式矿区发展模式。这种矿区发展模式成为当时中国工业城市发展的典范。

矿区建设阶段初期"乡村式"矿区发展模式的主要特点是，城市道路网以油田建设道路网为依托发展，油田生产点和居住点分散分布在大庆长垣的带形空间，这样就形成"城乡一体化"的分散式布局。

居住点依据不同类型的油田生产场所选择不同的地点和规模。居住点主要分为三种类型：第一种类型居住点是以企业管理部门所在地为中心形成一个工人镇，一般居住人口在3万～5万人，例如：萨尔图镇和让胡路镇。第二种类型居住点是以工作地点比较固定但分散的采油厂、矿机关等单位为中心形成一个中心村，一般居住500户左右。中心村周围布置几个居住点，居住点之间开垦农田，形成了"工农结合"的空间布局模式，例如：钻井基地创业庄（1966年）就是一个中心村周围布置了四个居住点（图6-26）。第三种类型居住点是建在机动基础建设、钻井队和泵站所在地，居住点分布在中心村周围。这种居住点既是工业生产基单位，又是农业基地，居住人口约200户左右。[78, 152]

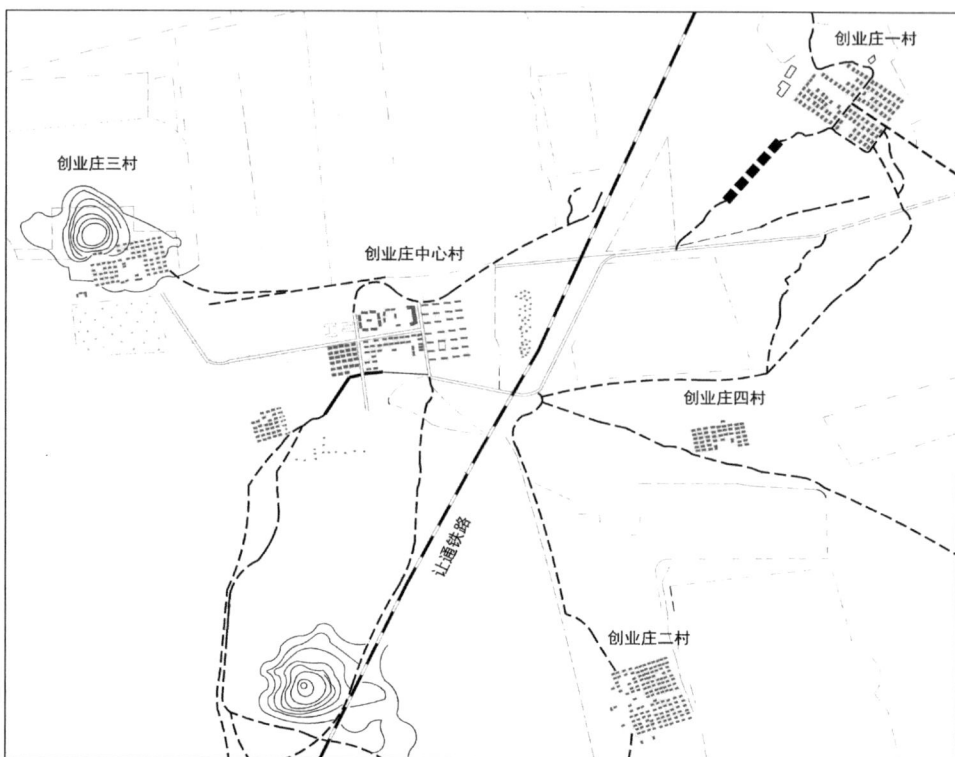

图6-26　创业庄居住点平面布局[152]

　　这三种类型居住点最终形成了"工人镇—中心村—居民点"三级村镇布局体系，呈现出点多、线长、面广的分散式空间布局形态，形成了乡村式矿区模式。可以说大庆矿区建设阶段的矿区发展模式直接决定了大庆城市空间形态，也决定了石油工业遗产呈现带状、分散式的空间布局特点。

　　下面以20世纪90年代大庆城市区域范围地图作为底图，将遗产点分别与1960年代、1980年代和1990年代大庆城市空间形态简图（道路和居住区域）进行关联性分析（图6-27）。

　　从分析图中可以看出，1960年代初期大庆还没有城市道路交通网，滨洲铁路线是当时唯一一条对外的交通运输线[78]，萨尔图火车站是唯一对外的火车站。滨洲铁路线作为大庆油田建设初期最重要的交通运输线，周围空间区域建设了一定数量的石油生产点和居住点，逐渐形成了以萨尔图火车站和让胡路火车站为中心的两个主要的生产生活区。并且随着石油生产点和居住点的增多，这两个生产生活区面积逐渐扩大，最终形成了两个重要的工人镇（图6-27a）。

　　到1963年底，以滨洲铁路线上的萨尔图火车站、让胡路火车站和龙凤火车站为交通运输中心，初步形成了大庆石油产业空间格局，即萨尔图镇是油田管理中心，让胡路镇是油田科研中心和龙凤镇是石油化工中心[113]。这样滨洲铁路线的周围空间区域就遗留了一定数量的石油工业遗存，成为遗产点分布密度最高的空间区域，这样也就形成了石油工业遗产空间分布呈现"一轴"的特点。

　　1980年代初期，大庆城市道路网基本形成，呈南北纵向带状分布的特点，主要包括南北向三条主干路：萨大路、东干线和西干线以及连接东干线和西干线的若干条东西向的支干线[112]，道路网将所有石油生产点和居住点连接在一起。这一时期居住点依旧呈现分散式布局，面积和数量都明显增加。并且生产与生活中心由之前的三个镇逐渐扩展成萨尔图镇（区）、让胡路镇（区）、龙凤镇（区）和卧里屯镇（区）[78]四个镇，工矿城市空间格局已经形成。

　　1990年代初期，大庆城市道路网和居住点的空间分布形态基本保持了十年前的形态，只是密集度明显增加。这一时期大庆市初步形成了小城镇集群式的空间格局。并且由于国家工业遗产名单中有关这时期的遗产只增设了石油产业链类型的1个遗产点（中十六联合站），因此遗产点的空间格局也基本保持不变。

　　通过以上分析可知，大庆石油工业遗产的"一带一轴"空间分布特点形成于油田建设初期和矿区建设初期，并与城市发展模式和城市空间形态演变高度契合。

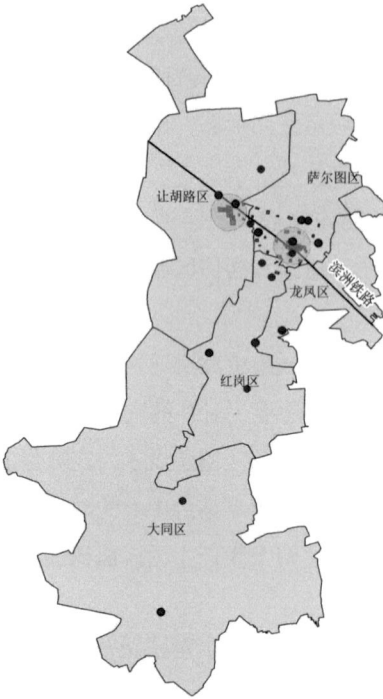

a 1960年代城市空间形态

b 1980年代城市空间形态

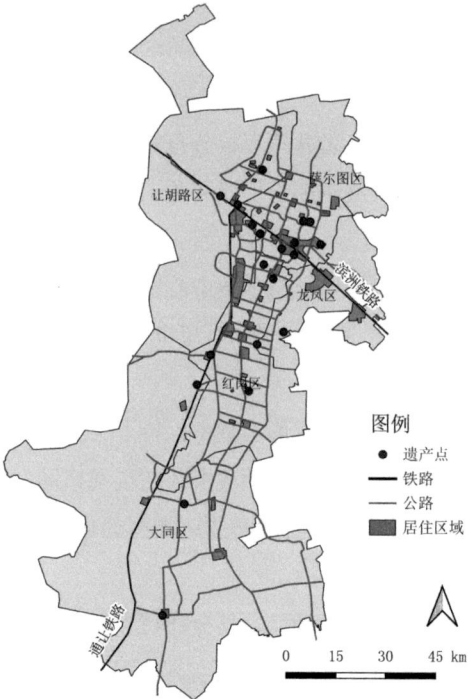

c 1990年代城市空间形态

图例

- 遗产点
━ 铁路
— 公路
■ 居住区域

0 15 30 45 km

图6-27 大庆城市空间形态演变

6.4.4 大庆石油工业遗产呈现"聚集式"的局部空间分布特点

将大庆石油工业遗产按遗产类型进行空间分布统计分析，发现有10个遗产点分布在萨尔图区，涉及石油产业链遗产、石油工业辅助遗产和无形遗产。因此萨尔图区是石油工业遗产数量最多，也是遗产类型最丰富的一个城市区域。

同时，对大庆石油工业遗产进行空间核密度分析（图6-28），发现共有两个核密度分布较高的空间区域：一个是萨尔图区，另一个是让胡路区，并且两个空间区域核

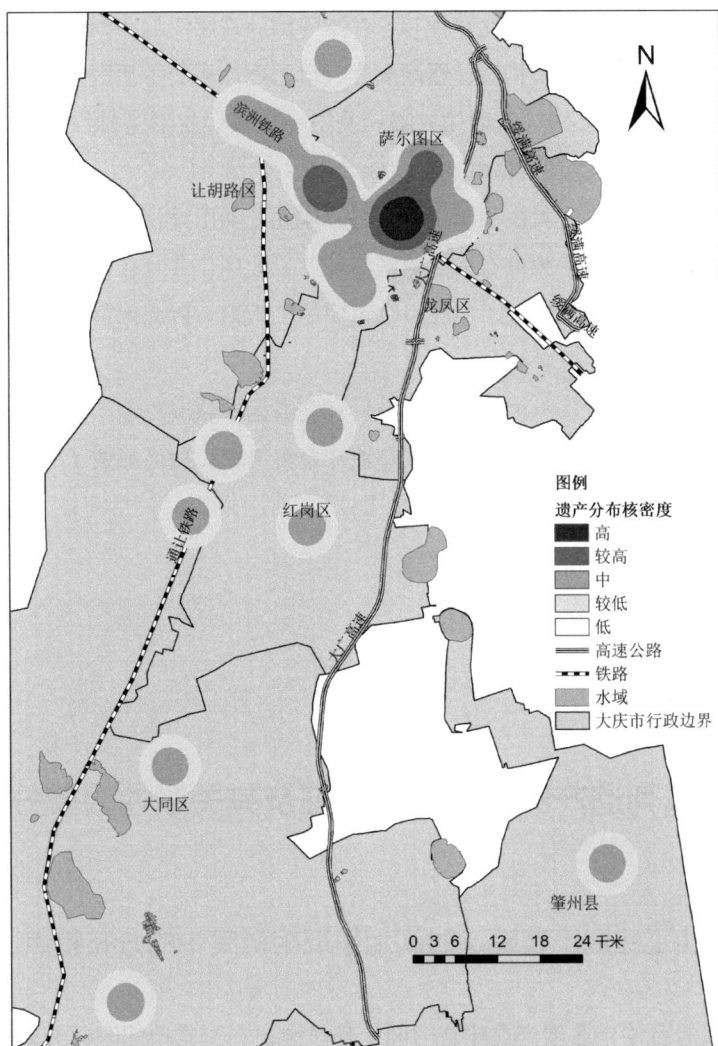

图6-28 大庆石油工业遗产的空间核密度分析图

密度的中心都在滨洲铁路线附近。这样，大庆工业遗产呈现出"聚集式"的局部空间分布特点。

这种空间分布特点可以结合大庆油田早期的石油产业空间格局和交通运输状况进行关联性分析。

1963年底，大庆油田初步形成了基本的石油产业空间格局：萨尔图镇（区）是油田管理中心，让胡路镇（区）是油田科研中心，龙凤镇（区）是石油化工中心[112]。

萨尔图镇（区）作为油田管理中心是大庆油田建设的核心区域，也是最大的生产生活区。石油产业结构主要涉及石油产业链上游、中游和石油辅助工业。

萨尔图镇（区）交通位置比较优越，在紧邻滨洲铁路线的空间区域建立了当时最大的一个工人镇，经过不断扩展，逐渐成为人口密度最高的生活区。萨尔图镇（区）分布着职工医院、气象站、电话站、邮局及中小学校等生活基础设施，因此萨尔图（镇）区遗留下来大量类型丰富的遗存。

让胡路（镇）区作为大庆油田科研中心，建立了油田设计院、研究院和办公大楼等辅助办公区，以及一定数量石油工业区与辅助工业区，并且在让胡路（镇）区紧邻滨洲铁路线的空间区域也建立了当时一个重要的工人镇。因此保留了一定数量的遗址和遗迹。

由此可见，早期大庆石油产业空间布局和交通运输状况决定了萨尔图（镇）区和让胡路（镇）区成为两个重要的石油工业遗产聚集区域，进而形成了"聚集式"的局部空间分布特点。

6.5
中国石油系列遗产的时空格局特征及其关联性因素分析

6.5.1 石油工业遗产在建造时间上呈现相对集中的分布特点

4个油田的石油工业遗产在建造时间上都呈现出相对集中的时间分布特点，其中玉门石油工业遗产的建造时间主要集中在建产期，克拉玛依石油工业遗产的建造时间主要集中在独山子油田的起步阶段和快速发展阶段以及克拉玛依油田的初期勘探开发阶段，延长石油工业遗产的建造时间主要集中在陕甘宁边区政府时期和区域地质调查时期，大庆石油工业遗产主要集中在石油会战时期。

从每个油田发展历程来看，石油工业遗产的建造时间都主要集中在油田的建设初期或者是某个特殊的历史时期。从整个中国石油工业发展历程来看，4个油田的石油工业遗产的时间分布主要集中在中国石油工业的探索期、石油工业的恢复和发展时期。这说明目前中国石油系列遗产的保护更加关注的是石油工业发展初期遗留的遗址和遗迹，即与遗产的确定与遗产所处的时代背景具有紧密的关联性。

石油工业遗产的这一时间分布特点与新中国成立初期对石油工业发展的迫切需求有关。当时，为尽快探明我国石油资源状况、增加石油产量以及满足国内对石油产品的基本需求，中央政府组织了大批石油工作者先后对西北、四川与东部地区进行了石油勘察[78]。1955年和1959年分别发现了克拉玛依油田和大庆油田，前者的发现实现了新中国石油工业的突破，后者的发现实现了石油的自给自足，使中国脱掉了"贫油国"的帽子，这对于当时新中国的经济建设和民生建设都具有非常重要的意义。因此这个时期遗留下来的石油工业遗存具有重要的历史意义和价值。

同时，两个油田的建设初期为了尽快探明油田储量、开采原油和加工各类石油产品，都采用了"边勘探、边建设、边生产"的开发策略，并在短期之内快速建立起集勘探、开采、加工与运输等为一体的综合性油田。并且在"一切为油田生产服务、有利生产、方便生活"原则的指导下，两个油田在临近石油生产区的空间区域快速建立起一定规模的油田矿区。这种油田开发模式和矿区建设模式成为新中国初期石油城镇特有的发展模式。例如：大庆油田采用"工农一体、城乡一体、有利生产、方便生活"的原则，形成了一种比较特殊的"乡村式"矿区发展模式，这种模式成为当时中国工业城市发展的典范。

正是因为石油工业的探索期和石油工业的恢复和发展时期具有重要的意义，所以石油工业遗产的保护比较关注每个油田发展初期的遗存，这样也就形成了石油工业遗产在时间分布上呈现"集中式"分布的特征。但是从每个油田的整个发展历程来看，遗产保护名单并没有涵盖油田的产生、发展、衰退与消失的全部过程；从中国石油工业遗产发展历程来看，也没有涵盖整个中国石油工业发展的每个阶段，这样不利于全面认识一个油田、一个地区以及一个国家的石油工业历史。因此未来中国石油工业遗产的保护需要考察每个油田发展全周期范围内所有的遗址和遗迹，以及中国石油工业发展每个重要时间节点的遗址和遗迹。

6.5.2 石油系列遗产呈现多样化的空间分布特征

1. 石油工业遗产呈现"集中式"的空间分布特点

中国早期开发的油田的石油工业遗产在空间分布上呈现"集中式"分布特点。通过前文的分析可知，延长石油工业遗产、玉门石油工业遗产和独山子油田的石油工业遗产在空间分布上都呈"集中式"分布。这三个油田都开发于新中国成立前，当时油田开采、加工和运输条件较差，一般石油开采后采用就地直接加工炼油的工艺流程，因此石油开采区和炼油区都在一个生产空间区域。

例如：玉门老君庙油田临近石油峡谷西河坝区，早期该区域建造了老一井、老四井和西河炼油厂，形成了一个集采油和炼油为一体的生产空间区域。并且，石油工人利用西河坝自然地形和土质条件建造了居住窑洞，初步形成了条件比较简陋的油矿区。后来，随着石油开采和加工的不断扩大，利用西河坝旁边的自然形成的、比较平坦的斗形的冲积平原建造了炼油厂工业区域，以及住宿建筑、办公建筑和医院等生活区域，因此逐渐形成了空间功能比较多样、生产与生活为一体的综合性油田区。延长油田和独山子油田的发展初期也采用了同样的油矿区空间发展模式。这种油矿区空间模式在新中国成立后得到了延续和发展，形成了石油工业遗产"集中式"分布的空间格局。因此，可以将石油工业遗产的"集中式"空间分布特点看作是中国石油工业发展探索时期的石油工业遗产呈现出共同的空间格局特征。

2. 石油工业遗产点分布在城市辖区

中国石油工业恢复和发展时期，新开发油田的石油工业遗产在空间分布上呈现出所有遗产点分布在城市辖区的特点。克拉玛依油田和大庆油田是新中国成立后最早开发的两个大油田，石油工业遗产在空间分布上都呈现出所有遗产点都分布在城市辖区的特点。

克拉玛依市和大庆市都是"因油而生、因油而兴"的石油城市，城市经历了从无到有的建设发展过程。早期油矿区建设阶段遵循了"一切为了油田生产服务"和"先生产后生活"的原则，矿区居住点的选择往往与石油生产区紧密相连，这样油矿城镇区域范围、功能空间区域的划分及空间形态的演变直接受到地下油田分布状况和油田开发策略的影响。

例如，大庆城市空间范围共经历了四次演变历程，城镇发展经历了三个阶段。其中城市范围的前三次演变和城市发展的前两个阶段都是围绕大庆油田建设展开的，这样就形成了油田建设初期遗留的石油工业遗存都分布在城市辖区的特点。遗产点这一空间分布特点可以看作是中国石油工业恢复和发展时期，新开发油田的石油工业遗产空间格局的一个重要特点。

3. 石油工业遗产呈现"线性"的空间分布特点

除此之外，中国石油工业遗产的另外一个重要的空间分布特点是呈现"线性"分布的空间格局。玉门石油工业遗产、延长石油工业遗产以及大庆石油工业遗产都呈现出"线性"空间分布特点。

通过上文的研究分析可知，石油工业遗产的"线性"空间分布与交通运输有着紧密的关联性。例如：玉门石油工业遗产的"线性"空间分布与油矿区的主干道路有关，大庆石油工业遗产的"线性"空间分布与城镇的铁路有关，延长石油工业遗产的"线性"空间分布与油矿区的水系和主要道路有关。这是由于在油田建设的初期还没有铺设输油管线，铁路和公路是当时运输原油的主要方式，所以一般油库和炼油厂都会布置在交通沿线上，这种工业区布置方式便于运输。大庆石油工业遗产的三个油库都布置在铁路沿线附近，且有专属的铁路运输线与主干铁路线直接相连，延长石油工业遗产的采油区、油库和炼油厂也都布置在主要公路交通道路的两侧。

最初形成的交通道路一般会逐渐演变为后来油矿城镇的主要交通体系，这使得后期建设的与石油生产间接相关的辅助工业区和办公区也都布置在主要交通体系的周围，这就进一步加强了石油工业遗产的"线性"空间分布特征。例如：早期玉门油矿区只有一条主要交通道路——矿区马路，道路两侧布置了邮局和总办公室等工业区和公共建筑，1950年后在矿区马路的两侧又布置了玉门石油管理局、玉门文化宫和工人电影院等。这条道路也随着玉门老市区的发展，逐渐演变成为城镇空间的重要发展中轴线，进而最终形成了玉门石油工业遗产呈现"线性"空间分布的特点。

7

石油系列遗产本体及空间
环境多维度历史情境阐释

石油系列遗产的情境阐释主要是对遗产本体及其空间环境和相关历史情境的多维度解读，涉及当时的社会背景、经济状况和石油工业发展策略等多方面因素的综合解读。因此石油系列遗产的情境阐释更加强调整体性和综合性。

本章主要对石油系列遗产的有形遗产进行解读，重点讨论石油产业链遗产和石油辅助类两种遗产类型的历史情境的构建和诠释。其中石油产业链遗产的解读更加强调石油工艺技术流程的整体性，而石油辅助遗产更加强调的是遗产本体及其周围环境的整体性。在案例的选择中侧重对历史文献资料比较齐全且具有典型代表的遗产进行讨论研究。

7.1
石油产业链遗产的历史情境阐释

石油产业链遗产包括石油产业链上游遗产、中游遗产和下游遗产三种类型，三种遗产类型共同体现了石油勘探、开采和加工等石油工艺流程。中国石油工业发展跨越百年，石油工艺流程也发生了很大的变化，为了解读某个重要历史时段石油工业遗产的价值和意义，本书尝试从石油工艺技术的研究视角，采用情境叙事的方式，构建和解读当时石油开采、生产和加工的历史场景。

由于目前中国工业遗产保护名录和国家工业遗产名单中石油工业遗产的建造时间大多数集中在20世纪初到20世纪中叶之间，即中国石油工业的探索时期、恢复和发展时期，因此本书构建的石油产业链遗产的历史情境也主要以这两个时间段的石油工业遗产为主。

7.1.1　石油产业链上游遗产——石油开采类遗产的情境建构与阐释（萨55井）

石油产业链上游遗产主要涉及石油勘探和石油开采两个石油工艺技术流程。这两个石油工艺流程涉及了井架、泥浆池、站台、千斤顶等生产要素。目前的石油工业遗

老八井

七3井

七1井

新疆第一口井遗址

图7-1 4个油田的石油勘探与开发井

产保护名单中主要以油井要素为主（图7-1），较少涉及其他相关联的生产要素。例如：大庆油田的杏66井和喇72井，克拉玛依油田的克拉玛依1号井和采油二厂193井，玉门油田的老一井，延长油田的延长一井、七1井和延深探一井等。

从解读石油工艺技术流程的完整性视角来看，一个孤立的、缺少其他关联技术工艺环节要素和周围历史环境要素的遗产，人们是很难理解它的价值和意义的。因此需要将这些孤立的遗产要素还原到特定的石油生产情境中，即要还原当时的历史生产场景。但是这对于历史语境已经丢失或部分丢失、历史资料保留不全的遗产来说是比较困难的。

本书研究团队通过实地调研发现中国工业遗产保护名录和国家工业遗产名单中（截至2023年），只有大庆石油工业遗产中萨55井比较完整地保存了当时石油开采时的历史场景，场所内的石油开采工艺流程比较完整。因此本节以萨55井为例，通过构建当时的石油开采情境来解读其历史价值和意义，以及展示我国20世纪60年代的石油开采工艺。

1. 萨55井的历史沿革

萨55井位于大庆市红岗区铁峰村附近，是"铁人"王进喜带领的1205钻井队来大庆打的第一口井，又称"铁人第一口井"。1960年4月14日开钻，历时5天零4个小时，于1960年4月19日完钻，井深为1200.76米，1960年5月25日开始自喷生产。萨55井作为一口自喷井，创造了当时世界石油钻井速度的最快纪录，是大庆唯一一口自喷井，也是自喷时间最长的油井。萨55井作为"铁人（王进喜）精神"的发祥地，被列入《中国名胜词典》。2013年"铁人一口井"井址被列入我国第七批次全国重点文物保护单位名录，2018年"铁人一口井"被认定为第二批国家工业遗产。萨55井成为大庆最具代表性的文化遗产。[153]

目前萨55井比较完整地保留了当年油井的开采场景，场所内遗留了油井、泥浆池、土油池、值班房、水井、卸车台与贝乌井架等设施设备（图7-2）。需要说明的是目前场地内的地窝子原本在离遗址区3公里以外的地方，为了完整地展示石油开采场景，在场地内复原了一个同样的实体。

2. 萨55井的石油生产情境复原

萨55井空间场所内主要包含了两种功能类型的遗存：一种是直接参与石油开采的遗存，包括油井、泥浆池、水井、贝乌井架和土油池，它们共同形成了一个完整的地面上可见的石油开采场景；另一个种是间接参与石油开采的遗存，包括卸车台、地窝子和值班房，它们属于辅助石油开采遗存。

研究团队通过ArchiCAD软件绘制了萨55井场所的总平面，并且借助SketchUp和Revit软件进行二维到三维空间的转变，构建整体石油开采的历史场景。其中Revit软件可以规整遗产模型，使得模型更加准确和精细化，最后通过Lumion软件进行遗产场景的渲染，尽量还原了当时的开采场景（图7-3）。

萨55井石油开采情境复原主要涉及场所中的贝乌井架、泥浆池、水井和土油池遗产要素。其中贝乌机井架是钻井过程中用于安放天车、悬挂游车、大钩、吊环及吊卡等机具，以及起下、存放钻杆、油管及抽油杆的装置[154]。泥浆池是在地面向下挖的一个长方形的土坑，用于存放泥浆的地方。泥浆作为钻井液一般用来加固支撑钻井壁。泥浆池是钻井液循环系统地面设施中的容器，用来给护壁钻孔桩提供泥浆。水井是用来提供钻井需要的用水。当时油田注水开采原理是通过打注水井向油层注入水，在整个油层内建立起水压驱动方式以恢复和保持油层压力，这样有利于提取石油。

萨55井

泥浆池

土油池

值班房

水井

卸车台

贝乌井架

地窝子

图7-2 萨55井遗址现状

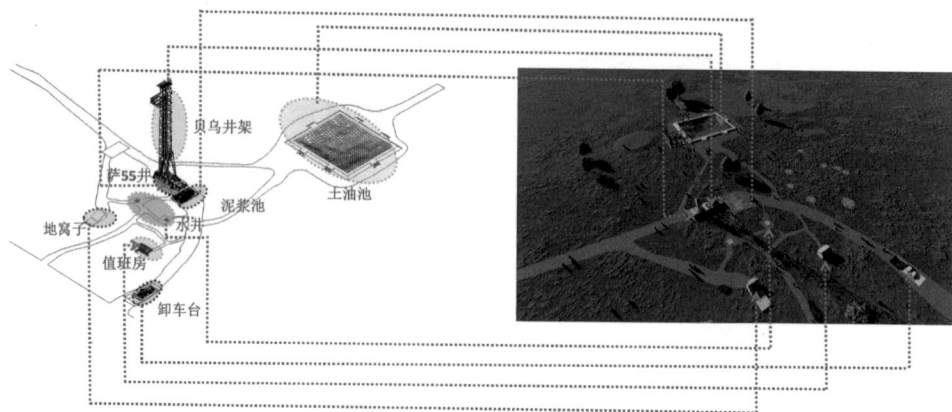

图7-3　萨55井的整体空间布局和初始场景再现

土油池是在地面挖的一个长方形的土坑，是为了临时存放喷出的原油，相当于储油池。

　　石油开采辅助情境复原主要涉及场所中的卸车台、地窝子和值班房三个遗存。卸车台是当时临时搭建的一个可卸装钻机的台子。因为当时条件艰苦，没有吊车，只能采用这种简易的方式吊装设备。地窝子是临时搭建的地下住宿场所，供石油工人轮流值班。地窝子内部空间面积狭小，地面上直接铺一些枯草，条件十分艰苦。值班房是当时临时搭建的一个能够遮挡风雪的小棚子，属于临时办公场所。

　　为了更加直观清晰地阐释这些遗产要素在石油开采流程中的具体作用，本书采用了情境叙事的方式，即复原生产情境的同时，配以图示和文字来综合说明这些要素之间的关联性（图7-4）。需要说明的是图中采油树是油气井最上部的控制和调节油气生产的主要设备，可以表示井口的位置，这里代表萨55井。

　　本节依据萨55井现有场地内遗留的遗产要素再现了大庆石油会战时期石油开采情境（图7-5），解读了每一个遗产要素在石油开采流程中的作用。同时从遗产场景的阐释过程中还可以看出当时大庆油田建设的条件非常艰苦，开采技术也比较落后，辅助设施比较简陋。正是在这样艰苦的条件下王进喜钻井队历时5天多就完钻一口油井，确实是创造了一个奇迹，体现了石油工人与天斗、与地搏的勇气和志气，这也是萨55井的重要价值和意义所在。同时复原的萨55井石油开采情境也是我国20世纪60年代石油工业发展的历史缩影，不仅展示了我国当时石油工业发展的艰难历程，而且也是现代石油发展的一个历史见证。

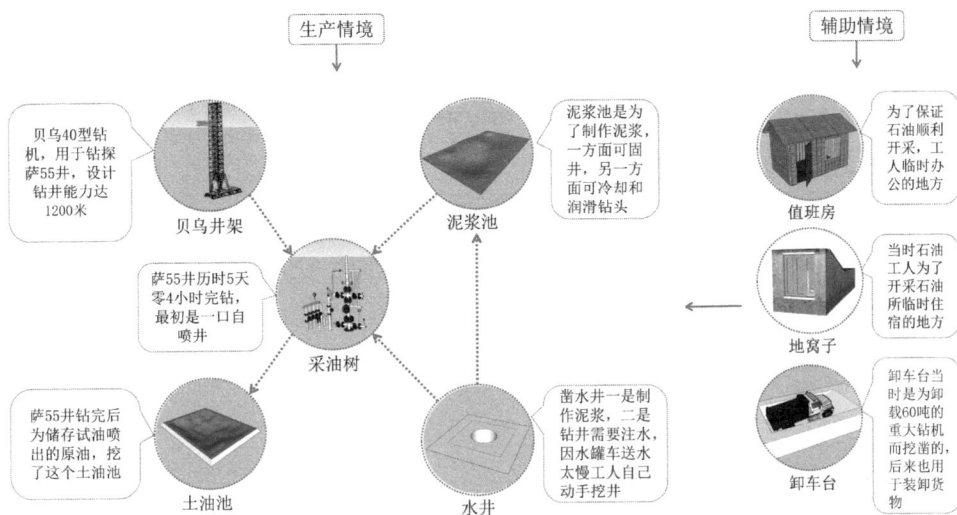

图7-4 萨55井生产情境和辅助情境关联性

图7-5 萨55井当时的开采场景

7.1.2 石油产业链下游遗产——炼油技术工艺流程的情境构建（延长石油厂）

炼油是石油产业链下游的一个重要技术工艺环节。在4个油田的石油工业遗产保护名录中共涉及3个炼油场所遗址，大庆油田的葡萄花炼油厂遗址、延长油田的延长石油厂（七里村炼油厂）遗存和玉门油田的西河炼油厂遗址。其中炼油工艺流程比较完整、保存较好的是延长石油厂（七里村炼油厂）。因此本节以延长石油厂为例，在历史文献资料和实地调研的基础上，利用BIM构建不同时期炼油厂的历史情境，展示不同时期的炼油工艺技术流程。

延长石油厂经历清末、北洋政府时期、民国时期及中华人民共和国等时期。复原数据来源主要有1918年出版的《石油概论》和《延长油矿沿革史》，1931年出版的《延长石油矿略史》以及1953年地质工作者完成的延长石油厂空间格局测绘图。当前的数据主要为实地调研获取，并对比较重要的两个时期的炼油厂空间历史格局进行还原再现。

1. 延长石油厂的历史沿革

延长石油厂位于延长县城，建立于1905年，距今已有一百多年的历史。延长石油厂经历了初创期、发展期、破坏期、重建期和保护期五个重要的历史时期，反映了中华民族石油工业发展的百年历程。

延长石油厂初创期（1905—1934年），外国列强企图对延长石油进行掠夺，这直接刺激了当时清政府对延长石油的开采。1905年清政府筹办创建延长石油厂，并筹建了运输道路，这为油田开发做了前期工作。1907年中国陆上第一口油井——延一井出油，同年中国陆上第一座炼油厂——延长炼油房建成投产。1914—1916年，北洋政府与美孚公司签订《中美合办油矿条约》，在延长县设立"中美油矿事务所"。1920年延长石油拟定了中国石油史上最早的石油产品商标"石马""双枪""雁塔"和"锦鸡"。1923年延长石油厂更名为延长石油官厂。

1935年延长石油厂在延长县城获得解放，1938年成立军事工业局。1940年陈振夏带领工人钻探延19井，这是当时军工五厂自主勘定井位、自制钻机打成的第一口新井，被誉为"起家井"。1941年七1井的钻成标志着七里村油田的诞生。"据统计1939—1946年间延长石油厂生产原油3155吨、汽油163.943吨及煤油1512.33吨，还生产了蜡烛、机油和油墨等产品。延长石油厂作为这个历史时期陕甘宁边区唯一的石油生产企业，保障了边区工业生产和经济建设中的石油产品的供给，增强了边区军民和全民族持续抗战的能力，为抗日战争的胜利做出了重要的贡献，因此延长石油厂被誉为"功臣油矿"。[86]

延长石油厂破坏期（1947—1948年），国民党进攻延安，延长石油厂停办。这一时期延长石油厂经历了国民党第五次围剿。在战争中，延长石油厂的设备、物资及人员等先后进行撤离掩埋，但石油厂却依然遭受了巨大破坏。1947年9月，延长石油厂重建，并恢复了生产。延长石油厂在七里村建立了新的炼油厂，其位置靠近旺油井（七1井）。"1948年延长石油厂却改称为工业部十三厂，1949年改称为兵工部十三厂，并在七里村相继钻成了七14、16、17、18、19井。1949年延长石油厂全年共生产原油820吨，加工原油628吨及生产汽油176吨，为支援西北及其全国的解放做出了重要贡献。"[86]

1949年到1978年是延长石油厂的重建期。1949年后延长石油厂进入了崭新的发展时期，先后经过了多次更名改组，并进行了修复改造。1950年成立了西北石油管理局延长油矿，在加大石油勘探和开采力度的同时加强了基础设施建设。1951—1960年，苏联多名专家相继来到延长油矿，传授了石油开发知识、经验和技术，并协助开采炼制石油工作，为我国石油工业基础建设做出了贡献。1959年延长石油厂实现了原油突破万吨大关。与此同时，"石油厂发动职工试制成了单锅双塔、土管式炉及连续式装置，提高了加工能力。"[86]从1960年开始经历了三年经济困难时期和文化大革命时期，这期间延长油矿一直保持正常的生产。到1970年延长油矿逐步恢复正常的生产经营秩序，1972年完成了炼油厂炼油釜改造工程，原油加工能力提高到1万吨。1977年建成投产年产量3万吨的常压蒸馏装置，至此结束了单独釜蒸馏工艺。[86]

1979年至今是延长石油厂的保护期。"1980年竣工投产了延长炼油工段热裂化和配套的催化精制装置，当年加工原油3.5万吨，裂化1.2万吨"[86]。2003年七里村炼油厂被关停，同时对炼油厂进行了原址保护，主要是对生产设备进行维护，对厂内建筑进行保护性修复，并对采油设施设备、炼油设施设备和生产辅助设施等进行了原真性复原，这主要是对延长石油工艺的五大步骤流程进行保护规划，并形成完整的石油工艺保护模式，并于2018年被列入中国工业遗产保护名录。

本节基于已经掌握的历史文献资料，主要对初创期和重建期的延长石油厂的炼油房（炼油厂）进行了历史情境复原。复原的内容主要包括炼油厂总体规划、遗产要素单体和原油炼制工艺技术流程，并力求通过历史情境的整体复原来阐释这两个时期炼油厂的整体性状况和原油炼制工艺技术。

2. 初创期的延长石油厂炼油房的历史情境复原

1905年清政府建立延长石油厂，到1916年延长石油厂的空间格局基本形成。这个历史时期的石油厂总面积约十余亩，南北两侧都是数百丈的高山。石油厂主要包括两个功能空间区域，一个是采油部（东厂），另一个是制炼部（西厂），二者之间以西河为界（图7-6）。本节主要对炼制部（以下称炼油房）进行历史情境复原阐释。

从炼油房的历史平面图（图7-7）可以看出，整个炼油房的厂区主要分为两个功能区，一个是炼油生产区，另一个是辅助生产区。炼油生产区主要包括炼油釜、洗油池、渣油池、冷凝池和曹达炼油室等设施设备，辅助生产区主要包括冰窖、化验室、办公室和职工宿舍以及工人房等建构筑物。依据历史文献记载和影像资料，本书尝试对这个历史时期的炼油房进行整体性情境复原，尤其是对当时的炼油工艺流程进行的复原分析。

这个时期的炼油房是由日本工程师参与建造的，采用的炼油工艺技术是釜式蒸馏法，这种方法是19世纪20年代到19世纪末，世界各地（如美国、日本、俄罗斯）普遍采用的一种原油蒸馏方法。

当时釜式蒸馏法的基本工艺流程为：首先将原油注入蒸馏釜，釜下烧煤炭加热，然后釜内产生的油蒸汽通过小管子在盛水的池中冷却，冷凝为油品，最后油品流入洗油池，这个过程中形成的油渣流入渣油池。如果油品需要除酸处理，则还要经过硫酸洗油槽后再流入相应的油槽（图7-8）。

基于釜式蒸馏法技术工艺和炼油房的平面图，本书复原了整个炼油房

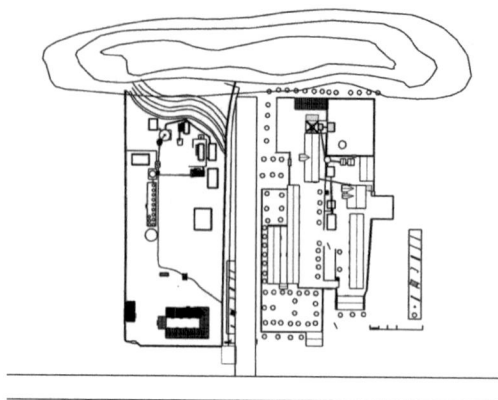

图7-6　延长石油厂平面图（1907年）
（图片来源：作者改绘自参考文献［155］）

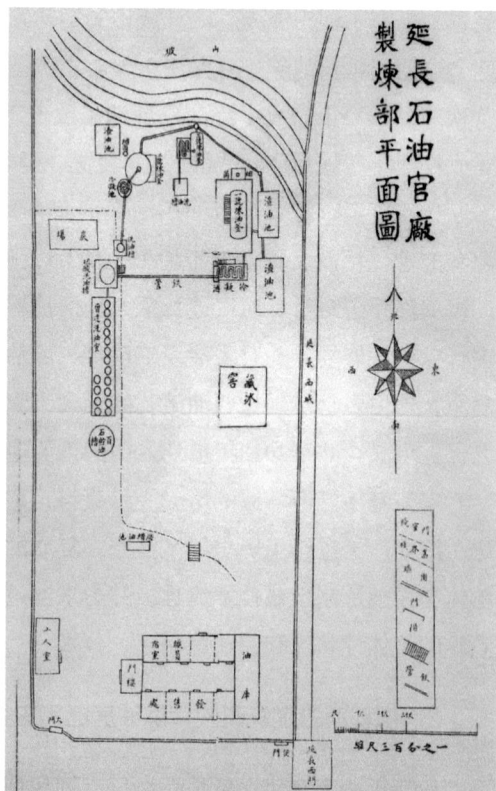

图7-7　延长制炼部平面图（1907年）［155］
图片来源：富平，张丙昌. 延长油矿沿革史［M］.
西安：陕西出版集团，三秦出版社.

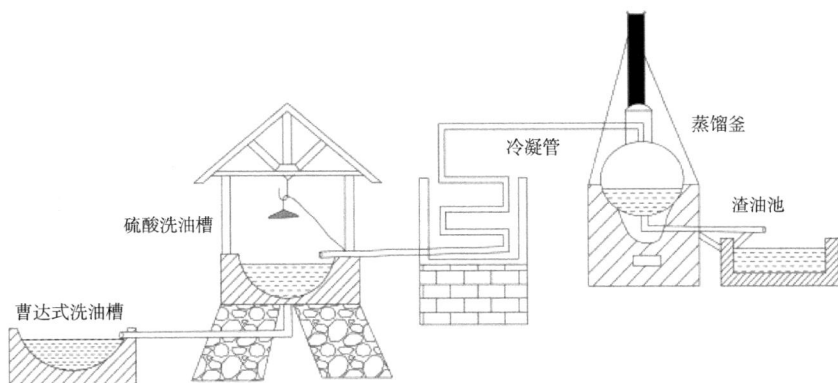

图7-8 蒸馏石油工艺流程

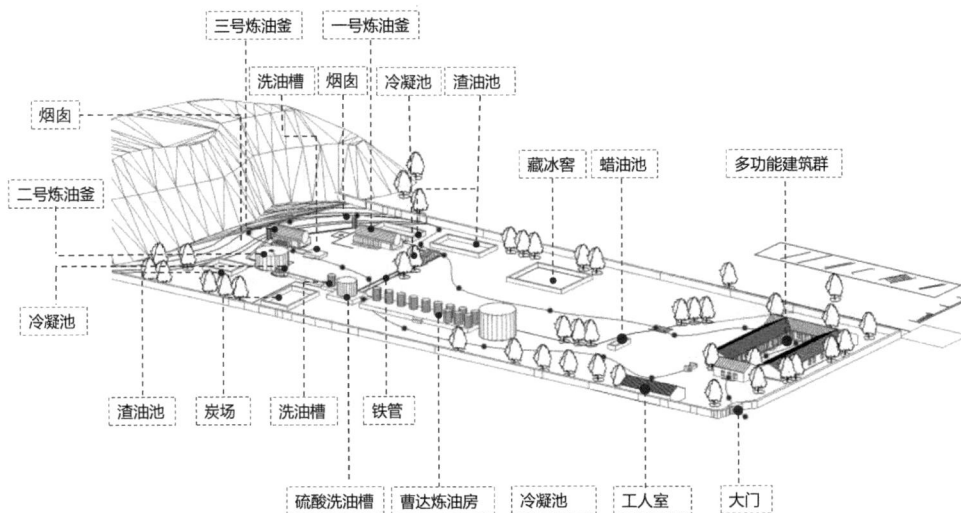

图7-9 延长炼油房情境复原图

的历史情境。厂区是一个南北向的长方形平面，周围一圈设置了矮墙作为厂区的围墙，大门设置在南墙的西南角位置。厂区内部分为两个不同的功能空间区域，一个是位于厂区北部的炼油生产区，另一个是位于厂区南部的辅助生产区（图7-9）。

炼油生产区的历史情境复原主要涉及的遗产要素有：炼油釜、冷凝池、洗油槽、硫酸洗油槽、烟囱、渣油池等，这些设施设备要素组合在一起共同完成了原油的加工工艺，比较完整地再现当时炼油的整个工艺流程。

辅助生产区的历史情境复原主要涉及的遗产要素有：1个藏冰窖、1座工人室建筑和1个多功能的建筑群。其中藏冰窖是地下建筑，其地面部分只覆盖了顶部盖子，工人室是单层的两坡顶的独栋建筑。多功能建筑群是由4个独立建筑围合而成的院落式布局，包括1个西侧入口的门楼，南北两侧的职工休息室、办公室、化验室和发售处等建筑，以及东侧的油库。这些建筑采用的都是两坡顶的建筑形态。由于建筑材料和构造文字记载不详，本书根据现有的图像资料推断这些独栋建筑采用的是木构架结构和砖制墙体。

对这个时期的炼油房复原时，团队发现当时炼油房采用的石油炼制技术并不是当时世界最先进的，在同一时期其他国家已经开始采用了热裂化技术工艺（如美国）。但是正是这种比较简陋的炼油技术工艺陆续生产了汽油、煤油、擦枪油和石蜡等不同类型的石油产品，解决当时我国一部分生产和生活的需求，这在当时也是一件创举。

3. 重建期延长炼油厂的历史情境复原阐释

1949—1978年属于延长石油厂的重建期，这一时期炼油厂从延长县搬到了七里村，也就是后来的七里村炼油厂。新中国成立后，七里村炼油厂得到恢复建设，炼油工艺技术也有了明显的改进和提升。目前在原址上对大约20世纪50年代的炼油生产场景进行了修复和重建。原址位于一个坡地上，利用地势高差分为上下两层空间区域，两个空间区域之间利用楼梯进行连接。上层空间区域主要设置了一个原油储罐（图7-10a），是原油的储存场所。下层空间区域是一个长方形的空间，主要包括蒸馏釜、中间调油房、计量交油房和储油罐等遗产要素（图7-14b～图7-14h），是主要的原油炼制生产场所。

通过历史文献的整理和实地调研学习，在基本掌握了当时炼油工艺流程的基础上，研究团队尝试利用数字化的方式构建当时历史情境，希望能够比较完整详细地阐释这个历史时期的炼油工艺流程。

这个历史时期的炼油厂采用的炼油工艺技术还是釜式蒸馏法，主要是5个蒸馏釜串联。这种方法形成于19世纪80年代，连续釜式蒸馏法比之前采用的单独釜式蒸馏法炼出的油品量要大。

整个炼油工艺流程为：①上层空间的原油储罐利用地势的高低差将原油连续不断的注入蒸馏釜中，然后根据不同的油品的要求将原油加热到不同的温度形成油品；②油品在经过冷凝池冷凝后进入中间调油房的油水分离装置，利用油和水的密度差将水放出，剩余的油品则通过管线流向调和计量储油罐，并通过蒸汽泵将两次炼制

a 原油储罐

b 蒸馏釜

c 中间调油房

d 化验室

e 制炼部（销售部）

f 计量交油房

g 油渣池

h 成品油储油罐

图7-10 七里村炼油厂复原现状

的油品进行调和，调好后进入计量房；③油品进入储油罐，油品在进入计量房之前还需要加入铅，在整个原油炼制过程中形成的渣油经过渣油冷凝池冷凝后进入渣油池。

上述炼油工艺流程场所中的遗产要素可以分为两种功能类型：一种是直接参与炼油过程的遗产要素，它们共同形成了炼油生产情境；另一种是间接参与炼油过程的遗产要素，它们共同形成了辅助炼油生产情境。

在构建炼油生产情境时主要涉及的遗产要素有：5个串联在一起的蒸馏釜群、1个中间调油房、1个计量调油房、1个压蜡房、1个烘蜡房、1个重油房、3个储油罐，1个冷凝池以及油渣池要素，它们共同构成了完整的石油生产炼制情境。本书尝试对每一个遗产要素进行初步的复原再现，包括外观形态和内部空间。

石油生产炼制情境中比较重要的设施设备是5个串联的蒸馏釜。它们是由矗立的炼油塔、排烟塔、汽煤柴油及重柴油储存箱和燃烧炉共同构成的成排"炼油釜"设备（图7-11），这套设备是原油炼制的第一道工序。

从蒸馏釜出来的油品经过冷凝进入下一个比较重要的工序——中间调油房。中间调油房的作用主要是将油品的油水进行分离，然后将两次炼制的油品进行调和，最后形成合格的成品油。建筑内部分为两个功能空间：一个空间包括8个分离罐和8个储油罐，另一个空间包括8个蒸汽泵。不同的油品放到不同的分离罐中，通过泵进行调和，最后流入相应的储油罐（图7-12）。建筑外观采用单层两坡顶的形态，结构采用砖木结合的形式，整体设计比较简单。

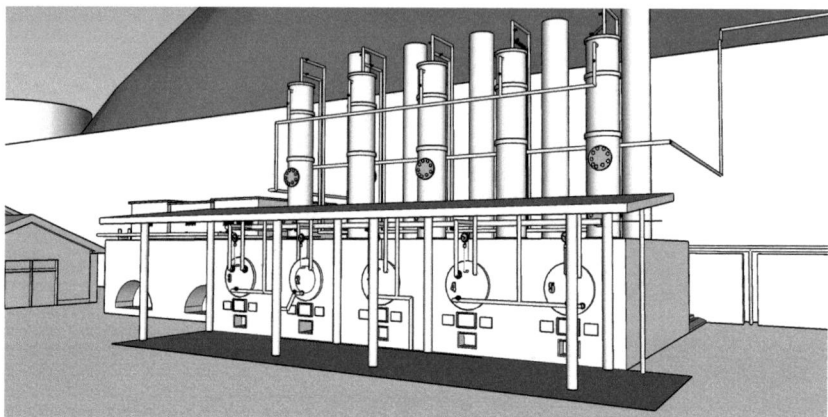

图7-11　蒸馏釜复原简图

另一个比较特殊的工序是计量调油房，这里是汽油最后一道加铅的工序。将储存铅罐（铅剧毒）放置于山坡的孔洞内，通过加铅室作为枢纽注入计量调油房内，完成汽油计量调油的目的，其他成品油也在这里计量调和。此外石蜡和重油的生产工序是在北部墙体挖凿的圆弧形洞口内完成的，工艺比较简单。

在构建辅助生产情境时主要涉及化验及会议室、后勤服务、锅炉房、炼制部（销售部）和冰窖。化验室、后勤服务用房和炼制部也都是单层两坡顶的建筑形式，建筑结构采用的砖木结合的形式。其中制炼部的建筑形式比较有特点，在建筑的两个入口处分别设置了单坡木构雨篷（图7-13），建筑外观形态比较醒目，与其他建筑形式有明显的不同。这可能是由于制炼部是当时的销售部，属于对外销售部门，因此建筑形态需要一定的辨识度。

图7-12 中间调油房内部剖面图

图7-13 制炼部复原模型图

最终研究团队复原了一个比较完整的石油炼制工艺过程（图7-14）。这里有两点需要进行说明：第一点是

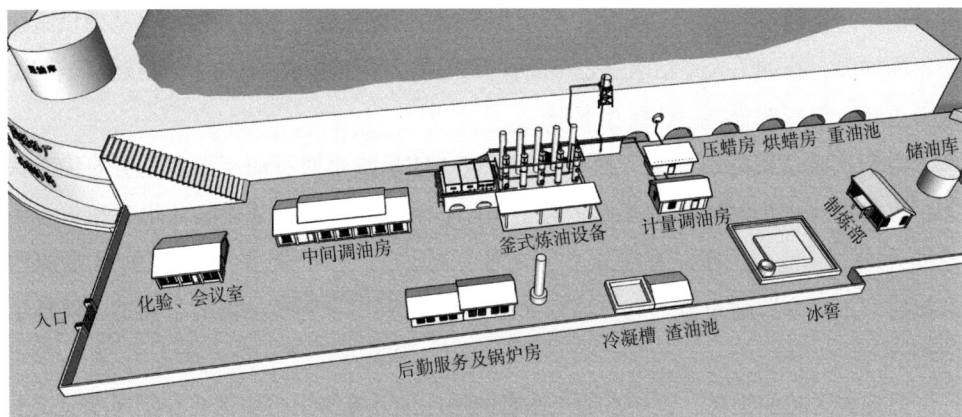

图7-14 七里村炼油厂复原模型

关于场地展示的炼制工艺技术的年代，现场解说人员告诉我们展示的时间段是1949—
1978年，但是根据我们对历史文件资料的梳理认为展示的时间在1949—1965年可能更
为准确。因为1965年延长油矿委托石油部北京设计院设计管式常压蒸馏—热裂化装
置，规模为年加工原油1.5万吨，并且在1966年12月，第一套管式常压蒸馏—热裂化
装置正式建成投产。第二点是由于资料的限制，在复原的过程中，炼油工艺技术流程
在细节上还有一些问题需要进一步考证，例如：重油的技术处理、石蜡的制作工艺及
场地的管线铺设等，这需要在后续的研究中不断深入解读和分析。

7.2
石油辅助遗产的历史情境阐释

7.2.1 生活类遗产历史情境阐释——大庆石油工人村的历史情境复原阐释

新中国成立初期我国的石油工业刚刚起步，在油田的初期开发建设中为了解决石
油工人及其家属的居住和生活问题，一般会在石油生产区周围建设不同规模的石油工
人村（镇）。这些石油工人村（镇）的基础设施一般比较简陋，生活条件比较艰苦。
随着油田开发建设的展开，石油工人村（镇）的规模和数量不断地增加，基础设施建
设不断加强，石油工人生活水平也不断提高，所以部分原有的石油工人村逐渐被淘汰
或者更新，仅有部分遗存被保存下来。

由于这些遗留的石油工人村（镇）不仅能够反映当时石油工作者真实的生活状
态，也能够体现当时的石油工作者为了国家石油工业的发展建设吃苦耐劳和勇于奉
献的爱国主义精神，所以有部分遗存被列入工业遗产保护名录，例如：大庆油田的
红旗村"干打垒"建筑群、克拉玛依油田的101窑洞房和延长油田的石油工人何延年
窑洞。

但随着时间的推移，这些石油工作者的居住地及其历史情境都在一定程度上发生
了改变，被保留下来的部分遗存已经不能完全展现当时石油工人的生活场景。因此为

了更加清晰再现当时石油工作者的居住和生活的环境，本节尝试对当时居住建筑的遗产本体及其历史情境进行复原。

在研究的过程中我们发现20世纪50年代到60年代石油工人村（镇）规划布局比较单一，居住建筑形式一般根据当地原住民的建筑形式进行建造，比较常见的形式有地窝子、帐篷、窑洞和土坯建筑等，这些建筑具有构造简单、建造快速与居住空间狭小简陋的特点。为了比较真实地还原当时石油工作者的居住和生活场景，本节以资料比较齐全的大庆油田的石油工人村——红旗村"干打垒"建筑群和克拉玛依油田的101窑洞为研究对象进行历史情境复原阐释研究。

1. 大庆油田建设初期（1959—1966年）石油工人村规划模式及建筑形制

在大庆油田建设初期，城市发展始终坚持"一切为油田生产服务"和"工农一体、城乡一体、有利生产、方便生活"的原则，逐渐形成了一种比较特殊的"乡村式"矿区发展模式，成为当时我国工业城市发展的典范。

在矿区建设阶段初期（1959—1966年）"乡村式"矿区发展模式的主要特点是城市道路网以油田建设道路网为依托发展，油田生产点和居住点以散点的形式分布，成为"城乡一体化"的分散式布局。

居住点依据不同类型的油田生产场所选择不同的地点和规模，主要分为三种类型：第一种类型居住点是以企业管理部门所在地为中心形成一个工人镇，一般居住人口在3万～5万人。第二种类型居住点是以工作地点比较固定但分散的采油厂、矿机关等单位所在地为中心形成一个中心村，一般居住人口500户左右。中心村周围布置几个居住点，居住点之间开垦农田，这样形成了"工农结合"的空间布局模式。例如红卫星村就是一个中心村，它周围布置了4个居住点（图7–15）。第三种类型居住点是设置在机动基础建设、钻井队及泵站所在地，且分布在中心村周围，这种居住点既是工业生产基地，又是农业基地，居住人口约200户。[152, 112]

当时中心村和居住点的总体规划都采用了兵营式的布局模式，地面朴素空旷，周围建有农田（图7–16）。居住点一般配有幼儿园、小学、卫生所和商店等功能建筑。除此之外，中心居住村还包括中学、邮局、浴池和农技站等功能建筑（图7–16）。这样就逐渐形成了居住点—中心村—工人镇的三级村镇布局模式，这种布局模式成为大庆矿区建设阶段（1959—1979年）的"乡村式"矿区空间形态。

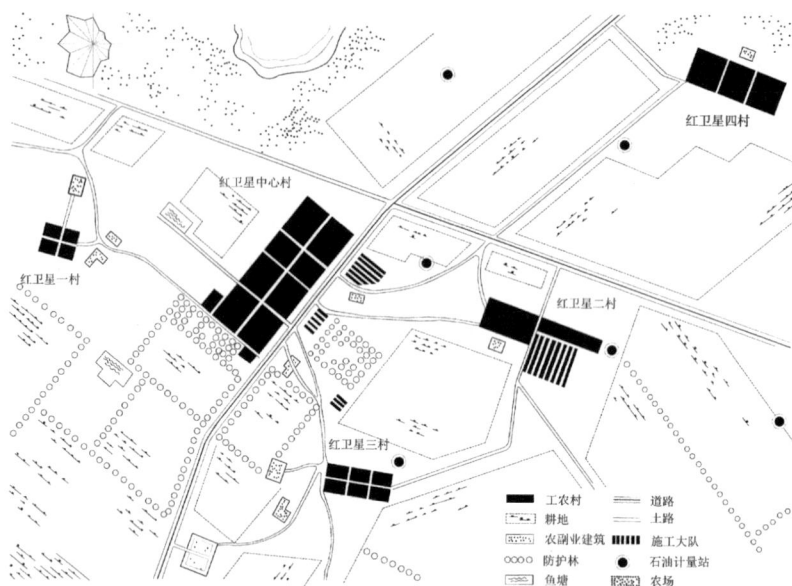

图7-15　红卫星工农总布局（1966年）

（图片来源：作者改绘自参考文献［156］）

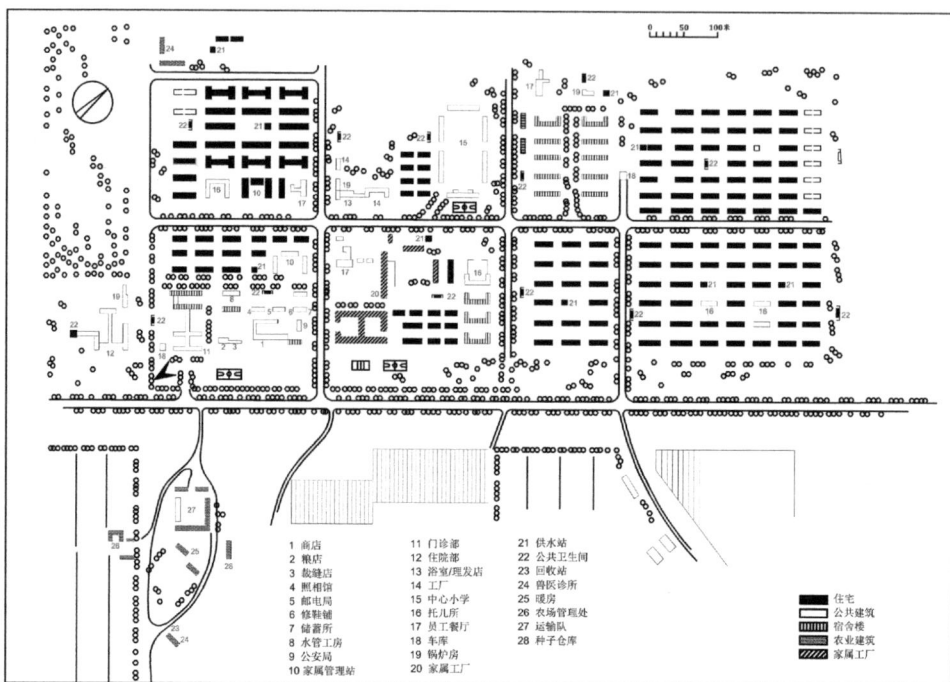

图7-16　红卫星中心村规划布局（1964年）

（图片来源：作者改绘自参考文献［152］）

2. 红旗村"干打垒"建筑群的历史情境阐释

红旗村"干打垒"建筑群位于大庆龙凤区西部，始建于1960年。它是大庆目前仅存的两处规模较大的干打垒建筑群，其规模相当于一个居住点，是大庆油田建设初期石油工人村的代表。2007年红旗村"干打垒"建筑群被列入大庆市文物保护单位名录，2014年被列入黑龙江省重点文物保护单位名录。

目前两个石油工人村的原有居民已经迁出，工人村处于闲置状态。红旗一村保存了20多处遗存（图7-17a、图7-17b），红旗二村保存了40多处遗存（图7-17c、图7-17d）。由于建筑没有得到及时的修缮，使得建筑本体破损严重，并且这种状况还在持续加剧。原有的街道采用的是土质路面，主要街道肌理依稀可辨，次要道路已经难以辨认，历史语境已经严重丢失。

a 红旗一村建筑1

b 红旗一村建筑2

c 红旗二村建筑1

d 红旗二村建筑2

图7-17 红旗村干打垒建筑群

为了能够比较好地修复和再现石油工人村原有的生活空间场景，研究团队连续四年（2018—2021年）去实地考察测绘，多方调研历史文献资料，并且参考同时期的石油工人村的历史文献资料，最终利用3D技术将红旗村"干打垒"建筑群的"情境"进行修复和再现。首先利用3D技术主要恢复了居民村的总体布局，包括道路系统和建筑排布组合模式。单体建筑3D模型主要对建筑的内部空间、结构、细部和材料进行了复原。此外，通过设置一定的路径，以人的视角穿行其中，这样更能直观地感受当时村落、街道的尺度以及建筑之间的相互关系。

（1）石油工人村总体布局的历史情境复原

20世纪60年代大庆石油工人村的总体规划布局一般采用的是简单的矩阵形，即相同建筑形态的"干打垒"等距排列，一条主要街道贯穿其中，街道两旁布置公共建筑、住宅和宿舍，且街道没有铺装，采用的都是夯实的路面。

现有的两个红旗村采用的也是这种布局模式，其中红旗一村有一条东西向的主要街道和三条南北向的次要街道，沿着街道布置主要的公共建筑，包括商店、剧场和幼儿园等，"干打垒"建筑呈矩阵式排布（图7-18）。红旗二村有一条东西向的主要街道和四条南北向的次要街道，基地内部的公共建筑遗址已经不可分辨，"干打垒"建筑也呈矩阵式排布（图7-19）。

本书依据20世纪60年代大庆石油工人村的总体规模和现有遗存的总体状况，对两个红旗村进行了整体性历史情境的复原推想（图7-20、图7-21）。

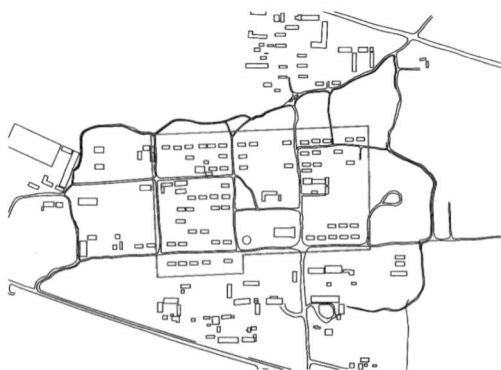

图7-18 红旗一村总平面图（现状）

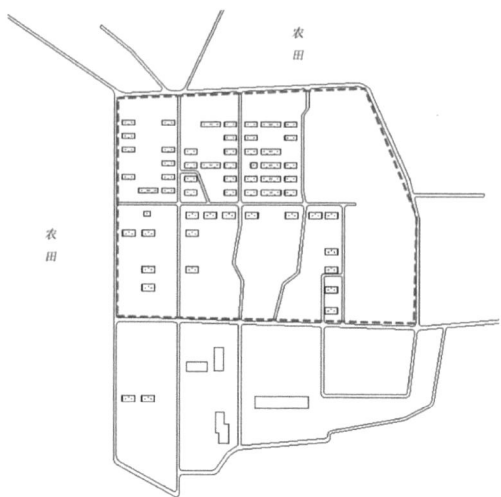

图7-19 红旗二村总平面图（现状）

图7-20 红旗一村复原图

图7-21 红旗二村复原总图

（2）石油工人村的建筑形制复原

红旗村的建筑主要包括公共建筑和居住建筑两种类型。居住建筑采用的是"干打垒"建筑形式，公共建筑采用的是砖木结构的建筑形式。

"干打垒"建筑传承了东北地区传统的"干打垒"建筑特点，并在其基础上衍生出"第一代干打垒""第二代干打垒"和"第三代干打垒"。

"第一代干打垒"建筑平面为4开间，总面阔约为12米，建筑进深约为5.5米，形成了1：2.4的长方形平面布局。建筑平面呈对称式布局，被分为两户，每户占2开间。内部功能主要划分为厨房、客厅和卧室三个空间。建筑的南立面开门，南北墙对面开窗，山墙两侧也对称开窗。

建筑采用土木结合的砌筑方式，主要承重构架为梁柱结构，在南北纵向外墙处布置木柱，共布置5排柱子，屋顶采用木檩承重，共设置了12条檩。建筑墙体采用土坯墙，竖向高度比较矮，纵向墙体高度约为2.2米，横向墙体最小高度为约2.2米，最大高度约为2.6米（图7-22），这样就形成了"囤顶"屋顶。

"囤顶"屋顶是当地居住建筑普遍采用的屋顶形式，这种屋顶比较平缓，主要作用有两个方面，一方面是冬天可以减轻屋顶的雪荷载，另一方面是冬天屋面可以适量地保存积雪，具有保温效果。

"第二代干打垒"建筑基本延续了"第一代干打垒"建筑的平面布局和结构方式，不同的是门设置在了东西向墙体的位置，南向所有房间

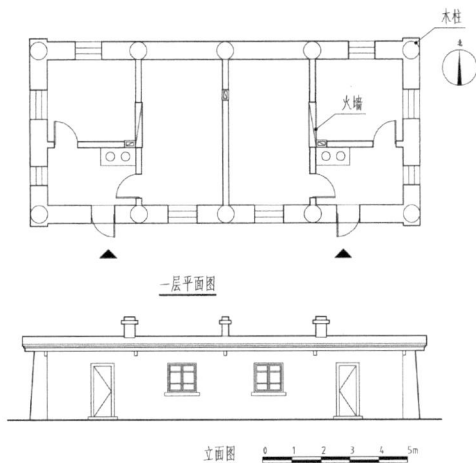

图7-22 第一代干打垒

都开窗,建筑墙体采用砖砌筑,且东西向外墙和内墙突出于立面(图7-23)。

"第三代干打垒"建筑较之"第二代干打垒"有所发展,主要表现在建筑的开间数增多了,从4开间增加到了7开间,建筑总面阔约21米,建筑进深约5.5米,形成约1∶4的长方形平面布局。其中中间3间为一户,两侧各2间为一户。并且中间一户南向开门,东西两户分别在东西山墙两侧开门。建筑依然采用木制梁柱结构和砖砌墙体,屋顶设计为9条檩梁架。建筑南立面开设大窗取暖,北立面开设小窗通风(图7-24)。三代"干打垒"建筑的屋顶均采用"囤顶"的形式,建筑外观没有发生太大的变化。

从实地勘察可以看出,红旗一村采用的是"第一代干打垒"建筑形式,红旗二村采用的是"第二代干打垒"和"第三代干打垒"建筑形式,由此可以判断红旗一村的建造时间要早于红旗二村。

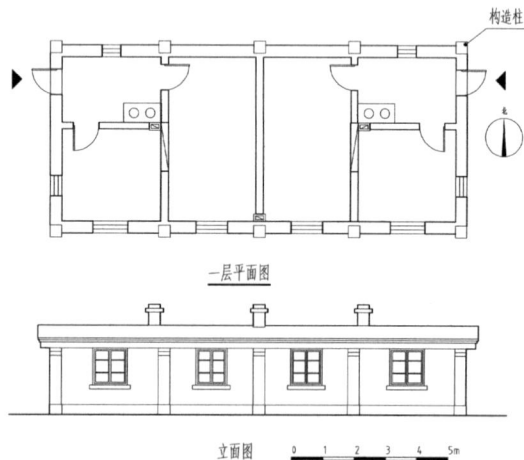

图7-23 第二代干打垒

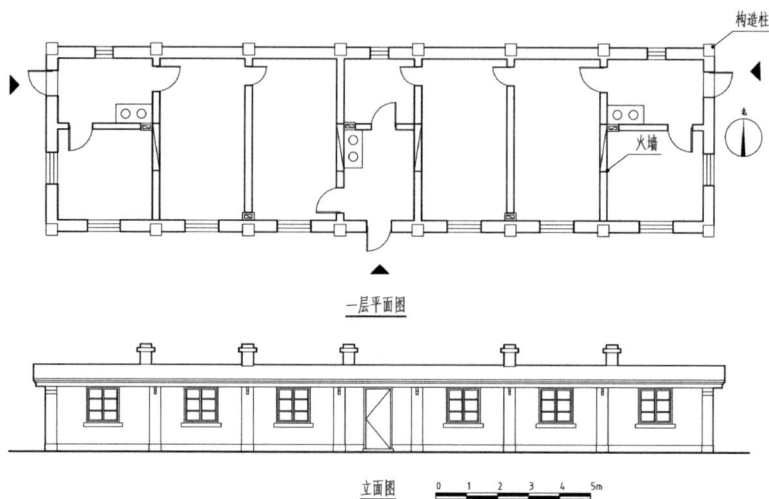

图7-24 第三代干打垒

在公共建筑的复原阐释中，研究团队主要对红旗一村的圆形商店和剧场进行了复原研究。其中商店是当时的物资供应场所，能够很好地解决石油工人的生活问题，剧场则是一个公共活动场所，可以举办一些娱乐和公共聚集活动。目前这两个建筑比较好地保存了外观形态。商店基本保存了原有的平面布局、结构形式和外观形态（图7-25），内部是一个没有进行空间分割的圆形大空间。剧场也较好地保存了建筑外观形态，但内部的结构和空间划分已经不可见（图7-26）。

公共建筑和"干打垒"建筑按照矩阵式排布，形成了类似兵营式的石油工人村的整体风貌（图7-27）。从这两个居住点的历史情境复原中我们可以窥见当时石油工人生活的艰苦朴素，也反映了他们为新中国石油工业的建设不怕困难与艰苦奋斗的大庆石油精神。

图7-25　圆形商店复原图

图7-26　剧场复原图

图7-27　红旗村3D复原图

7.2.2 生活类遗产历史情境阐释——克拉玛依101窑洞房历史情境复原

克拉玛依油田初期开发阶段（1951—1965年），石油工作者的居住建筑主要包括地窝子、帐篷、木板房和干打垒简易住房四种形式（图7-28、图7-29）。保存较好的两处居住建筑遗址是黑油山地窖和101窑洞，它们是当时石油工作者生活状况的典型代表，也是石油工作者艰苦创业精神的体现，已经被列入中国工业遗产保护名录。以下将对克拉玛依油田101窑洞进行历史情境复原研究。

1. 101窑洞房的历史沿革

1958年8月29日，克拉玛依油田193号探井完钻，日产原油高达260吨，成为当时全国仅有的高产井。1960年，新疆克拉玛依矿务局采油二厂在白碱滩成立。当时为了多快好省地建设社会主义，采油二厂一手抓生产、一手抓生活。油田工作驻地只有4栋平房，多数人在茫茫白碱滩上搭帐篷。但是由于独特的地理位置，白碱滩地区干旱

图7-28 地窝子和帐篷[157]

图7-29 干打垒简易房子[158]

少雨且风沙大，帐篷抵御不了狂风的袭击，常常一场大风就把整个帐篷掀掉。因此为了建造能够避风挡雨的房子，油田职工和家属们自发地在戈壁荒滩上挖地窝子（地窖）。但由于地窝子全部位于地下，下雨天雨水倒灌，室内都是水，不方便居住。因此为了创造更好的生活条件，采油二厂开始让油田职工在工作之余自己打土坯建窑洞房。

1964年，采油二厂一东区建成该区第一个注水站，取名"101"。为了方便生产和生活，该厂决定在注水站旁建5栋窑洞房，即"101窑洞房"。后来窑洞房逐渐增多，解决了油田工人的居住问题，同时也高效推动了克拉玛依区油田的快速发展。

1972年采油队搬出101窑洞房，至此窑洞房处于闲置状态。经过几十年历史演变，101窑洞房中有一栋建筑因为油田开发的需要被拆除，其余4栋被保存下来，但都有不同程度的破损。2007年，采油二厂对101窑洞房进行清理，并在建筑主体周围制作围栏进行保护。2010年101窑洞房被克拉玛依市人民政府认定为市级文物保护单位，2014年被认定为自治区级文物保护单位。2015年采油二厂对101窑洞遗址进行修缮，并设立了以石油工业为题材的原址性展览馆。2018年，101窑洞房被列入中国工业遗产保护名录。101窑洞房作为克拉玛依油田建设初期石油工作者日常工作和生活的地方，是目前新疆油田唯一保留完整的早期油田生产和生活场所，也是新中国第一代石油人艰苦创业的历史见证。

2. 101窑洞的历史情境复原阐释

目前101窑洞遗址共包括5栋建筑群，其中4栋纵向建筑和1栋横向建筑，形成两进深的"日字"形平面布局，基本保持了原有的空间格局。其中有3栋建筑遗址已经被修复和重建（图7-30a、图7-30b），入口右侧的一栋纵向建筑和中间一栋横向建筑进行了修复，入口左侧一栋纵向建筑进行了重建。后面2栋建筑进行了简单的加固，处于闲置的状态（图7-30c、图7-30d）。

调研团队经过文献资料的查找和实地调研，对5栋建筑群的历史情境进行了初步的复原推想。复原场景共包括5栋建筑，中间1栋建筑是当时的办公场所，内部空间共包括12间办公室，左右两侧4栋建筑为当时的职工宿舍，每栋建筑内部空间共包括11间宿舍。这5栋建筑共同形成了两进深的"日字"形平面布局（图7-31）。

为了适应新疆气候条件，每间窑洞房采用的都是面阔小、进深大的平面布局。每间宿舍平面分为内外两层空间，外部空间为厨房（灶台）兼储物间，内部空间为办公

a 修复后的101窑洞房1　　　　　　　　　　　　b 修复后的101窑洞房2

c 闲置的101窑洞房1　　　　　　　　　　　　d 闲置的101窑洞房2

图7-30　101窑洞房现状

室兼卧室，且设置取暖用的火墙。建筑立面根据实际功能需要在正立面设置一个单开门入口和一个小窗户，小窗户对应储物间的位置，北立面设置一个较大的窗户用于卧室采光。每间窑洞采用拱形屋顶形式，这些拱形屋顶共同组成了整栋建筑的波浪形屋顶。

101窑洞房整体为土坯房，外墙墙裙由砖或石块垒砌而成，墙体则由自制的土坯块砌筑而成。拱形屋面和墙体的交接部位由砖砌筑而成，屋顶设置砖砌的烟囱，室内地面铺装砖块，并且为了室内保暖用砖砌筑了暖墙和烟囱的烟道。101窑洞房建筑布局简单，建造方便快捷，迅速解决了当时石油工人的居住问题，成为20世纪60年代克拉玛依油田的主要居住建筑形式。

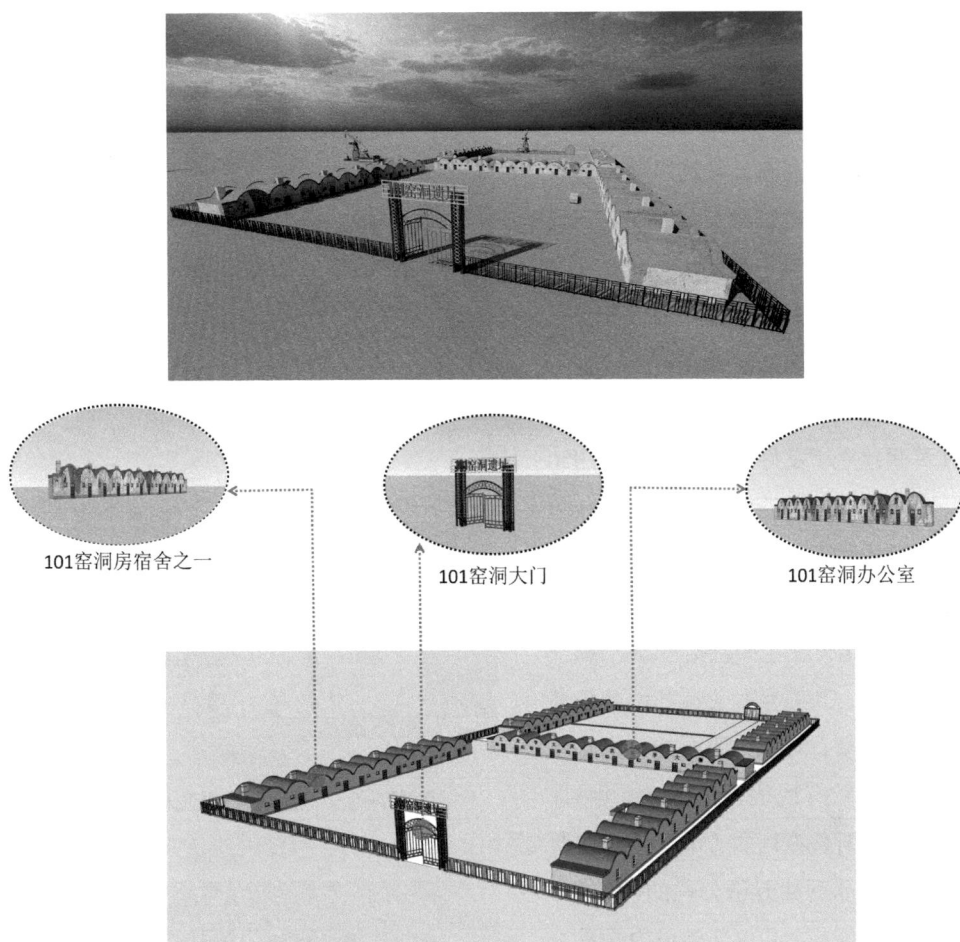

101窑洞房宿舍之一　　　　101窑洞大门　　　　101窑洞办公室

图7-31　101窑洞房建筑群整体复原图

7.2.3　辅助类遗产情境阐释——玉门油田医院住院部大楼的历史情境复原阐释

在油田开发建设过程中，为了满足石油城镇发展的需求，油田管理部门出资修建了大量基础服务设施，包括医院、学校、俱乐部等多种公共建筑类型。它们作为石油工业发展的产物，已经成为石油工业遗产的重要组成部分。目前已有部分建筑遗存（现存）被列入国家工业遗产名单（截至2023年），例如：克拉玛依油田的独山子职工子弟学校旧址和独山子石油工人俱乐部。

在对这些建筑类型实地调研的过程中，研究团队发现现有保护名录中的部分辅助类建筑的建造时间集中在20世纪50年代左右，建筑风格以苏联式或仿苏联式建筑为主，例如：玉门专家楼（图7-32）、独山子石油工人俱乐部（图7-33）和延长油田苏联专家招待所等（图7-34）。

这是由于新中国成立初期我国和苏联建立了良好的外交关系，1950年，我国和苏联签订了《中苏友好同盟互助条约》。苏联在经济、人员和军事上对我国进行了援助。在基础工业发展的援助上主要包括"156工程"援建项目、开办合股公司和派遣各类工业的专家。对于中国石油工业发展而言，比较有代表性的是1950年3月27日在莫斯科签订的《中苏关于在新疆创办中苏石油股份公司的协定》，其主要任务是在我国新疆境内寻觅、探测、开采与提炼石油及石油产物，同年还建立了中苏石油公司。与此同时苏联也派遣了大批具有精湛技术和丰富经验的优秀专家相继到玉门油田和延长油田进行石油生产的协助工作。因此在这个历史时期，各个油矿为了解决苏联专家的工作和生活问题建立了苏联专家招待所。这些招待所或者专家楼一般都是仿苏联式的建筑。同时在各个油矿也建造了一批仿苏联式的公共服务设施建筑。这些仿

图7-32　玉门专家楼

图7-33　独山子石油工人俱乐部

图7-34　延长油田苏联专家招待所

苏联式的建筑设计比较精巧，平面比较规矩，立面一般2～3层，分为檐部、墙身和勒脚三部分，设计有山花和柱廊，一般采用砖木结构。这种仿苏联式的建筑也成为我国现代石油工业发展的一种历史见证。

1. 玉门油田医院的历史沿革

医疗建筑是石油辅助遗产中比较重要的一种遗产类型，一般由油田出资建造，并且主要服务于石油工作者（家属），后来逐渐演变为整个石油城镇医疗公共服务类建筑。

玉门油田医院是中国石油系统建立最早的一所企业医院。1939年甘肃油矿建立的老君庙矿场诊疗所，位于老君庙南面东山坡单身宿舍四合院内，当时称为医药室。1942年，甘肃油矿局在老君庙八井正式成立矿场医院，1950年8月更名为玉门矿务局医院。1952年玉门矿务局医院在玉门老市区的中坪坝修建了新医院，1956年建造了住院部大楼，后续又建造了门诊大楼（1989年）和新外妇科大楼（2000年）。1959年正式更名为玉门石油管理局医院。[159] 2006年由于玉门油田整体搬迁至酒泉生活基地，医院旧址停止使用。

到2021年玉门油田医院仅保留了5栋建筑，都处于闲置的状态，建筑遭到不同程度的破坏（图7-35）。到2022年玉门油田医院场地内的主要建筑就只剩下住院部建筑，其余的建筑都陆续被拆除。玉门油田医院作为中国石油系统建立的第一个专业卫生医疗机构，在中国石油工业百年发展史上具有重要的价值和意义，不仅医治了有需要的石油工作者和家属，保障了他们的生命健康，还发明出多项先进的医疗技术项目，弥补了油田医院众多医疗技术空白，有效推动了油田医疗建设的发展。但玉门油田医院没有被列入遗产保护名录，也没能被及时完整地保留下来，这是非常遗憾的事情。

2. 住院部大楼历史情境复原

通过历史文献资料整理分析和实地调研，研究团队发现整个油田医院的总体空间布局是以住院部大楼为核心，形成了半围合式的空间结构形态，住院部大楼处于中轴线的位置（图7-36）。住院部大楼的历史最为悠久，其余周围主要建筑都是相继建成的。限于目前掌握的历史资料信息，研究团队尝试对住院部建筑主体及其空间布局形式进行情境复原，不包括住院部对面后建的新外妇科大楼。

研究团队先依据保留的1956年医院住院部房屋图纸，借助ArchiCAD软件绘制了

图7-35　2021年玉门油田医院状况

图7-36　玉门油田医院总体布局现状

住院部大楼平面，借助SketchUp和Revit软件进行二维到三维空间的转变，构建住院部大楼的整体场景，最后通过Lumion软件进行住院部大楼的场景渲染。

　　住院部大楼建于1956年，1958年竣工投入使用。住院部大楼是一栋仿苏联式建筑，建筑平面采用中轴对称的H形布局形式（图7-37），东西长约57米，两侧南北突出体块宽约35米，总建筑面积为4770平方米。建筑立面是典型的"三段式"构图形

式，即分为檐部、墙身和勒脚三
个部分。从历史图片可以看出建
筑外观形态基本保持原状，只有
建筑局部经过了一定的改建，因
此可以将住院部大楼分为前后
两个不同时期。初期住院部建筑
的墙体整体呈灰色，屋顶为红
瓦，正中间入口处三间突出于主
体墙面，并设置主入口，东西两
侧体块的外墙中间对称设置出入
口，建筑的二层和三层设置了阳
台。建筑主入口处的屋顶设计了
山花，其上有浮雕装饰，圆形浮
雕中间是十字架，周围有麦穗
浮雕围绕，并有鸽子伴飞图案
象征世界和平友好和美好未来
（图7-38）。

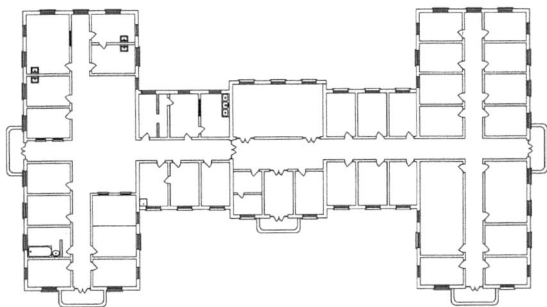

图7-37　住院部大楼平面图（一层）

图7-38　初期住院部建筑复原模型

住院部建筑后期进行了一定
程度的改造。首先在建筑左右两
侧伸出的墙体部分各加建了一个
宽约3.5米，长约12米的体块，
加建部分略低于原有建筑高度。
墙体由红砖砌筑而成，并且粉刷
了一层红漆，窗户形制和原有

图7-39　后期住院部建筑复原模型

建筑基本保持一致，加建部分的屋顶采用平屋顶的形式。其次在建筑门窗细部上，
主立面的二、三层门和平台都已消失，将门改造成了窗户的形式，同时在建筑的外
立面上加了部分白色的分割线。整体来说后期改造的建筑形式虽然基本保持了原有
的外观形态，但是由于改造得不够严谨，对原有的建筑风格造成了一定程度的破坏
（图7-39）。

截至2023年，原玉门油田医院的大部分建筑已经被拆除，未来是否能够保留住院
部大楼也是未知。比较庆幸的是2021年，团队进行了实地调研考察，记录了当时油田

医院的主要空间布局形态与建筑形式。但由于历史文献资料和实地调研考察的局限性，团队很难完整地展示玉门油田医院60多年的演变历程，仅尝试对2021年保留的主要建筑空间区域进行情境复原（图7–40）。在主体建筑空间区域复原的过程中，团队结合了历史图片、视频和口述采访等内容，希望能够展示玉门油田医院的主体空间布局模式。

图7–40 住院部建筑空间区域复原设计

8

石油系列遗产多元价值
阐释与建构
——以大庆石油工业遗产为例

遗产保护被广泛认为是一种基于价值的活动，可以理解为一种价值观的表达。"遗产价值是保护决策的核心，遗产价值不是固定的，而是具有主观性和情境性的。遗产价值的理解必须与特定地方的个人或群体的价值观相关联，并与该地方的自然和社会历史相关联。"[160] 也就是说遗产价值具有明显的"地方性"，除此之外遗产价值被认为具有多元属性。基于此本节从遗产社区的视角对石油系列遗产的多元价值进行阐释，并以大庆石油工业遗产为典型案例进行研究分析。

8.1
基于遗产社区视角的遗产价值构成研究

8.1.1　遗产社区概念的界定

"社区"对应英文"community"，这是社会学的一个基本概念，也是一个有争议的概念。"社区"是指生活在特定地区内的一群人，他们共享某种利益，彼此之间有全面的人际互动。"社区"有两个最基本的含义：一个是基于"兴趣或利益共同体"的一群人，这群人可以零散分布，相互之间从未见过面，但他们仍然存在某些共享的利益和兴趣，例如学术社区。另一个是基于某个地域空间的社会群体，例如邻里关系与商业关系。这两个基本含义在某些方面是可能存在交叉和重叠的，例如矿区社区。[161] 因此"社区"包含多种意义，它是一个可变的结构，不具有明显的界限。

"遗产社区"在遗产保护领域还没有形成一个公认的标准定义。2005年《法鲁公约》给出的"遗产社区"的定义为：遗产社区是由珍视文化遗产特定方面的人组成，他们愿意在公共行动的框架内推动保护并向后代传递这些遗产。有学者认为"社区与群体"的概念和"遗产社区"的概念可以相提并论。

本章依据研究目标将遗产社区定义为：生活在一定地域结构和地理空间，拥有较强的凝聚力、共同文化维系力和共同遗产的一群人。这群人与遗产具有直接和间接的关系，并具有共同的遗产价值观。因此本章选择居住在大庆市老城区、参与过油田工作或正在参与石油工作的石油工作者，以他们为访谈对象，通过对其调研访谈资料的整理分析，梳理他们对大庆石油工业遗产的价值认知构成，进而实现"自下而上"的石油系列遗产的遗产价值建构。

8.1.2 遗产社区调研区域的选择

本章选择大庆油田的石油工业遗产作为研究对象，讨论其石油系列遗产的价值构成，主要考虑以下三个方面因素。

第一，大庆油田对于中国石油工业发展具有重要历史意义。大庆油田是中国目前最大的油田，也是"陆相生油理论"的典型代表。经过60多年的发展，大庆油田已经成为一个拥有勘探开发、工程技术、工程建设、装备制造和油田化工等石油工业类型齐全的大型综合性油田。大庆油田的建设为中国石油自给自足奠定了基础，改变了中国石油工业的面貌，是中国现代石油工业史的重要组成部分。

第二，大庆油田的石油工业遗产数量最多、类型最丰富。大庆石油工业遗产涉及石油的开采、存储、转化和运输等多个石油工艺技术流程。截至2023年共有26个大庆石油工业遗产点被列入国家级、省级和市级工业遗产保护名录。石油工业遗产形态主要包括设施设备群、建构筑物、工业区域、工人村等。

第三，大庆油田建设与城市历史文化和人们的工作生活最为密切。大庆市从事石油相关工作的居民约30万人，占总人口的11%左右。有很多社区居住人群都是石油工作者，或者已经退休的石油工作者。大庆城市建设始终围绕油田建设发展，城市文化中石油文化是主流文化，石油精神和铁人精神始终是大庆精神的典型代表，受到城市人们的高度认可。与其他石油工业城市相比，大庆石油工业文化与城市居民的关系更密切，因此具有良好的调研背景。

根据本章对遗产社区的定义，结合大庆现有社区的基本情况，最终选择了几个遗产社区进行实地调查，选择的标准主要包括以下几点。

（1）大庆石油建设初期和中期形成的居住小区。

（2）在石油工业厂区（石油工业遗产点）附近的居住小区。

（3）石油工作者比较多的居住小区。

根据以上标准，本章主要选择了团结路小区、创业城片区、铁人广场和万宝小区等小区作为主要调研对象。

8.2
大庆石油工业遗产价值认知的研究方法

本书基于遗产社区的研究角度，采用自下而上的调研方式，首先通过实地访谈获取被访者对大庆石油工业遗产的认知资料，然后结合访谈资料分析遗产社区居民对大庆石油工业遗产价值的认知构成。

在研究方法的选择上，本书选用了扎根理论的方法。扎根理论作为一种自下而上的归纳理论的研究方法，旨在从原始资料数据中归纳分析可以反映研究现象的概念，然后通过各个概念之间的逻辑关系建构理论。[162] 扎根理论一般将访谈数据通过开放式编码、主轴式编码和选择式编码按照研究主题进行分析，而后根据分析结果发展理论模型。扎根理论旨在摒弃研究者对问题的主观想法，以旁观者的角度从原始数据中分析归纳理论，强调所有的理论分析从数据出发。因此运用扎根理论结合社区居民的实地调研数据来分析大庆石油工业遗产的价值构成是比较合适的。

8.2.1　样本选择

为获取全面真实的调研数据，本章采用半结构化访谈的调研方式，通过口述资料可以详细了解到受访者对问题或现象的态度与情感。根据访谈问题，受访者通过叙述个人亲身经历及所见所闻，使得文本资料生动且具有一定的真实性，访谈者与受访者之间的互动能更为全面地收集资料，为遗产地居民对大庆石油工业遗产价值的认知研究提供基础资料。在访谈样本的选择中，本章选择了大庆城市中与石油工业密切相关的在职或退休人员，主要依据两个选择标准：一个是大庆油田发展史的见证者，另一个是大庆油田勘探开发的直接参与者。

大庆油田经过了60多年的发展，历经了几代石油工作者坚持不懈的努力和付出。由于时代和社会的发展，石油工作者的日常工作和生活环境都发生了很大的变化，他们的感知、思维、集体意识以及价值观也都发生了不同程度的改变，他们对于石油工业遗产的认知和评价存在着代际差异。因此，为了体现这种遗产价值的代际差异，更加准确地阐释遗产社区石油工作者对于石油工业遗产的价值认知和评价，在研究的过程中我们对受访者进行了代际划分。

在对遗产社区的石油工作者进行代际划分时，本书从社会学的研究视角结合相关的代际的定义和划分方法，同时也结合了大庆的石油发展历程和城市发展历程，具体考虑了以下几个主要因素。

首先，从社会学的视角学者给出了"代际"定义："代际是指具有共同的出生年代，处于相同的年龄阶段，生活在共同的历史背景下，有着相同或相似的社会环境和生活经历的人。""代际是指在相似的人生阶段，经历共同的社会和历史进程，在思维模式、处事风格和行为方式等方面具有共同特征的特定群体"[163]。同时参考社会学划分代际的标准"以影响社会环境的重要历史事件为标准"。因此，从社会学的研究视角，本章得出划分石油工作者代际的三个主要标准：具有相似的人生阶段，经历共同的社会和历史进程（历史事件），具有相似的价值观（思维、认知与集体记忆等）。

其次，结合大庆油田发展历史，大庆油田建设被划分为四个历史阶段：石油会战时期、快速上升时期、高产稳产时期以及可持续发展时期。其中大庆石油会战时期的油田发展建设对新中国成立初期的石油工业发展具有非常重要的历史意义。1959—1963年，大庆油田开展了著名的"大庆石油会战"，到1963年底，大庆油田的原油产量占全国原油总产量的67.8%，不仅解决了石油自给自足的问题，还使我国从石油进口国变为石油出口国（1962年第一次向国外出口原油）。"大庆石油会战"成为中国石油工业发展史上里程碑式的历史事件。

再次，结合大庆城市发展历程，大庆城市建设主要经历了三个历史阶段：矿区建设阶段、城镇建设阶段和城市建设阶段。其中矿区建设阶段，大庆油田始终坚持"一切为油田生产服务"和"工农一体、城乡一体、有利生产、方便生活"的原则，油田生产重于日常生活，并且集体意识强烈。城镇建设阶段，大庆油田开始逐渐提高石油工作者的居住和生活水平，生活向着多元化开始发展，这个时期是明显的城市发展转折期。

基于以上分析，本章依据石油工作者参加工作的时间将石油工作者（受访者）划分为三代：第一代石油工作者、第二代石油工作者和第三代石油工作者。

8.2.2 数据收集整理

数据是文本分析和扎根理论编码分析的重要支撑，本章的数据主要来源于对遗产社区的石油工作者的深度访谈。研究团队结合研究目标预先对访谈方向进行整体把控，设定几个主要的结构性问题，然后在访谈过程中根据访谈对象的回答灵活变更问题，以期引导访谈对象展示对设定问题的完整看法。团队根据研究主题制定了针对访谈对象的半结构化访谈提纲，访谈问题如下（表8-1）。

大庆石油工业遗产价值的半结构化访谈提纲　　　　表8-1

访谈主题	相关访谈问题	目的
受访者个人背景	年龄、参加工作的时间、工作岗位与文化程度等	了解受访者的基本信息，为代际差异可能产生的认知差异作铺垫
日常生活	1. 您会经常去参观石油遗址地吗？ 2. 大庆城市中一些改建的石油生产活动场所对您的生活有影响吗？	了解遗址地与受访者的日常生活的关系
遗产价值认知	1. 如何看待大庆石油会战孕育的石油文化精神？（大庆精神、铁人精神……） 2. 您觉得大庆石油工业遗址哪方面最值得保护？（历史、科技、艺术……） 3. 是否去过其他石油工业城市？大庆与它们相比有何独特之处？ 4. 您认为保护这些石油工业遗址的目的是什么？	了解受访者对大庆石油工业遗址的认知情况
遗产保护情况	1. 您觉得大庆对石油工业遗址的保护情况如何？ 2. 您觉得当下或未来的石油工业遗址应该注重哪些方面的保护？	将受访者带入遗产保护的角色中，了解受访者对遗址保护现状的看法

在访谈过程中访谈主题不局限于以上问题，团队会根据受访者的回答提取关键词继续深入提问，尽量获取受访者对问题全面真实的回答。本章共确定30份访谈样本，访谈时间约6小时（371分钟），每名受访者平均受访时间约为15分钟，整理约4万字文本资料。由于本章需要对访谈文本内容进行分析，因此为保证研究结果的准确性，

需要在分析前对样本进行预处理。过滤无实际意义的词汇，例如："就是""那个"等，剔除与访谈问题无关且不带有感情色彩的内容，并将样本中相似的词汇替换成统一的词汇，例如："铁人""王进喜"和"王铁人"等统一替换成"铁人王进喜"。建立大庆油田专有词汇的词典，例如：地点标签"大庆油田"、人物代表"铁人王进喜"和主要事件"大庆石油会战"等大庆特有的词汇。

8.3
大庆石油工业遗产的价值认知编码分析

本节运用扎根理论对访谈收集的文本进行编码分析，通过"开放式编码——主轴式编码——选择式编码"三个阶段的归纳整理，提炼出可以准确反映研究主题的核心范畴，由此得出遗产社区居民对大庆石油工业遗产价值的认知构成。

8.3.1 开放式编码

开放式编码是数据分析的第一步，主要分为贴标签——概念化——范畴化三部分。即将收集到的访谈资料进行分解，并根据访谈主题为数据逐字逐句地贴标签，通过比较其异同，归纳概括出能正确反映访谈主题的概念和范畴。[164]

贴标签即逐字逐句地提取文本数据中可以有效反映研究主题的信息，将其从一句或一段话语中精简提炼出来，并将每个提炼出来的信息用（aax）表示出来。概念化，即将语义相同或可以概括为某一类属的标签归纳为概念，提炼与研究主题相关的多个并列的概念，并以（ax）命名。范畴化，与概念化操作相似，即将概念化再次归纳提炼，分类总结出可以涵盖多种概念的范畴，并用（Ax）表示。[164]

通过对三代石油工作者的访谈数据进行编码分析，本章共得到564个标签、247个概念和59个范畴。由于本书篇幅有限未能将编码全过程展示出来，下表将节选部分编码示例（三代石油工作者开放式编码示例见表8-2～表8-4）。

一代石油工作者开放式编码示例 表8-2

文本资料	贴标签aax	概念化ax	范畴化Ax
对于什么遗产的概念我不清楚，那不就是采油管道和磕头机（aa1）；没什么其他的意思，能采出来油就好（aa2）；对于前辈们的精神都了解些，厂里也是这样宣传（aa3）；王进喜在大庆很受人尊敬（aa4）；他是个好人，王进喜那不是吹的，是实实在在做事情的工人（aa5）；我们那时候大庆工人中午吃饭，馒头冻得梆硬装在安全帽里吃，连个碗都没有在野外吃饭（aa6）；没有房子夏天在单帐篷里睡觉（aa7）	aa1采油管道和磕头机 aa2能采出来油就好 aa3宣传石油文化精神 aa4王进喜受人尊敬 aa5对王进喜的夸赞 aa6野外吃饭 aa7睡帐篷	a1遗产形象（aa1） a2遗产作用（aa2） a3文化宣传（aa3） a4对榜样的夸赞（aa4、aa5） a5条件艰苦（aa6、aa7）	A1遗产认知（a1、a2） A2遗产宣传（a3） A3居民情感（a4） A4艰苦创业（a5）
通信属于半军事化的工作，和铁道、民航、航运等一样（aa8）；制度和一般的企业也不一样，必须要在规定时间完成活，都是夜里零点开始投产（aa9）；原来的电话站现在都还用着呢（aa10）；厂子遗址改造成的幼儿园，学校也都根据大庆的情况改的，是正常的（aa11）；退休过后，有时候也去大庆的一些遗址公园溜达，像大庆的铁人纪念馆，大庆博物馆几个纪念地都去了（aa12）	aa8半军事化的制度 aa9规定时间完成工作 aa10遗址继续使用 aa11遗址的改造是正常的 aa12参观游玩纪念地	a6工作制度（aa8、aa9） a7遗产现状（aa10、aa11） a8游玩参观（aa12）	A5制度管理（a6） A6开发利用（a7） A7休闲活动（a8）
"三老四严"是工人必须具备的条件（aa13）；也是大庆的优良传统（aa14）；主要是要求大庆的石油工人在工作中做到"做老实人，说老实话，办老实事"（aa15）；不是只有中四队才有的，大家都是做到了，像这样的作风对现在工作也还是很有用的（aa16）；大庆精神、铁人精神是为国家的文化灿烂、精神文明和社会主义经济建设立下汗马功劳（aa17）；不管当时条件多苦，大庆给国家也作了贡献，把石油落后的帽子甩在了太平洋里（aa18）；那个时候毛主席也提出了"工业学大庆，农业学大寨，全国学解放军"（aa19）	aa13工人必备的条件 aa14优良传统 aa15三老四严的含义 aa16精神作风对现在也有用 aa17对精神的高度认可 aa18会战过去的贡献 aa19会战精神的引领意义和榜样作用	a9会战文化（aa13、aa15） a10对大庆精神文化的认可（aa14、aa17） a11对现在的意义（aa16） a12对过去的意义（aa18、aa19）	A7文化认同（a9、a10） A9社会意义（a11、a12）

注：表格中概念化与范畴化两列出现多个标注，表示该概念或范畴出现的频次统计，频次越高则说明认同该现象的人多，参考价值也就越高。

二代石油工作者开放式编码示例   表8-3

文本资料	贴标签aax	概念化ax	范畴化Ax
说到大庆石油，感情很深（aa1）；说真的是前面的人牺牲太多了，才有后来我们采油的相对好的条件（aa2）；现在那些年轻的干部不了解那些历史，应该要了解历史，规避这些错误（aa3）；遗址纪念地是我们的一处伤心地（aa4）；很少会主动去参观纪念（aa5）；去那里只能引起对以往油田建设时艰苦生活的回忆（aa6）；结合东北这边土建的特点搞的这种干打垒（aa7）；主要是和本地人的建筑形式相关，没什么技术特点（aa8）；它只能说是会战时期的物证代表（aa9）；铁人纪念馆里的干打垒也是后来复原改建的（aa10）；它就是反映当时的一种历史状况（aa11）	aa1感情很深 aa2对前辈感激 aa3了解历史能规避错误 aa4伤心地 aa5很少主动参观 aa6勾起艰苦的回忆 aa7干打垒 aa8没什么技术特点 aa9会战的物证代表 aa10改建复原 aa11反映历史状况	a1对石油有感情（aa1）a2感激之情（aa2）a3历史的作用（aa3）a4参观体验（aa4、aa5、aa6）a5居住场所（aa7）a6科技含量低（aa8）a7历史见证（aa9、aa11）a8遗产改造（aa10）	A1居民情感（a1、a2）A2文化影响（a3）A3休闲活动（a4）A4住宅类型（a5）A5技术设备（a6、a9、a10）A6物证价值（a7）A7改造利用（a8）
咱们主要的生产设备都是国外进口的（aa12）；以前油田的老技师多数只有初中文化（aa13）；他们把一项简单的活做得熟练了就成为老技师了（aa14）；现在看来这对以前的生产水平并没有什么提高，也没有促进日后生产工艺的进步（aa15）；咱们大庆的传统教育非常好了（aa16）；有铁人精神、大庆精神、西水精神等，受到康世恩的高度评价并传遍了整个大庆，这些文化精神都是非常好的（aa17）；而且必须要传承下去（aa18）；但现在的年轻人距离这些精神差得比较远（aa19）；像我们60年代出生，从小就受到父母那一辈的传统教育的影响（aa20）；同时现阶段的遗产保护，还因为遗产的一些政治效应需要保护（aa21）；像"工业学大庆，农业学大寨"这就是大庆工业遗产的一个标杆。是要保护的，不能倒（aa22）	aa12进口设备 aa13职工文化水平不高 aa14熟能生巧就能成为老技师 aa15老技师的技术没什么科技含量 aa16传统教育很好 aa17大庆精神被高度评价 aa18精神必须要传承 aa19年轻人的传承淡薄 aa20受父母教育的影响 aa21政治原因需要保护 aa22石油工业标杆	a9进口设备 a10技术门槛低（aa13、aa14、aa15）a11对大庆精神和传统教育的认同（aa16、aa17）aa12对精神传承的态度（aa18）a13年轻人传承薄弱（aa19）a14家庭教育（aa20）a15政治效应（aa21、aa22）	A8文化认同（a11）A9传承认知（a12、a13）A10影响因素（a14、a15）

注：表格中概念化与范畴化两列出现多个标注，表示该概念或范畴出现的频次统计，频次越高则说明认同该现象的人多，参考价值也就越高。

三代石油工作者开放式编码示例 表8-4

文本资料	贴标签aax	概念化ax	范畴化Ax
这种精神是一种吃苦耐劳的精神，是大庆精神文化的一种代表（aa1）； 幼儿园开始就有相关石油精神的讲座（aa2）； 从小耳濡目染的身边学校、家里一直都在说这个东西（aa3）； 所以说就在这种精神信仰方面是要比其他地区的年轻一代更深厚一些（aa4）； 外地人大多都会知道大庆，知道大庆油田，这是让我们很自豪的事情（aa5）； 如果大庆没油了那对我们来说可能是一件比较恐慌的事情（aa6）； 对我们来说家乡的归属感还是比较重要，这种文化是深在骨子里的（aa7）	aa1大庆文化的代表 aa2石油精神讲座 aa3耳濡目染 aa4精神信仰 aa5以大庆为自豪 aa6恐慌大庆没油 aa7对家乡的归属感	a1对大庆精神文化的认可（aa1、aa4） a2宣传的途径（aa2、aa3、aa13、aa14） a3自豪感（aa5） a4对石油的依赖（aa6） a5归属感（aa7）	A1文化认同（a1） A2传承方法（a2） A3居民情感（a3、a4） A4地方依恋（a5）
对遗产再利用比较看重它的功能和可达性（aa8）； 有很多厂子都是国有资产想利用起来也比较难，因为它牵扯到转型的问题（aa9）； 现在一些不用的厂房也在慢慢地利用，只是这个过程可能比较缓慢（aa10）； 我们应该先把有历史教育意义的东西先保护起来，这个东西就是大庆自己的历史，就是把一些有意义的东西在没有毁坏之前保护起来（aa11）	aa8功能和可达性 aa9国有资产难利用 aa10再利用过程缓慢 aa11将遗址发展成大庆的文化	a6改造期望（aa8） a7再利用难（aa9） a8周期慢（aa10） a9利用遗址发展文化（aa11）	A5改造利用（a6、a7、a8） A6塑造城市文化（a9）
每一代人对这个文化的理解都不太一样，这也是个传承（aa12）； 在当代我们可以利用网络自媒体平台（aa13）； 把以前的精神运用新的方式演示出来，可能在年轻一代更能有力的宣传（aa14）； 年轻一代都比较倾向更自我个体的生活（aa15）； 有了生活才能更好地去发扬这个精神的情怀，我们可能更会去权衡物质生活和精神文化（aa16）； 大庆的一些石油遗址厂区进到里面就能感受到那种浓厚的工业化的气息（aa17）； 给人一种饱经沧桑的感觉（aa18）； 毕竟是五六十年前采油的设备，经历那么久的时间（aa19）； 那种老化的工业感觉很强烈（aa20）	aa12每代对传承理解的不同 aa13网络自媒体 aa14新颖的宣传方式 aa15自我个体的生活 aa16权衡物质与生活 aa17工业化气息 aa18沧桑感 aa19时间久远 aa20老化感	a10理解差异（aa12） a11追求自我（aa15） a12权衡需求（aa16） a13工业氛围（aa17、aa18、aa20） a14年代感（aa19）	A7代际差异（a10） A8个体需求（a11、a12） A9视觉感受（a13） A10年代价值（a14）

注：表格中概念化与范畴化两列出现多个标注，表示该概念或范畴出现的频次统计，频次越高则说明认同该现象的人多，参考价值也就越高。

8.3.2 主轴式编码

主轴式编码即将开放式编码的结果进行再次归纳总结，建立范畴之间的类属关系，并以一定的逻辑关系形成主要范畴和附属范畴[164]。

通过对三代石油工作者访谈文本进行主轴式编码分析，将第一代石油工作者访谈文本共归纳为5个附属范畴（历史价值、科学价值、身份认同、遗产利用和文化记忆）和2个主要范畴（内在价值和社会价值）（表8-5），将第二代石油工作者访谈文本归纳为7个附属范畴（历史价值、科学价值、艺术价值、身份认同、遗产利用、文化记忆和象征性价值）和2个主要范畴（内在价值和社会价值）（表8-6），将第三代石油工作者访谈文本归纳为7个附属范畴（历史价值、科学价值、艺术价值、身份认同、遗产利用、文化记忆和象征性价值）和2个主要范畴（内在价值和社会价值）（表8-7）。

第一代石油工作者主轴式编码示例　　　　表8-5

主要范畴	对应范畴	范畴内容	对应初始编码
内在价值	历史价值	指石油工业遗产在见证历史、重要事件的关联性和承载石油工作者的记忆等方面的价值	集体记忆、物证价值
	科学价值	指石油工业遗产在石油行业发展中的开创性地位、生产技术以及工艺流程等方面蕴含的价值	技术设备、行业重要性
社会价值	身份认同	指石油工作者对"石油会战"前辈和遗产地的感情以及他们对石油文化的认同	文化认同、居民情感
	遗产利用	指石油遗产在居民日常生活、城市发展、文化的传承与解读以及实际生产方面的价值，例如：遗产的改造利用带来的社会效益和文化传承的方法	宣传推广、休闲活动、改造利用、文化影响、城市发展
	文化记忆	指石油工作者对其过往有关石油工作、生活和文化等方面的记忆	集体记忆

第二代石油工作者主轴式编码示例　　　　表8-6

主要范畴	对应范畴	范畴内容	对应的初始编码
内在价值	历史价值	指石油工业遗产具有的见证历史、重要事件、年代久远、承载石油工作者的记忆以及遗产历史资料的完整性等方面价值的体现	物证价值、集体记忆、年代价值、完整性

续表

主要范畴	对应范畴	范畴内容	对应的初始编码
内在价值	科学价值	指石油工业遗产在行业发展中的开创性地位、生产技术以及工艺流程等方面蕴含的价值	技术设备、行业重要性
	艺术价值	指石油工业遗址形成的独特城市景观给人们带来的艺术感受	特色景观元素、视觉感受
社会价值	身份认同	指石油工作者对"石油会战"前辈和遗产地的感情以及他们对工业文化和石油工作者身份的认同	居民情感、文化认同、身份认知
	遗产利用	指石油工业遗址在居民日常生活、城市发展、文化的传承与解读以及在实际生产等方面的价值,例如:遗产的改造利用带来的社会效益与文化传承	文化影响、休闲活动、改造利用、城市发展、宣传推广、传承认知、生产价值
	文化记忆	指石油工作者对过往有关石油工作、生活和文化等的记忆	集体记忆
	象征性价值	指石油工作者对可以代表大庆城市文化或精神的认知	石油文化

第三代石油工作者主轴式编码示例　　　　表8-7

主要范畴	对应范畴	范畴内容	对应的初始编码
内在价值	历史价值	指某些石油工业遗产在历史见证、年代久远、与重要事件或人物的关系以及蕴含有人们工作生活记忆等方面的价值	物证价值、年代价值、集体记忆
	科学价值	指石油工业遗产在石油行业发展中的地位、生产技术和结构以及工艺流程等方面蕴含的价值	技术设备、行业重要性
	艺术价值	指石油工业遗址形成的独特城市景观和工业形象给人们带来的艺术感受	视觉感受、精神体验
社会价值	身份认同	指石油工作者对遗产地的归属感、对石油工业文化和石油工作者身份的认同	居民情感、文化认同、身份认知
	遗产利用	指石油工业遗址在居民日常生活、城市发展以及文化的传承和解读等方面的利用价值,例如:利用石油遗址打造文化品牌、发展旅游	宣传推广、传承认知、城市发展、文化影响、改造利用
	文化记忆	指石油工作者对其过往有关石油工作、生活和文化等的记忆	集体记忆
	象征性价值	指遗址具有某些特定或普遍性的精神象征意义,例如:石油工作者对代表大庆标签的特色石油文化和城市景观的认可	石油文化、特色景观元素

8.3.3 选择式编码及大庆石油工业遗产价值构成模型

选择式编码通过比较相关主范畴分析总结核心范畴，进而形成理论框。本节通过对石油工作者访谈结果的开放式编码分析和主轴式编码分析，初步总结出三代石油工作者对大庆石油工业遗产的价值认知情况。

首先，归纳总结出大庆石油工业遗产价值的两个主范畴：内在价值和社会价值。内在价值即是遗产的本质价值也是基本价值，社会价值即是遗产的衍生价值也是工具价值，遗产的内在价值决定了遗产的社会价值，同时遗产的社会价值反过来影响遗产的内在价值。

其次，总结出大庆石油工业遗产价值的7个核心范畴：历史价值、科学价值、艺术价值、身份认同、遗产利用、文化记忆和象征性价值。其中历史价值、科学价值和艺术价值属遗产的内在价值，涵盖了石油工业遗产的历史意义、石油工业设施设备的科技水平以及石油工业厂区的产业风貌给人们带来的艺术感受等方面的价值属性，体现的是石油工作者对大庆石油工业遗产价值的基本认知。

身份认同、遗产利用、文化记忆和象征性价值属于遗产的社会价值，是在遗产本身内在价值属性的基础上与地方社会发展相互作用形成的价值，注重的是遗产的社会、经济、政治和环境作用。石油工业遗产既可以加强石油工作者对于石油文化、情感和"石油工作"者社会身份的认同，对于过去的工作制度、生活条件、重要历史事件和场景的记忆，也可以加强城市独特文化和景观特征，以及给地方社会和日常生活带来的经济价值。石油工业遗产的社会价值属于遗产的工具价值，体现了石油工作者对于石油工业遗产社会属性和关联性的综合认知。这7个核心范畴（价值）并不是相互独立的，而是具有紧密的关联性。

基于此，本书初步建立了"大庆石油工业遗产的价值构成认知模型"（图8-1）。需要说明的是这个遗产价值构成认知模型具有明显的地方性、主观性、动态性和情境性，随着时间的推移会不断发生变化，因此，本书构建的大庆石油工业遗产价值构成认知模型不是固定不变的，而是具有明显的可持续性。

8.3.4 理论饱和度检验

编码分析完成后，为保证编码结果的准确性，需要对编码得出的主要和附属范畴进行理论饱和度检验。扎根理论饱和度检验的标准是运用新的数据，通过扎根理论的

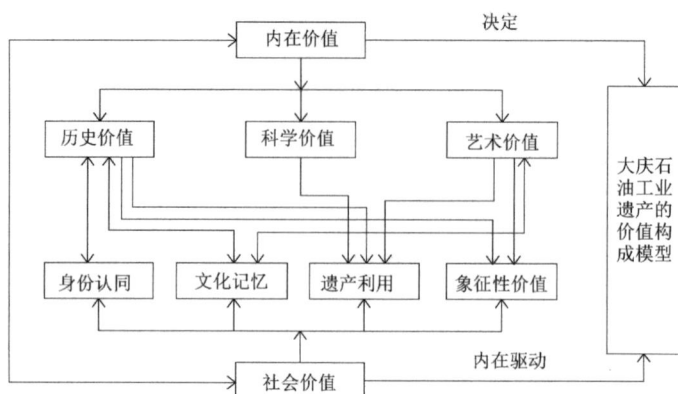

图8-1　大庆石油工业遗产的价值构成认知模型

三级编码分析不再出现新的概念和范畴，且可以在之前所作分析中找到相应的类属，此时即可认为该理论达到饱和。[165]

　　为保证编码结果的客观性和准确度，本节在上述访谈数据的基础上重新选择了5名石油工作者作为访谈样本，对这5份访谈数据再次进行编码分析，编码结果与上述研究结论一致，而且没有出现新的概念和范畴，所以认为本章构建的概念模型在理论上是饱和的。

8.4
大庆石油工业遗产价值认知构成分析

　　根据上述三代石油工作者对大庆石油工业遗产价值认知的编码分析结果可知，他们对大庆石油工业遗产的价值认知主要分为两大类：一类是石油工业遗产本身具有的内在价值，包括历史价值、科学价值和艺术价值；另一类是由遗产的内在价值属性与地方社会、文化和经济等方面共同作用而衍生出来的社会价值，包括遗产利用、身份认同、文化记忆和象征性价值，两者相互影响共同构成了大庆石油工业遗产的价值构成体系。

此外，从访谈的资料可知三代石油工作者对大庆石油工业遗产的价值认知既有共同的认知，也存在一定的差异性。为了更加直观地阐释三代石油工作者对大庆石油工业遗产价值认知的异同点，本节对大庆石油工业遗产的内在价值和社会价值进行了词频代际的比较分析，并且在此基础上，进一步探讨了大庆石油工业遗产的价值构成要素，希望可以比较全面地阐释大庆石油工业遗产的多元价值构成。

8.4.1　大庆石油工业遗产的内在价值认知分析

从上文的分析可知，从遗产社区的视角大庆石油工业遗产的内在价值主要包括：历史价值、科学价值和艺术价值，下面将分别对三个遗产价值进行词频代际的对比分析。

1. 历史价值

三代石油工作者对大庆石油工业遗产历史价值的认知主要包括年代价值、物证价值、集体记忆和完整性等几个方面。年代价值体现了人们对遗产年代的视觉偏好，随着时间的推移，遗产的"新物"价值减少，年代价值增加[165]。这里是指三代石油工作者对遗产是否会因其年代久远产生价值的认知。物证价值是指石油工业遗产作为工业活动的历史见证能够反映当时的历史状况，并具有提供过去人类工业活动物证的潜力[166]。集体记忆是指具有文化内聚性与同一性的群体对于某一事实或事件的记忆。这里指三代石油工作者对石油工业遗产承载的大庆石油会战的记忆。完整性是指遗产的本体、产业链或与周边环境的完整程度，遗产的完整性影响其价值的重要程度[167]。这里指第二、三代石油工作者对大庆石油工业遗产的本体、生产工艺流程以及与周围环境完整性的认知。

通过对三代石油工作者的访谈，团队绘制了大庆石油工业遗产的"历史价值"词频代际分布图（图8-2）。从分布图可以看出，三代石油工作者对大庆石油工业遗产的历史价值认知中"反映历史""石油会战""历史贡献"三个关键词出现的频率最高，这说明三代石油工作都非常关注大庆石油工业遗产作为石油历史物证和所承载的石油会战记忆的作用。例如："这些遗址能看到当时大庆创业的艰难，也反应当时石油工人在艰苦条件下的工作情景""会战开始的时候石油开采任务紧张，职工都没有礼拜天"。

并且在第二、三代石油工作者在访谈中更多地提到了"年代久远"和"完整性"

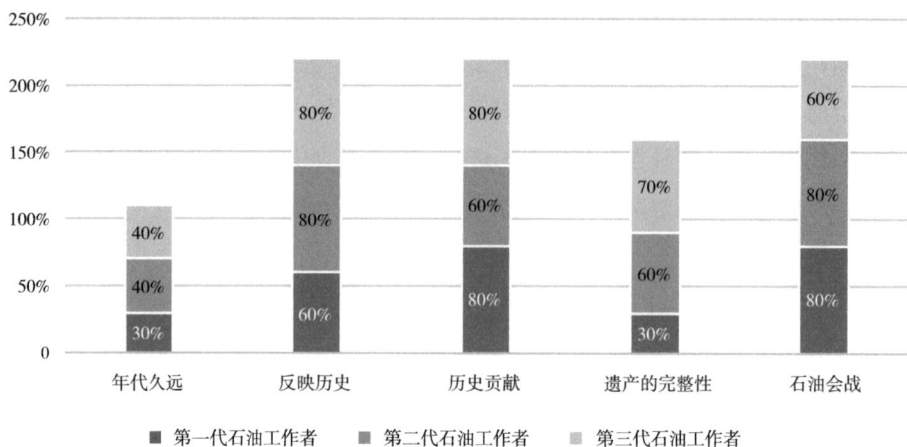

图8-2 "历史价值"词频代际分布图

等高频关键词。尤其是第三代石油工作者比较关注石油工业遗产的"完整性"，这表现了他们对大庆石油工业遗产的年代价值和遗产完整性价值的关注。例如："完整的遗址会更有价值，因为人们能看到它的整个结构和功能，有解说有完整的遗址才能使人们更了解遗产""遗产的时间可以作为我们保护它的一个标准，时间跨度越久就越有价值"。

由此可见，三代石油工作者对大庆石油工业遗产的历史价值的认知基本保持一致，但随着时间的推移，对遗产的历史价值认知从开始比较关注遗产本体及其承载的独立历史事件，到现在关注遗产本体及其周围环境、相关联的重要历史事件等，这说明石油工作者对于石油工业遗产历史价值的认知广度和深度在不断地扩展。

2. 科学价值

三代石油工作者对大庆石油工业遗产的科技价值认知主要体现在两个方面：一个方面是石油工业技术，另一个方面是石油行业开创性。石油工业技术是指油田开发建设过程中所使用的石油工艺技术，这里指三代石油工作者对大庆油田开发建设过程中所采用的工艺流程、生产技术和设施设备的价值认知。石油行业开创性指的是三代石油工作者对大庆油田开发过程中采用的各种工艺技术在中国石油工业技术发展史中的科学技术开创性和突破性的价值认知。

结合访谈内容可知，三代石油工作者对大庆石油工业遗产所体现的科技价值的认可度不高，没有形成比较统一的、明确的高频关键词，因此，本节不作大庆石油工业遗产的科技价值的词频代际分析。

关于大庆油田开发过程中采用的石油工艺技术，三代石油工作者认为大庆石油工业遗产的科技含量很低，这主要反映在生产设备的研发情况以及操作技术两方面，例如："从科技层面来讲大庆石油很多早期的工艺设备都是进口的东西，自主研发的设备少，咱们可以独立完成的装备设施都是一些比较边缘化的辅助设施""遗留的生产工艺和设备对石油工业的发展来说其实没有什么科技价值"。虽然三代石油工作者肯定了大庆油田在国家石油工业发展中的重要地位，例如："大庆油田作为国家石油工业的支柱为我国的石油发展做出了很大的贡献，同时也推动了国家的经济"。但对石油工业遗产所体现的生产技术的首创性方面认可度不高，例如："如果大庆石油开发早期的工业技术在国内是很先进的，有首创的意义那是可以保护的，但实际上使用的设备并没有什么开创性意义"。

三代石油工作者对大庆石油工业遗产的科学价值的认知度不高，这主要是由于新中国成立初期我国石油工业处于刚刚起步阶段，当时还不具备自主研发的条件，因此石油开采技术和石油设施设备都是以国外的技术和进口设备为主，并没有形成自己独创性的石油工业技术和工艺流程。

3. 艺术价值

由于社会环境和文化水平的不同，三代石油工作者对大庆石油工业遗产的艺术价值认知存在比较明显的差异性。第一代石油工作者对大庆石油工业遗产艺术价值的认知较低，或者说关注度较低，而第二代和第三代石油工作者则对石油工业遗产的艺术价值有了一定程度的认知。这主要体现在两个方面：一方面是石油工业建（构）筑物以及厂区产业风貌具有独特的工业风格或地区特色，给石油工作者们带来的直观的视知觉感受，例如：磕头机、干打垒和地窖子等，它们展示了当时的工业美学。另一个方面是这些建（构）筑物及其组群给石油工作者们带来的情感体验和精神感受，例如：工业设施设备具有沧桑感、破旧感和历史感，这是石油工业遗产本体衍生出来的艺术价值。

通过对大庆石油工业遗产的"艺术价值"词频代际分析（图8-3），可以看出第二代石油工作者主要提到了"工业化""独特景观"等高频关键词，这主要反映出他们更加关注大庆作为油田城市具有的独特城市工业景观给人们带来的艺术感受，例如："从大庆城市景观现状以及与其他城市不一样的规划布局都能感受到大庆是不一

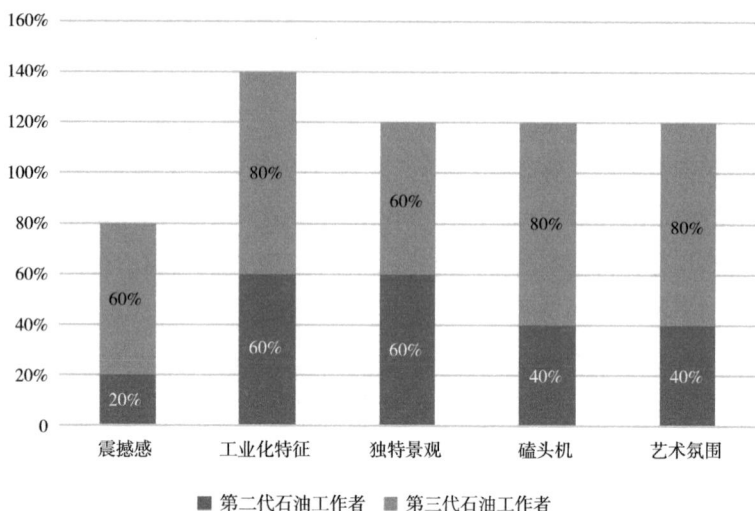

图8-3 "艺术价值"词频代际分布图

样的工业城市""随处可见的石油设施是大庆一个特色的景观，其他外地人好多也知道大庆的磕头机"。第三代石油工作者则主要提到了"艺术氛围""磕头机""震撼感""工业化"等高频关键词，与第二代石油工作者相比他们更关注大庆石油工业遗产因其独特的视觉形象带来的精神或情感上的体验，例如："在大庆一些石油遗址厂区里面就能感受到那种浓厚的工业化的气息，给人一种饱经沧桑的感觉，经历那么久的时间，那种老化的工业感觉很强烈"。

由此可见，第二、三代石油工作者认为大庆石油工业遗产已经成为大庆城市景观的重要组成部分，是大庆城市文化的一种标识，带给人们直观的视觉美感，也给人们带来了精神和情感上的美学体验，这些都是大庆石油工业遗产的美学价值所在。

8.4.2 大庆石油工业遗产的社会价值认知分析

当代社会价值被定义为"对地方的集体依恋，体现了遗产对社区重要的意义和价值，可以理解为不同社区在不同时间和空间中不断变化的动态维度，而不是固定的价值范畴。"[168] 经过上文的分析可知，石油工作者对于石油工业遗产的社会价值认知主要包括四个方面：身份认同、遗产利用、文化记忆和象征性价值。下面将分别从这四个方面价值进行词频代际比较分析。

1. 身份认同

"遗产就如历史一样能够促进归属感和持续感，遗产通过传递支撑身份认同的永恒价值观及完整血脉为人类提供存在的意义。"[52]

三代石油工作者对大庆石油工业遗产的身份认同主要体现在他们对大庆油田的文化、情感以及对石油工作者社会身份三个方面的认同。"文化认同"指的是：石油工作者对大庆油田建设过程中形成的、优秀的石油文化精神的认可，例如：大庆精神、铁人精神和干打垒精神。这些优秀的精神文化不仅引领着第一代石油工作者完成了石油大会战的壮举，而且对第二、三代石油工作者的生活和工作产生了积极的影响。"情感认同"则主要表现在三代石油工作者对大庆油田、大庆城市以及油田建设过程中涌现出来的榜样人物在精神上和情感上的认同，例如：对铁人王进喜及其精神的高度认可。"身份认同"是指：第二、三代石油工作者对"石油工作者"这一社会群体身份的认可，主要表现在对其身份的自豪和光荣感以及对大庆油田所在城市的归属感和认同感。

通过对大庆石油工业遗产"身份认同"的词频代际分析（图8-4）可知，第一代石油工作者主要提到了"条件艰苦""文化标杆""优良传统"等高频关键词，这表现了他们对大庆石油会战中榜样人物的夸赞和认可，以及对大庆石油文化精神的认同。

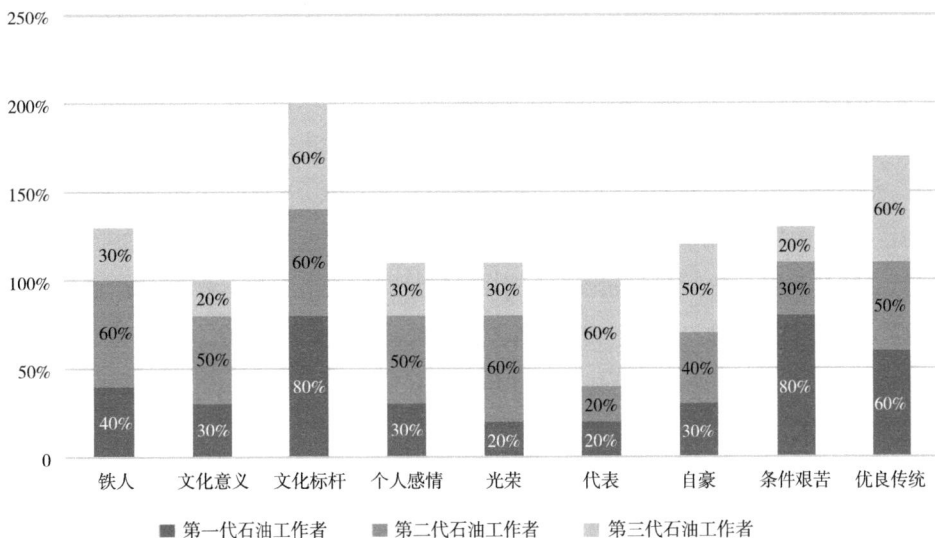

图8-4 "身份认同"词频代际分布图

例如："王进喜在大庆很受人尊敬，他是个好人，也是实实在在做事情的工人""三老四严是大庆的优良传统，像这样的作风对现在工作也还是很有用的"。第二代石油工作者主要提到了"铁人""文化标杆""光荣"等高频关键词，主要表现了他们对会战前辈们艰苦奋战的感激，对石油工作者身份的认可以及对大庆油田和大庆城市的情感。例如："说真的，是前面的人牺牲太多了才有后来我们采油的相对好的条件""参加工作的时候非常高兴，认为自己是铁人的后代、油田大夫，觉得可光荣了"。第三代石油工作者主要提到了"代表""自豪""优良传统""文化标杆"等高频关词，主要表现了他们对石油文化作为大庆代表性文化的认可，对"大庆人"身份的认同感和自豪感。例如："对大庆的精神很自豪，外界很多人也都知道大庆油田，这是很自豪的事情""这种精神就是一种传承，是大庆精神文化的一个代表"。

通过以上的分析，可以看出三代石油工作者特别重视大庆石油工业遗产所代表的文化标杆作用，以及遗产所体现出来的优良文化传统，这增加了他们的身份认同感、自豪感和归属感，正是大庆石油工业遗产社会价值的最主要体现。

2. 遗产利用

遗产利用是遗产社会价值的一个重要组成部分，体现的是当代人如何保护、传承和使用遗产，也是遗产将"当代人"和"历史地方"联系起来的一种手段。遗产利用可以增强一个地方的归属感和认同感。

通过对访谈内容的分析可知，三代石油工作者对大庆石油工业遗产在遗产利用方面的认知主要体现在两个方面：一个方面是遗产物质层面的利用价值，另一个方面是遗产精神层面的利用价值。遗产物质层面的利用价值主要指的是利用石油工业遗产的物质实体来促进、增强和改善大庆城市的社会经济、城市发展和日常生活等方面，例如：大庆石油会战指挥部（二号院）被改造为大庆油田历史陈列馆来展示和宣传大庆油田发展历史。遗产精神层面的利用主要指的是石油工业遗产可以加强和促进大庆城市的石油文化的诠释、传播和继承。例如：通过宣传大庆石油工业遗产蕴含"干打垒精神""五把铁锹精神"以及"铁人精神"等精神文化来解读和宣传大庆文化精神，利用宣传大庆石油工业遗产所体现的"岗位责任制"和"四个一样"等石油企业工作制度来解读大庆油田的企业文化精神。

通过对大庆石油工业遗产的"遗产利用"的词频代际分析（图8-5）可知三代石油工作者对大庆石油工业遗产在遗产物质层面利用和精神层面利用的认知侧重点有所不同。第一代石油工作者主要提到了"干打垒""遗产保护""精神文化"等高频关键

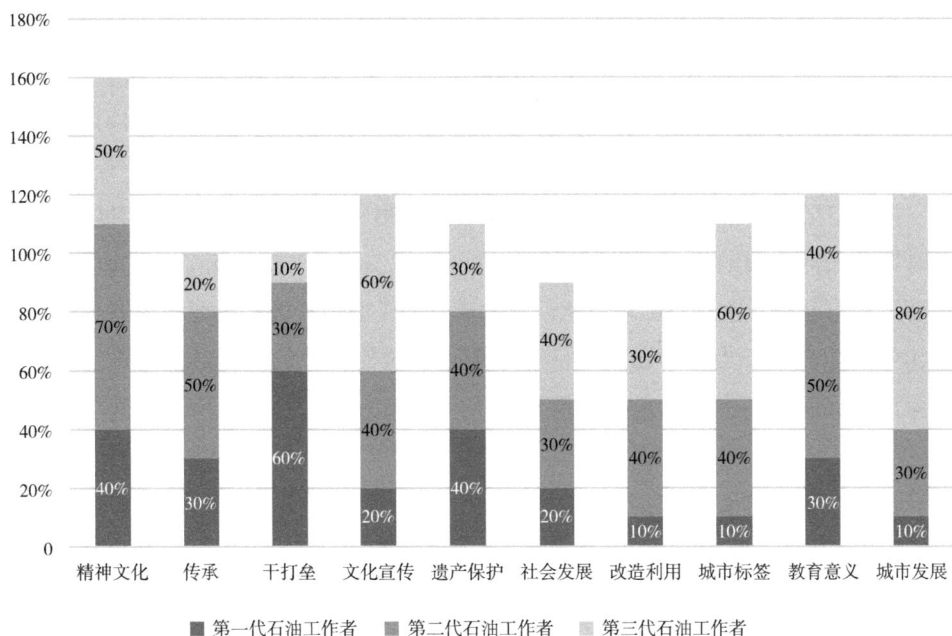

图8-5 "遗产利用"词频代际分布图

词，体现了他们比较注重对石油工业遗产物质实体的保护利用，例如："遗址代表的是当初石油工作者的精神，应该要好好去保护"。第二代石油工作者主要提到了"精神文化""传承""教育意义"等高频关键词，他们更加关注的是石油工业遗产的精神文化层面的保护与传承，例如："大庆的精神文化正在传承而且必须传承""现在的年轻人对大庆的传统教育传承得太少，单位应该对基层的管理重视起来"。第三代石油工作者在关注石油工业遗产"精神文化""文化宣传""教育意义"的同时，也很关注遗产在"城市发展""城市标签""社会发展"等宏观层面的作用，例如："遗产的保护应该注重城市的历史文化方面""工业遗产是一种文化的传承，它们可以树立为大庆城市文化的坐标"。

由此可见，三代石油工作者都非常关注大庆石油工业遗产的保护再利用，但随着时代背景、社会环境和文化层次的改变，三代石油工作者对于大庆石油工业遗产利用价值层面的认知不断扩展，从关注遗产本体的利用价值扩展到关注遗产对于整个城市发展、教育宣传和社会影响的更加宏观层面地利用价值，这反映出大庆石油工作者对于石油工业遗产社会价值的认知广度和深度都在不断地提高。

3. 文化记忆

文化记忆主要指石油工作者对石油工作、日常生活和石油文化的集体记忆，例如：对以往的工作制度、生活条件和某些印象深刻的情景的记忆。

文化记忆与社会历史环境有很大的关联性。第一、第二代石油工作者所处的历史时期是大庆油田的建立和发展时期，这一阶段主要是"工作第一、生活第二"，生活为工作服务，这直接影响了他们对大庆石油工业遗产的相关记忆主要和工作紧密相关。并且由于当时的物质条件非常艰苦，这使得他们对"艰苦奋斗"的记忆最为深刻。而第三代石油工作者对石油工业遗产的记忆主要为儿时在里面游玩的回忆。

通过对大庆石油工业遗产的"文化记忆"的词频代际分析（图8-6）可以看出第一代石油工作者主要提到了"工作条件""石油会战""工作内容"等高频关键词，表现出他们对生活居住条件和工作任务等石油会战艰苦奋斗的经历、过往工作中相关的人与事以及优秀文化作风的回忆。例如："王进喜在大庆很受人尊敬，是实实在在做事情的人""会战开始的时候，石油开采任务紧张，职工都没有礼拜天"。第二代石油工作者主要关注"工作条件""学习精神""会战文化"等关键词，相比于第一代石油工作者，第二代石油工作者更多地提及了"会战文化""学习精神"，表现出对工作和文化精神传承等方面的记忆。例如："当年参加工作的时候经常开会学习三老四

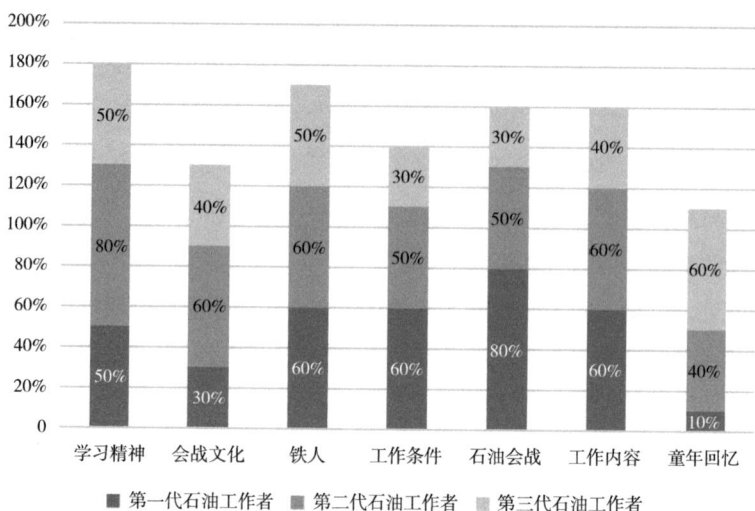

图8-6 "文化记忆"词频代际分布图

严、四个一样""我们对这些精神感觉很自豪，工作也非常有热情，春节都不休息"。第三代石油工作者主要提到了"童年回忆""学习精神""铁人"等关键词，表现了他们对石油工业遗产所体现的大庆油田发展历史的回忆，例如："这些老工厂有很多童年的回忆，以前小的时候经常在里面玩，也听老人讲一些石油会战的故事，这里是蕴含我们回忆的地方"。

通过以上分析可以看出，三代石油工作者都很关注石油工业遗产所体现的集体记忆，这些集体记忆记录了他们为大庆油田建设艰苦奋斗的历程，因此他们格外珍惜、骄傲和自豪，并且将其作为大庆精神文化一直传承。同时团队也发现在石油工作者的记忆中极少提到个人记忆，尤其是第一代、第二代石油工作者，这是因为当时特殊的历史时代背景，为了快速拿下大油田、解决国家石油紧缺的问题，这两代石油工作者都是以工作为中心，几乎没有个人生活，因此在他们的记忆中集体记忆始终起着主导性的作用。

4. 象征性价值

石油工业遗产的象征性价值指的是石油工业遗产具有的独特的精神性或符号性的象征意义。这主要体现在第二、三代石油工作者对大庆石油工业遗产形成的独特城市景观和城市文化的主观感受和理解。其中城市景观主要指的是大庆作为油田城市独具的自然地质环境（百湖之城）、油田城市空间发展格局（"东西城区""让开大陆，占领两厢"）以及形态多样的石油工业遗存类型（磕头机、采油树）等。城市文化主要指的是在大庆油田建设过程中逐渐形成的石油文化精神，尤其是石油会战时期形成的各种石油文化精神，例如："铁人精神""缝补厂精神"和"五把铁锹精神"等。从访谈的内容来看三代石油工作者对大庆石油工业遗产在这两个方面的象征性价值的认可度比较高。

通过对第二、第三代石油工作者的访谈绘制了大庆石油工业遗产的"象征性价值"词频代际分布图（图8-7）。从分析图可以看出，第二代石油工作者主要提到了"城市文化""石油元素""城市标签"等高频关键词，表现了他们对大庆石油文化景观认可，例如："城市中的石油元素比较明显，因为石油的存在使得大庆和其他城市的景观也有很大差异，像石油树、石油之光这类东西都能体现出石油人的精神和石油城市的特色"。第三代石油工作者则提到了"城市文化""城市标签""城市发展""展示城市形象"等高频关键词，主要表现了他们对利用独特石油文化景观和石油文化标签来发展城市文化的支持，例如："大庆也应该有象征城市文化的独特标志，可以对

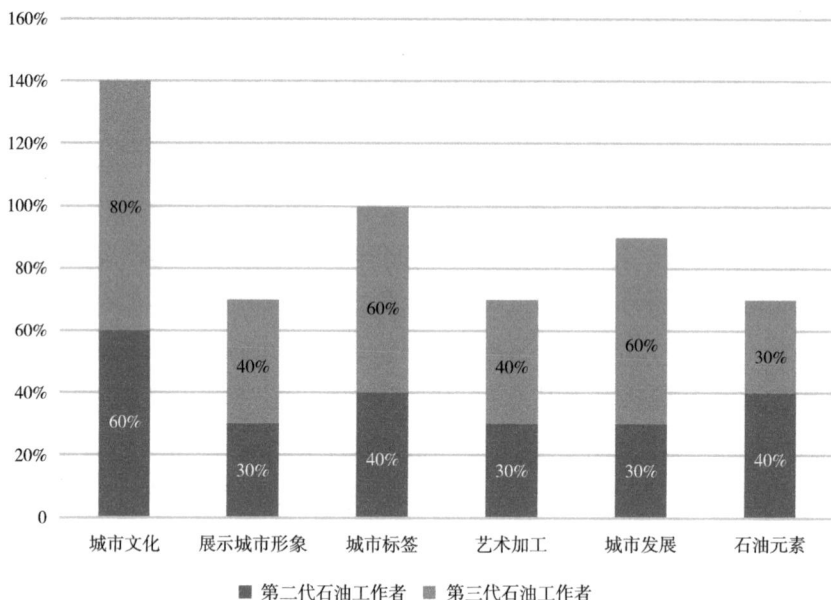

图8-7 "象征性价值"词频代际分布图

外宣传""大庆随处可见的磕头机也是文化的外在表现，人们看到就会想起石油工业的发展和历史"。

由此可见，第二、三代石油工作者都非常认可大庆石油工业遗产作为城市文化景观的象征性价值，他们认为可以通过石油工业遗产来突出大庆石油城市的象征性、标志性和地方性，这可以看作是石油工业遗产社会价值的一种重要表现方式。

8.4.3　大庆石油工业遗产的价值构成要素及关联性分析

通过以上对三代石油工作者对大庆石油工业遗产价值认知的分析，本书建立了大庆石油工业遗产的价值构成体系，并归纳出主要的价值构成要素。利用层次分析法将大庆石油工业遗产的价值构成体系分为三个层级：第一层级将遗产价值分为内在价值和社会价值；第二层级将内在价值分为历史价值、科学价值和艺术价值，将社会价值分为身份认同、遗产利用、文化记忆和象征性价值；第三层级分别对第二层级的7个价值构成要素进行讨论，详见图8-8。由于石油工业遗产的价值构成要素是基于访谈内容的分析得出的结果，因此，具有一定的局限性，并不全面，在未来的研究中还需要进行不断的修订和补充。

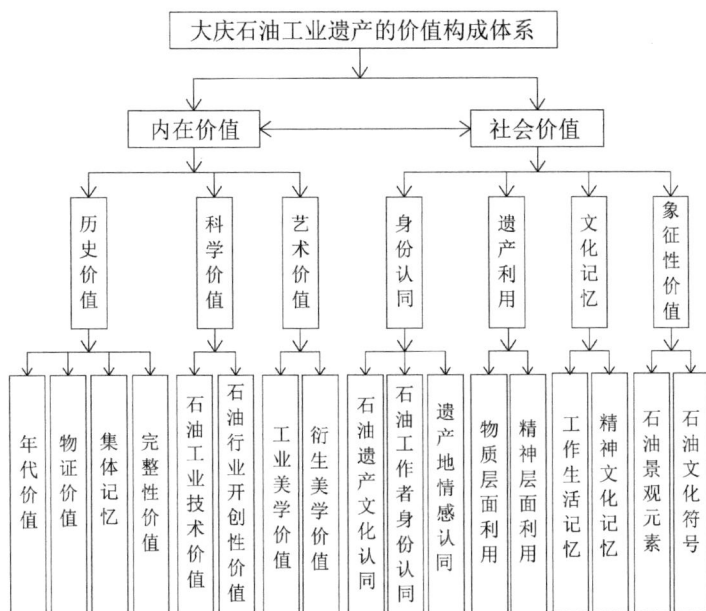

图8-8 大庆石油工业遗产的价值构成体系示意图

虽然大庆石油工业遗产的价值构成体系可以分为比较明确的三个层级，但是每个层级之间价值构成要素并不是完全相互独立的，它们之间相互影响，存在一定的关联性。

历史价值是大庆石油工业遗产的核心价值，它直接影响了社会价值的身份认同、文化记忆、遗产利用和象征性价值。历史价值包含了集体记忆要素，例如：第一代石油工作者对当时艰苦生活条件和严格工作制度的记忆，对"石油会战"等重要历史事件的集体追溯。并且随着时间的推移，这些集体记忆要素逐渐转化为石油文化精神被第二、三代石油工作者传承下来，最终成为三代石油工作者共有的文化记忆。因此，可以说大庆石油工业遗产的历史价值直接影响了文化记忆价值。由于这些集体记忆要素作为文化记忆被保留和传承下来，在石油文化阐释和宣传的过程中不断地被提及强化。因此，文化记忆价值对历史价值具有强化的作用。

除此之外，历史价值中的完整性价值要素是指遗产本体及其周围环境的物质方面，以及遗产所体现的非物质方面的完整性价值。这不仅涉及石油景观遗产要素，也涉及石油文化（精神）要素。而这些遗产要素逐渐演化为大庆油田以及大庆城市的象征性符号，这就形成了大庆石油工业遗产的象征性价值。因此，从这个视角来看，大庆石油工业遗产的历史价值也直接影响了其象征性价值。

遗产利用价值是大庆石油工业遗产社会价值的重要组成部分，是一种比较复杂的价值形式，它是由多种价值共同决定的。例如：对大庆石油工业遗产的物质层面利用时，会综合考虑遗产所具有的工业美学价值、石油景观元素价值和物证价值等价值内容。而对大庆石油工业遗产的精神层面利用时，则会综合考虑遗产所承载的精神文化记忆、情感认同和文化认同等价值。这些价值都会直接影响到大庆石油工业遗产的利用方式，进而对遗产利用价值也产生的直接的影响。

因此，大庆石油工业遗产的每一个遗产价值类型及其构成要素都不是独立存在的，相互之间既彼此关联又可以互相转化。并且同一个价值构成要素可以同时归属于不同的遗产价值类型，这是由于石油工作者对遗产价值的认知带有很强的主观性，这就造成了很难准确地界定一个遗产价值类型的涵盖范围。并且遗产价值类型之间也存在一定的重叠性。同时，由于三代石油工作者处于不同的历史背景和社会环境，以及他们拥有不同的文化知识水平和思维模式，这使得他们对同一遗产价值认知存在一定差异性。例如：第一代石油工作者对大庆石油工业遗产的艺术价值没什么认知，但是随着社会环境、文化水平以及个人思维模式的改变，大庆石油工业遗产不仅能给第二、三代石油工作者带来视觉形象上的感受，也能给他们带来相应的精神或情感上的体验感。

从这个研究角度来讲，遗产价值具有很强的情景性、动态性和主观性，是一个可持续的发展过程，我们很难去建立一个固定的、普遍通用的价值构成体系，因此随着时间的推移，需要对遗产价值体系进行不断地修正和补充。

8.5
大庆石油工业遗产的价值认知影响因素分析

通过上文的分析可以发现，三代石油工作者对大庆石油工业遗产的价值认知既存在一致性，又存在一定的差异性，我们应该如何解读存在的异同点，是什么原因造成了价值认知的差异性，这对于未来建立比较全面的石油系列遗产的价值认知模型和构成体系具有重要的意义，本节将对其进行具体研究分析。

8.5.1　大庆石油工业遗产价值认知的一致性分析

三代石油工作者对于大庆石油工业遗产价值认知存在着高度的一致性，尤其是在遗产的历史价值、身份认同和文化记忆三个价值类型方面的认知最为统一。正是这种高度一致的价值认知形成了相对稳定的大庆石油工业遗产的价值构成体系。为了解读三代石油工作者遗产价值认知的一致性，本节主要从以下三个方面进行讨论。

（1）石油工作者对大庆石油文化精神认同的趋同性和传承性

三代石油工作者虽然所处的时代背景、社会环境及个人条件等方面都存在着代际差异，但是他们都十分认可大庆石油文化精神，并且也都非常注重这些精神的保护和传承。

第一代石油工作者的工作生活环境十分艰苦，当时他们为大庆油田的建设克服了重重困难，快速建立起了一个综合性的大油田，为我国工业建设做出了突出贡献。并且在这个过程中，他们都表现出了伟大的爱国主义精神，将油田建设看作是个人的使命，几乎没有个人生活，因此涌现出了大量的优秀石油工作者和家属，形成了丰富的精神文化财富。这些精神文化财富被第二、三代石油工作者很好地传承下来，成为大庆石油文化和城市文化的典型象征。例如："咱们大庆的传统教育非常好了，有'铁人精神'、'大庆精神'和'西水源精神'等，这些精神受到康世恩的高度评价并传遍了整个大庆，都是非常好的""这是大庆的文化、精神和历史，年轻人一定要知道的，这属于一种拼搏的精神，有这种精神才把这座城市建设起来。"

可以说大庆石油文化精神几乎深深地烙印在每一代石油工作者的心里，成为他们身份认同和文化记忆的重要组成部分，这直接影响了三代石油工作者的价值观。正是他们对大庆石油文化精神的高度认同和传承，才使得他们在对大庆石油工业遗产的价值认知上保持了一致性。

（2）石油工作者与石油工业遗产情感联系的紧密性

大庆石油工业遗产作为石油工作者日常工作和生活的场所，真实记录了石油工作者的工作生活场景，承载了他们对于石油工作的执着和热爱，成为不同代际石油工作者之间记忆传递的媒介，也成为石油工作者共同的文化记忆。

目前大庆石油工业遗产大部分还可以正常生产使用，只有小部分处于闲置和废弃状态。这些遗产的建造时间大部分都在大庆石油会战时期，对于第一代石油工作者而言，这些工业遗存和现存作为他们曾经艰苦奋斗过的地方，蕴含着对那段历史的真实记忆和深刻回忆，例如："去参观遗址地看到老的物件会引起回忆，老会战退休的工人看到王进喜像马上就能想起来当时的画面"。因此，第一代石油工作者对这些石油工业遗产地具有很深的归属感。

而对于第二、三代石油工作者而言，一方面他们看到工业遗产会想起他们儿时游玩的场景，并引起对过往的回忆，例如："这些老工厂有很多童年的回忆，以前小的时候都是在里面玩，是值得回忆的地方"；另一方面这些石油工业遗产也是他们工作的地方，虽然现在的工作环境好了，但是这些场所中所体现的工作制度和精神文化还一直在传承，例如：在西水源、北二注水站等工业遗产场所中都建设了小型展览馆来阐释和宣传这些遗产的价值和意义。因此，第二、三代石油工作者也对这些石油工业遗产有深厚的感情。

三代石油工作者都与这些石油工业遗产地有着千丝万缕的联系，这样就形成了不同的集体记忆和个人记忆。并且他们都与这些遗产地有着深厚的情感，这就很容易产生情感上的共鸣，正是这种情感的连接使得他们对大庆石油工业遗产的价值认知保持了高度的一致性。

（3）第二、三代石油工作者成长环境的熏陶性

另一个影响三代石油工作者对大庆石油工业遗产价值认知高度一致性的因素是第二、三代石油工作者的成长环境。他们的父辈一般都是石油工作者，因此，他们从小就受到父母的影响，对长辈的工作生活作风耳濡目染，例如："像我们1960年代出生的人，从小就受到父母那一辈的传统教育的影响，他们根本没有休息的时候，下了班晚上还得开会，很多时候都是自己在家，我们从小就在这种工作环境的熏陶下长大。"他们从小就经常听到父母给他们讲大庆石油精神和石油故事，因此受到了潜移默化的影响，例如："我们是大庆本地土生土长的孩子，这种精神文化其实是从出生的那天开始，并在几十年间一直陪伴着我们成长。在我们小学的时候就被灌输'大庆精神'和'铁人精神'，现在又在油田的工作岗位上感受这些精神，可以说我们就是在这种精神文化的熏陶下长大的"。

这样的成长环境使得他们从小耳濡目染，把大庆石油精神印刻在自己的生命中，并和祖辈保持一致的价值观。这使他们很容易理解大庆石油文化精神，进而能够在大庆石油工业遗产的价值认知上保持一致。

8.5.2 大庆石油工业遗产价值认知的差异性分析

同时，通过对访谈内容的研究分析，研究团队也发现了三代石油工作者在大庆石油

工业遗产价值认知上存在一定的差异性。对于价值认知的差异性主要存在以下几个原因。

（1）石油工作者所处的社会文化背景不同

石油工作者对石油工业遗产价值的认知与所处的社会文化背景存在着密切的关系。不同的社会文化背景下，人们的价值观念会发生一定的变化，进而产生一定的差异，这是不同代际石油工作者对大庆石油工业遗产价值的认知存在一定差异的重要因素。例如：新中国建立初期我国石油工业的需求与缺口巨大，大批石油工作者和转业军人在国家的组织下，从全国各地涌向松辽平原，进行油田的开采，由此开启了石油大会战[78]。第一代石油工作者作为大庆油田初期的参与者和亲历者，当时一心只想着快点采出石油，解决国家对于石油的迫切需求，在他们看来产油比生命都重要。因此，今天的"石油遗址"在他们看来就是平日工作生活的场所和开采石油的工具，例如会战员工说："对于什么遗产的概念我不清楚，那不就是采油管道和磕头机，没什么其他的意思，能采出来油就好""王铁人这个精神当初只是为了宣传，大家都知道这么个事，也都是这么做的"。由此可见，第一代石油工作者对于"遗产"没有特别清晰的概念，老会战前辈们对石油遗址价值的认知是"能采出来油就好"，可见他们更关注遗产的历史价值。

而随着大庆石油文化精神的宣传和遗产保护工作的推进，第二、三代石油工作者普遍认识到大庆石油精神的重要价值，这也能从采访中感受到不一样的氛围。例如："大庆精神肯定要传承下去，年轻人必须得知道这是大庆的文化和历史，这是很重要的。""老一代精神是值得我们学习的，提醒现在的年轻人应该要有一种精神气。""大庆的一些石油遗址厂区给人一种饱经沧桑的感觉，毕竟是五六十年前采油的设备，经历那么久的时间，那种老化的工业感觉很强烈。"这些与第一代石油工作者对遗产"能采出来油就好"的认知不同。第二、三代石油工作者在对大庆石油工业遗产历史价值认可的基础上，也多了些情感寄托。

（2）石油工作者个体需求不同

石油工作者对大庆石油工业遗产价值的认知与其个体的需求相关，个体需求的不同，对价值的认知也不同。根据马斯洛对个体需求层次的划分，每一层需求的产生都和个体的差异性有关，个体在某一阶段的需求满足后会产生新的需求[169]。石油会战时期的第一代石油工作者们从全国各地汇聚到一起，他们主要的任务就是为国家采出石油，有很多像"铁人王进喜"一样的先辈为了工作的顺利完成不顾生命安全跳进泥浆坑，"那个时候大家都一样，大家都一个心思就是干，听领导的话，领导让干啥就干啥。"可以说国家的需求就是他们的个体需求，他们的工作生活全部都是围绕"石油生产"，几乎没有个人生活。因此，第一代石油工作者比较看重大庆石油工业遗产的历史价值。

随着大庆油田的建成和石油产量的不断提高，石油工作者的个体需求发生了一定的变化，他们在追求石油高产稳产的同时也开始追求更高层次的精神需求。因此，与第一代石油工作者相比，第二、三代石油工作者不仅关注大庆石油工业遗产的历史价值，更加关注石油工业遗产体现的社会价值，尤其关注石油工业遗产中蕴含的大庆石油文化精神，例如："感觉现在的年轻人会浮躁一些，沉不下去，应该要学习老一辈的精神""现在的物质条件改变了，人们的想法和价值取向也不一样了"

（3）石油工作者与遗产时间间距不同

石油工作者与遗产时间间距的不同，对大庆石油工业遗产价值相应的认知也会发生变化。由于大庆石油工业遗产的建造时间多在石油会战时期，第一代石油工作者作为石油会战的直接参与者，很多工业遗产场所都是他们工作生活的地方。因此，他们对大庆石油工业遗产的利用价值更关注遗产物质本体的保护利用，例如："这些遗址代表的是当初石油工作者的精神，应该要去好好保护。"

第二代石油工作者中，有的人在工业遗产场所工作过，有的人小时候在那些场所玩耍生活过，还有的人从小听那些遗产场所的故事长大，所以他们认为大庆石油工业遗产的保护利用应该将物质实体和精神文化结合起来，例如："精神比较重要，但只有精神的话比较抽象，所以应该精神和物质结合一下，有东西在这它就不抽象了。"第三代石油工作者由于与工业遗产建造时间较远，同时又由于遗产保护意识的加强，他们认为大庆石油工业遗产的保护利用应该在遗产物质实体和精神文化保护的基础上，更注重利用石油工业遗产蕴含的石油文化精神来塑造大庆城市文化，例如："我感觉还是应该利用大庆工业遗址和文化来突出本地的特色，还得有一些能够吸引人的东西把它作为一种宣传片。"

通过对三代石油工作者对大庆石油工业遗产价值认知的一致性和差异性分析，研究团队发现三代石油工作者对遗产价值的认知在整体上保持一致。这主要是因为他们的工作生活与这些遗产密切相关，并且这些遗产蕴含的石油精神一直在三代人之间不断地传承和发扬。同时，也发现随着社会文化背景、个体需求和时间间距的改变，三代石油工作者对遗产价值的认知也发生了一定的改变。总的来说，三代石油工作者对大庆石油工业遗产的价值认知体现了遗产价值具有明显的主观性、易变性和情境性。因此在对大庆工业遗产的价值进行多元阐释的时，既要注意主客体之间的关系，也要考虑主体和客体所处的不同情境。

9

石油系列遗产数字化
信息阐释平台

　　文化和旅游部先后于2019年和2020年发布《公共数字文化工程融合创新发展实施方案》和《文化和旅游部关于推动数字文化产业高质量发展的意见》，实施方案中明确提出"建设公共文化大数据平台""促进优秀文化资源数字化"等措施[170]。2022年中共中央办公厅和国务院办公厅印发了《关于推进实施国家文化数字化战略的意见》，指出到"十四五"时期末基本建成文化数字化基础设施和服务平台，形成线上线下融合互动、立体覆盖的文化服务供给体系。到2035年建成物理分布、逻辑关联、快速链接、高效搜索、全面共享和重点集成的国家文化大数据体系，中华文化全景呈现，中华文化数字化成果全民共享。[171]文化遗产数字化作为中国文化数字化战略的重要组成部分，已经成为我国文化遗产保护领域的一个重要研究目标和研究方向。

　　近年来，信息通信技术（ICT）和人文学科的计算方法为加强文化遗产保护提供了重要支持，数字工具和方法不仅可以阐释和共享遗产数据，也可以让人们与遗产产生互动。数字工具和方法不仅为公众提供了多种获取、发现、探索和共享文化资料的方式，还可以支持利用知识来改进治理和管理功能。[172]

　　文化遗产数字化平台作为文化遗产数字化保护、宣传和教育的一种方式，主要采用了两种信息通信技术：一种是利用网络技术构建文化遗产数字化平台，即利用Web技术建立文化遗产网站，这是数字化平台最常用的一种方式，这种在线平台允许更广泛的对话、互动和文件共享，可以同时连接几个可访问的在线平台上的各种文档。互联网将相关网页集合起来，形成网络资源列表，为用户提供访问大量其他信息资源和媒体的途径。另一种是利用移动应用程序构建文化遗产数字化平台，包括在移动设备上运行的程序或软件。移动应用程序通常可以同时执行一个或几个任务，并根据其目标或用户需求提供特定主题的某些功能。[173]

　　本书研究的一个重要内容是利用数字化技术实现对石油系列遗产情景阐释的可视化，这不仅可以帮助研究者更加直观、清晰和动态化地解读石油系列遗产的整体性特征，展示研究成果，也为公众认识、理解和参与文化遗产提供了一种途径，更为石油工业遗产的宣传和教育提供了一个平台，因此本书尝试利用数字化技术方法构建石油系列遗产的情境化（数字化）阐释平台。

9.1

石油系列遗产数字化阐释平台的构建目标和方法

9.1.1 石油系列遗产数字化阐释平台的构建目标

本章构建石油系列遗产数字化阐释平台主要为了实现以下三个目标。

第一个目标是实现石油系列遗产信息的数字化保护和管理，即利用数字化技术方法记录、整合和解读石油系列遗产的产生、发展、演变和衰退的动态过程。

每一个油田都经历了几十年甚至上百年的发展历程，遗留下大量的石油工业遗产，蕴含着丰富的历史信息，为了更好地了解和解读遗产，需要将这些历史信息进行采集、整理、记录、存储和管理。由于遗产的历史信息往往以文字、图像和影像等不同形式呈现，这就需要将不同类型的信息进行对比、分析和整合。同时需要将文本类信息转化为便于保存的数据信息，进行动态的、实时的和可更新的数字化管理，实现对石油工业遗产基本信息的数字化保护，为未来石油工业遗产的价值评估和系统性管理提供工作基础。

第二个目标是实现石油系列遗产的系统性阐释，并实现阐释结果的可视化呈现，即利用数字化技术和工具阐释和展示石油工业遗产本体及其区域环境的演变历程及多元文化属性。

石油工业遗产是一个动态的、复杂的演变过程。随着时间的推移，遗产本体发生了一定的变化，包括遗产的形态、尺度、样式和内涵等，而且遗产所在空间区域环境也发生了一定的改变，包括水文、地形、地貌等自然环境，以及城市空间形态、道路系统和居住模式等社会环境。因此为了全面地阐释石油工业遗产的价值和意义，需要将遗产本体及其相关要素的历史状况整合到一定的情境中进行整体性解读，并建立可视化历史情境阐释模型。

第三个目标是为公众提供一个了解石油工业遗产价值和意义的平台，作为石油工业遗产保护宣传和教育的一种方式。

现阶段网上有关石油工业遗产的内容介绍比较零散、有限，缺乏系统性、多角度的解读，这不利于石油工业遗产价值和意义的教育和传播。笔者希望依托研究团队的研究成果对石油工业遗产进行多视角的解读，并以一种可视化的形式呈现出来，为石油工业遗产的研究者和爱好者提供一个比较全面了解石油工业遗产的平台。通过这个平台，阅读者可以直接阅读、检索和下载研究内容，并可在阅读后，将自己的感受以及可能拥有的宝贵资料在平台上分享，为后续研究工作提出宝贵意见。

9.1.2 石油系列遗产数字化阐释平台的构建方法

1. 利用GIS技术平台构建石油系列遗产数据库

为了实现石油系列遗产的数字化保护，首先需要实现基本信息的数字化保护，本书利用GIS技术平台构建石油系列遗产的基础信息数据库。

数据库作为一种信息技术工具能够连接不同来源的数据，并将它们定位在一个共同的参考系统中，以便将每个数据连接到特定的空间框架中，这样每个数据可以具有更深的含义。文化遗产数据库的构建已经成为实现文化遗产数字化保护中重要的部分，数据库不仅可以整合遗产的多种元数据信息，还可以将文本类的信息转换成为数据信息，因而真正意义上实现文化遗产基本信息的数字化记录、存储和管理。

近年来，利用GIS技术平台构建文化遗产数据库是较为普遍的一种技术方法。GIS技术可以捕获、存储、管理、显示和分析与地球上某个位置相关的信息。从这个意义上说，GIS技术是一个以地理术语描述世界的结构化数据库，它也是一个智能或交互式地图，允许用户查询数据库并看到可视化的结果，是一组允许对数据进行空间分析的工具[174]。GIS技术以一种创造性的方式形成连接不同来源和数字的系统，旨在创建一种作为集成不同类型数据可视化的新型界面。

GIS的强大之处在于能够将不同类型的数据基于共享位置相互关联，不用考虑数据格式，并在空间环境中管理这些数据。同样重要的是GIS可以在地理空间的地图上可视化这些关系，允许用户单独或一起查看信息，并以不同的比例显示信息。[174]

因此，GIS技术成为整合文化遗产信息的工具。它不仅可以记录、存储、管理和解读文化遗产的基本信息，以不同的尺度、不同的方式对比分析文化遗产地的多元属性，还可以构建文化遗产地的历史情境模型。这些都为实现文化遗产的数字化保护提供了可行的方法。基于以上优势，本书将利用GIS技术来构建石油系列遗产的基本信息数据库。

2. 利用Web技术建立石油系列遗产的数字化阐释平台

为了实现石油系列遗产数字化阐释的第二个和第三个目标，本书将利用Web技术建立石油系列遗产的数字化阐释平台。

Web（World Wide Web）即全球广域网，也称为万维网，它是一种基于超文本和HTTP的、全球性的、动态交互的和跨平台的分布式图形信息系统，是建立在Internet上的一种网络服务，为浏览者在Internet上查找和浏览信息提供了图形化的、易于访问的直观界面，其中文档及超级链接将Internet上的信息节点组织成一个互为关联的网状结构。[175]

在文化遗产领域，利用Web技术建立文化遗产网站是文化遗产数字化平台最常用的一种在线平台，它可以实现大量信息的存储、交换和处理，允许广泛的遗产保护者、管理者、爱好者以及公众之间的对话、互动和文件共享，是实现文化遗产整体性认知的最佳方式之一。利用Web技术可以实现文化遗产基本信息的管理与可视化、遗产本体及其价值的阐释与展示，以及文化遗产的教育与传播。

在文化遗产的数字化平台上，公众可以在同一个数字化环境中使用多种功能不同的工具界面阐释与展示文化遗产的不同内容，也可以根据自己的喜好快速查询想要了解的内容，建立起自己对文化遗产的认知框架，并形成独特的文化遗产叙事，这就实现了公众主动式参与，而不是被动地接受遗产叙事。

利用Web技术建立的文化遗产数字化平台是一个开放式的平台。随着研究者对文化遗产本体认知的不断提高，网页的内容可以不断充实和填充，也就是说文化遗产的数字平台处于一个可持续的、动态的开放状态。因此，本书将利用Web技术建立石油系列遗产的数字化阐释平台。

9.2
石油系列遗产信息数据库的构建

9.2.1　石油系列遗产信息数据库构建的目标

石油系列遗产是将石油工业遗产看作是基于石油这一单一工业产品而形成的一个多层次的、功能逻辑紧密与协同合作的系列遗产，强调的是石油工业遗产的整体性保护理念。因此，构建石油系列遗产信息数据库的一个关键问题是，能否比较系统地整合石油工业遗产的多种类型信息，实现石油工业遗产的整体性解读。基于此，本节在构建石油系列遗产信息数据库时，提出了以下三个主要目标。

（1）石油系列遗产的数据库要体现石油工业遗产的整体性特征，同时体现石油工业遗产的有形遗产和无形遗产两个维度。石油系列遗产包括有形遗产和无形遗产两个维度，它们作为一个整体共同体现了石油工业遗产的价值和意义。为了建立石油系列遗产的整体性认知，需要将这些遗产要素整合到一起，并按照一定的逻辑关系进行系统性、关联性分析。在本书第二章有关石油系列遗产构成体系的研究部分，研究团队将石油系列遗产分为了三个层级，其中第二层级将有形遗产分为石油地质类、石油产业链上游、石油产业链中游、石油产业链下游和石油辅助类，将无形遗产分为石油技术工艺知识、石油企业制度、石油文化精神和石油文化艺术。因此，石油系列遗产信息系统需要清晰记录各个层级及其构成要素，体现各层级之间的关联性。

（2）石油系列遗产信息数据库需要体现完整的石油技术工艺流程。石油工业遗产作为工业遗产的一种类型，在构建石油系列遗产信息数据库时要体现工业文化属性特征，也就是说要体现完整的石油技术工艺流程，这有利于提高对石油工业遗产科学技术价值的认知。因此，在构建数据库时，一方面要体现完整的石油产业链，展示完整的石油勘查、开采、存储与运输等工艺流程，这主要针对的是石油工业遗产有形遗产的可移动部分。另一方面要体现石油工业技术的百年变化历程，这主要针对的是石油工业遗产有形遗产的不可移动部分。

（3）石油系列遗产信息数据库需要全面整合石油工业遗产的基本信息，实现石油工业遗产的数字化保护。石油系列遗产的每个遗产要素都包含着多样的基本信息，既包括建造时间、地点、初始功能和重要事件等历史信息，也包括现在功能、保护等级和归属权等现代信息。遗产数据库需要将这些基本信息进行记录、采集、存储和管理。并且由于这些信息几乎都是以文字、图像和影像等形式呈现的，这就需要将这些不同类型的信息进行对比、分析和整合。同时，需要将文本类的信息转化为数据信息，进行动态的、实时的、可更新的数字化管理，实现石油工业遗产的基本信息的数字化保护，为未来石油工业遗产的价值评估和系统性管理提供工作基础。

9.2.2 基本数据的收集与筛选

本书建立的中国石油系列遗产数据库主要以现阶段的研究对象为主，包括延长油田、玉门油田、克拉玛依油田和大庆油田的石油工业遗产。石油工业遗产点的收集和筛选主要考虑两种情况：一种是已经被列入各级政府保护名单的遗产，包括国家级、省级和市（县）级重点文物保护单位，及其专项工业遗产保护名单。另一种情况是在各类文献阅读和实地调研的过程中，发现具有重要价值和意义、但未被列入各级保护名单的遗存。

由于GIS数据通常细分制图数据和其他数据两种类型，其中制图数据是为了减少大范围的叠加和连续描述，必须参考一个共同的制图系统（如矢量图、光栅图、正射影像图、历史数字化地图和数字地形模型等），其他数据（非制图数据）通常不存在于制图数据中，但可以在地图中定位的所有数据，以便以图形方式显示它们与制图信息之间的关系。[18] 依据GIS数据要求，可以将石油工业遗产的相关数据分为空间信息数据和非空间信息数据（属性信息数据）。其中空间信息数据为GIS软件可以识别和进行操作的几何数据，包括矢量数据和格栅数据，非空间数据（属性信息数据）主要是以字段形式附加在矢量信息中的属性数据。[176]

1. 非空间信息数据（属性信息数据）采集

非空间信息数据的采集主要包括石油工业遗产的建造时间、地点、初始功能、保护状态与重要事件等信息，包括文字数据和图像数据两种形式。非空间信息数据的收集是一个比较复杂的过程，需要进行大量的文献资料阅读、实地调研考证和图像采集，信息来源主要包括以下几方面内容。

（1）通过当地政府相关部门、相关档案馆和油田管理部门收集相关的档案和资料，主要包括地方志、油田志、资料汇编、保护计划和专门的研究报告等，例如：《大庆油田志》《克拉玛依油田志》《延长县志》与《石油摇篮印迹——玉门油田80年历史珍存概览》等资料。这些资料比较详细的记录了石油工业遗产的发展历史，但是很多细节内容存在一定的差异，需要进行实证调查，剔除模糊不清的数据，进而整合出需要的基础数据。

（2）通过互联网在各种网站和App程序获得相关影像资料、文献资料和图像资料等信息，例如：通过网站搜索到影像料纪录片《玉门油田红色旅游景区宣传片》和《档案中的玉门》，文献类资料《延长油田的数字化建设》和《石油曙光》等，"延长油田资讯""玉门市文体广电和旅游局""克拉玛依日报"和"大庆油田"等公众号。这些资料可以对遗产的基本信息进行补充和修正，为数据库建设填补资料来源。

（3）实地调研获取文字、地图、图片和影像等相关资料信息。通过实地调研对遗产本体及周围环境进行了考察、测绘和记录，制定石油工业遗产基本信息表，主要包括《石油工业遗产——遗址遗迹记录表》《石油工业遗产——非物质文化遗产记录表》和《石油工业遗产——工业厂区记录表》等，进而获得了第一手真实的资料，为修正遗产基本信息和扩充数据库提供了重要的依据。

通过汇总上述信息资料，共找到4个油田具有保护价值和意义的石油工业遗产共91处：玉门石油工业遗产29处，包括有形遗产22处，无形遗产7处；克拉玛依石油工业遗产16处，包括不可移动有形遗产13处，可移动有形遗产3处；延长石油工业遗产20处，包括有形遗产18处，无形遗产2处；大庆石油工业遗产26处，包括有形遗产是21处，无形遗产5处。由于大庆石油工业遗产的无形遗产是以有形遗产的形式呈现的，因此可以说26处遗产点都是有形遗产。去掉基本信息尚不明确的遗产点，最终收集、整理和分析78处遗产点，包括22处玉门石油工业遗产点，13处克拉玛依石油工业遗产点，19处延长石油工业遗产点和24处大庆石油工业遗产点。并且最终建立了中国石油系列遗产的基本数据库。

2. 空间信息数据的获取与转换

石油系列遗产基础数据还涉及不同类型的空间信息数据，依据现阶段的研究目标，主要涉及4种空间信息数据：第一种是石油工业遗产所在城镇区域的现代地图数据；第二种是石油工业遗产所在城镇区域的历史地图数据；第三种是石油工业遗产所在油田的地下石油资源分布的地图数据；第四种是石油工业遗产的地理空间数据。4种不同类型的地图数据通过不同的方式进行获取和转换。

（1）空间云数据、密钥矢量地图下载并获取栅格地图及矢量地图的开源数据及非开源数据资料，主要包括行政区划、建筑、河流和道路等空间信息。通过GIS技术进行矢量化处理，形成历史地图及遗产位置的空间数据库，挖掘档案可以被看作超文档，包含内部链接绑定的文本和图像，允许读者按照不同的路径检索信息，为数字信息库建设提供基础地理史料。[177]

（2）实地调研定位、电子获取空间位置及相关资料信息。通过实地调研定位遗产点，电子获得遗产点的空间经纬度数据以及各个遗产点位之间的空间关联图示等实测数据，不能进行实地考察的遗产点则需要依据百度地图确定经纬度数据。将这些石油工业遗产点的地理经纬度输入到遗产属性信息表，然后加载到GIS数据库中，并依据属性表中经纬度生成相应的点位信息，实现遗产点数据信息和地图位置的匹配。

（3）部分城镇区域历史地图或油田的地下石油资源分布图的地图数据转换。由于现阶段获得的历史地图信息和石油空间资源信息都是以图片或者图集的形式呈现的，这就需要将这些地图转为数字化地图，即转化为GIS数据库的矢量地图数据。并且由于这些图片或图集采用了不同比例尺和坐标，为了便于分析研究，需要将这些地图在转换为矢量数据的过程中，与现代地图参考的坐标系统（例如UTM/WGS84）联系起来，或者通过严格的转换，最终形成可以使用的矢量地图数据。需要说明的是，历史地图和石油资源分布图在进行矢量转换时会存在一定的误差，时间越久远的地图存在的误差就越大。

本书选用了BIGEMAP地图下载器下载4个油田城镇的现代和部分历史时期地图数据，例如：延长县域地图数据可以下载1984年至今任一时期的地图，包含水系、道路和建筑等矢量数据。而对于需要转换的历史地图和石油资源分布地图，则需要加载到GIS数据库中，参考WGS84坐标系统，依据现代的地图数据进行矢量转换，最终将地图上的基本信息（行政区域、水系、道路等）转换为数字化信息数据。

综上所述，在对石油工业遗产历史文献资料阅读的基础上，结合实地考察和网上调研资料，对4个油田的石油工业遗产的基础数据资源进行全面搜集、整理和对比分析，并利用GIS技术将所有文本信息转化为数字化信息，并关联不同类型的数据，最终形成比较完整的石油系列遗产的基本信息数据库。

9.2.3 石油系列遗产数据库设计与实现

1. 石油系列遗产数据库设计

石油系列遗产数据库的构建主要涉及以下三个主要内容。

（1）数据库的石油工业遗产点图层结构设计

四个油田都包含了数量众多、类型丰富的石油工业遗产，为了系统性地解读这些石油工业遗产，需要对比分析四个油田的石油工业遗产的属性特征。因此在构建石油系列遗产数据库时，需要通过图层结构设计来清晰地表达这些遗产的归属类型和类型之间存在关联性，即需要根据遗产的类型框架体系来设计数据库的图层结构。本节基于第三章对石油系列遗产的类型构成体系研究来设计数据库的遗产点图层结构。

依据第三章对石油系列遗产类型构成体系的研究本书，将数据库的遗产点图层结构分为三个层级：第一层级分为有形遗产图层和无形遗产图层；第二层级将有形遗产分为石油地质类、石油产业链上游、中游、下游和石油辅助类五个遗产类型图层，无形遗产分为石油技术工艺知识、石油企业制度、石油文化精神和石油文化艺术四个遗产类型图层；第三层级主要是对有形遗产的第二层级类型进行的细分，将石油产业链上游图层分为勘探图层和生产图层，石油产业链中游图层分为储运图层和运输图层，石油产业链下游图层分为加工图层和销售图层，以及石油辅助类图层分为生产类图层、基础设施类图层、管理类图层和生活类图层（图9-1）。

但是根据现阶段4个油田的石油工业遗产情况，每个油田包含的石油工业遗产要素和遗产类型并不相同，因此4个油田的数据库在遗产点图层结构的设计上也存在一定的差异，这种差异主要体现在第二层级和第三层级图层结构上。例如：玉门石油工业遗产数据库的遗产点图层结构设计相对比较完整，第二层级图层结构设计了有形遗产的石油产业链上游、中游、下游及石油辅助类四个遗产图层，但是由于玉门石油工业遗产不包括石油地质遗产，因此没有设置该遗产图层。而无形遗产的图层则设置了石油技术工艺、石油企业制度和石油文化精神三个遗产图层，但是由于没有石油文化艺术，所以没有设置该遗产图层（图9-2）。

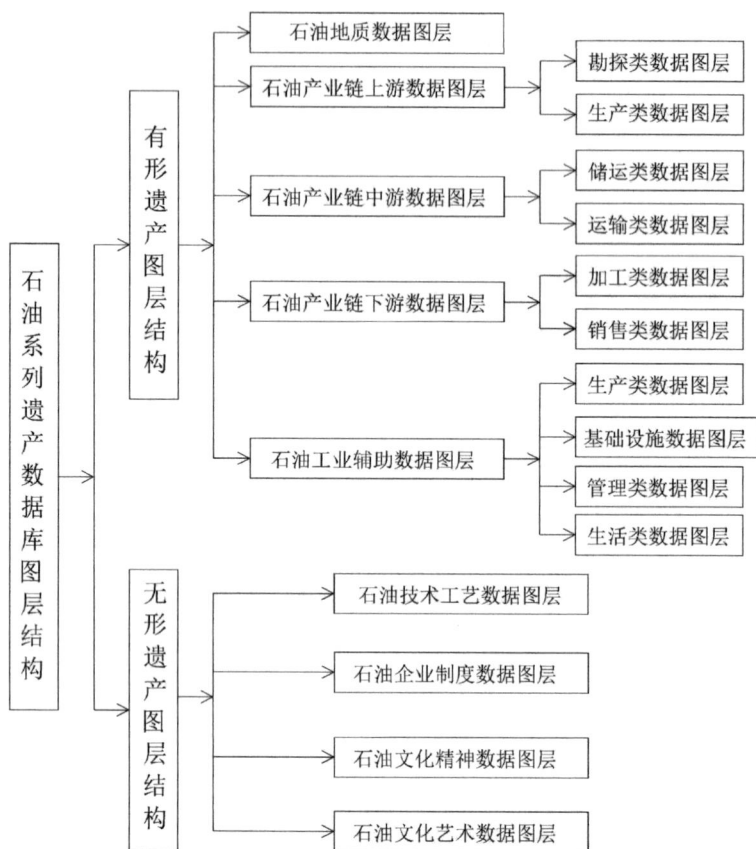

图9-1　石油系列遗产数据库图层结构

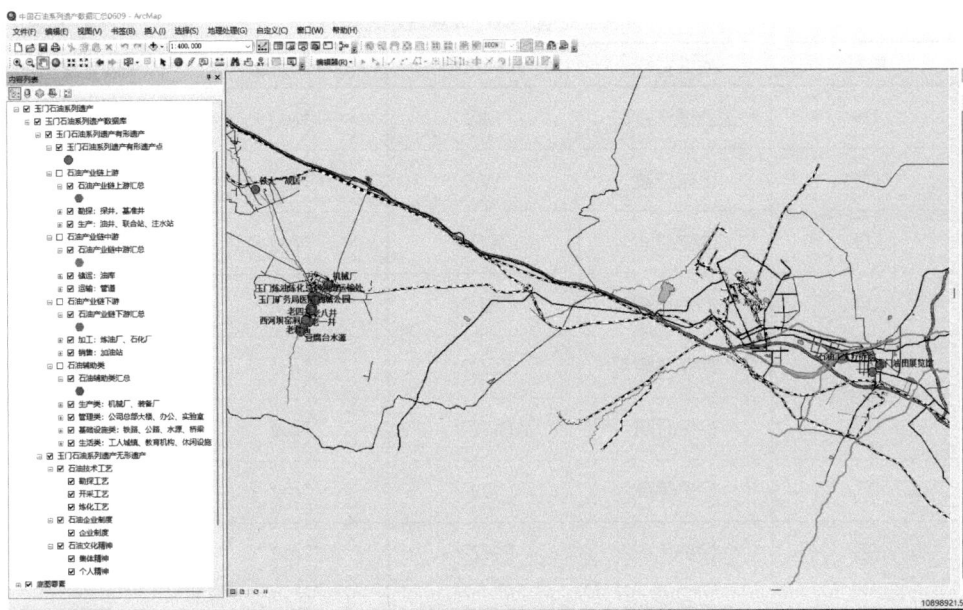

图9-2 玉门油田石油工业遗产数据库界面

需要说明的是石油系列遗产数据库的遗产点图层结构设计是一个开放的设计，随着后续研究的不断深入，涉及的遗产要素会不断增加，遗产类型也会有一定的扩充，遗产图层可以在现有图层结构的基础上进行增加。

（2）属性信息设计

GIS数据库设计另一个重要的步骤是定义特殊用语表，以及确定用语表中每一个属性的意义和价值，以便于记录和连接非图示化信息。[61]本书建立的石油系列遗产数据库希望尽可能全面记录每一个遗产要素的基本信息，研究团队根据这个研究目标，设定了属性表内容，主要包括遗产点的区域位置、建造时间、初始功能、现在功能和保护状况等内容，并从编号、属性名称、属性编码、字段类型和字段长度等最终设定了基本信息术语表格式（表9-1）。

需要说明的是，石油系列遗产的属性信息表内容是根据现在的研究目标设定的，体现了研究者在现阶段对遗产的认知，后续随着研究的不断深入、研究资料的不断扩充以及研究内容的不断扩展，对遗产认知也会不断地更新，属性信息表内容据此不断地进行扩充和修正。正因为GIS数据库的属性信息表设计是一个开放的设计，可以进行不断地调整、增加和减少，这也是利用GIS技术平台建立石油系列遗产数据库的一种优势。

石油工业遗产数据库属性信息设计　　　　　　　表9-1

编号	属性名称	属性代码	字段类型	字段长度
01	工业遗产名称	MC	Text	20
02	区域位置	WZ	Text	20
03	建立时间	JLSJ	Text	20
04	初始功能	CSGN	Text	20
05	现在功能	XZGN	Text	10
06	保护时间	BHSJ	Text	20
07	保护等级	DJ	Text	10
08	保护状态	BHZT	Text	10
09	重大历史事件	LSSJ	Text	80
10	历史现状图	LSXZT	Text	20

（3）图示化语言

石油系列遗产数据库设计的另一个重要方面是选择合适的图示化语言来表示遗产点。GIS数据库可以选择点、线和面三种图示语言来表达遗产。图示化语言的选择主要根据研究者的目标和遗产的属性进行设定。一般情况而言，点式语言忽略遗产的尺度和面积，只表明遗产的地理位置；线式语言用于表示线性遗产的一定尺度，例如：道路、水系和桥梁等；面式语言则表示遗产的区域范围、规模和形状，例如：工业厂区面积、建筑保护范围等。

石油系列遗产的图示化语言主要分为两种形式（表9-2）：一种形式是用于表达

石油工业遗产图示化语言选择　　　　　　　　表9-2

要素集名称	要素名称	要素类型	要素属性
遗产要素	石油工业遗产	点	遗产名称、建造时间、初始功能、类型、经纬度、地理位置、保护等级、再利用情况等
地图要素	行政区划、建筑群等	面	名称、形状、面积等
	水系、道路、桥梁等	线	名称、尺度等

遗产要素。由于石油工业遗产包含类型多样的遗产形态，例如：单个设施设备、成组的建筑群以及成片的工业厂区等，因此可以依据遗产形态分别采用点、线、面三种图示化语言表达遗产点。但是本书建立遗产数据库的目的是为了解读遗产的属性特征，不涉及具体的形态、尺度和区域面积，而只表达遗产点的地理空间位置即可。因此本书采用点式语言来对石油工业遗产进行空间位置标注，一个点代表一个遗产，并且将不同类型的石油工业遗产点标注在不同的数据库图层上，图层采用光栅格式。

另一种形式是用于表达石油工业遗产所在的空间区域的地图要素，主要包括所在城镇行政区域划分、建筑群形式、水系和道路交通等要素。地图要素主要是真实地表达遗产周围物理空间环境，真实体现地图要素内容，因此需要依据地图要素的内容选择具体的图示化语言，例如行政区域、建筑群等可以采用面式语言，水系、道路与桥梁等线性交通则采用线式语言。

2. 石油系列遗产数据库的实现

首先，依据研究目标构建石油系列遗产数据库的整体数据层结构，主要包括：现代城镇空间数据层、历史城镇空间数据层、石油空间分布数据层、遗产点空间数据层和属性表数据层（图9-3）。其中遗产点空间数据层和历史城镇空间数据层都包含多个图层，遗产点空间数据层在前文已经进行了论述，这里不再赘述。

历史城镇空间数据层主要体现的是石油工业遗产所在的城镇行政区域范围、基础设施建设和居住区域等物理空间环境演变。由于每个油田建设都历经几十年甚至上百年，所在城镇的行政区域范围、空间形态和道路交通等都会发生一定的变化，因此历史城镇空间数据层也是包含多个图层。例如：大庆油田建设于1959年，大庆城市随着油田建设而产生，经历了从无到有的过程，城市空间形态经历了四个演变阶段，因此大庆城市历史空间数据层包含了四个图层（图9-3）。

由此可见，每个油田的石油工业遗产数据库的数据层数目不是固定不变的。随着后续研究的不断深入和扩展，数据层的类型和数目可能会有所增减，因此数据层结构也是一个开放的设计。

其次，建立4个油田的石油工业遗产数据库的属性信息表。依据前文对属性表的定义和设计本书设定了4个油田的石油工业遗产属性信息表内容。石油工业遗产属性表内容主要包括：名称、地理位置、建立时间、保护等级、重要历史事件等内容（图9-4）。由于目前掌握的资料并不全面，很多属性表的内容还不明确，需要进一步核实对比，所以有些内容尚处于空白状态，后续的研究中会填补这些空白。

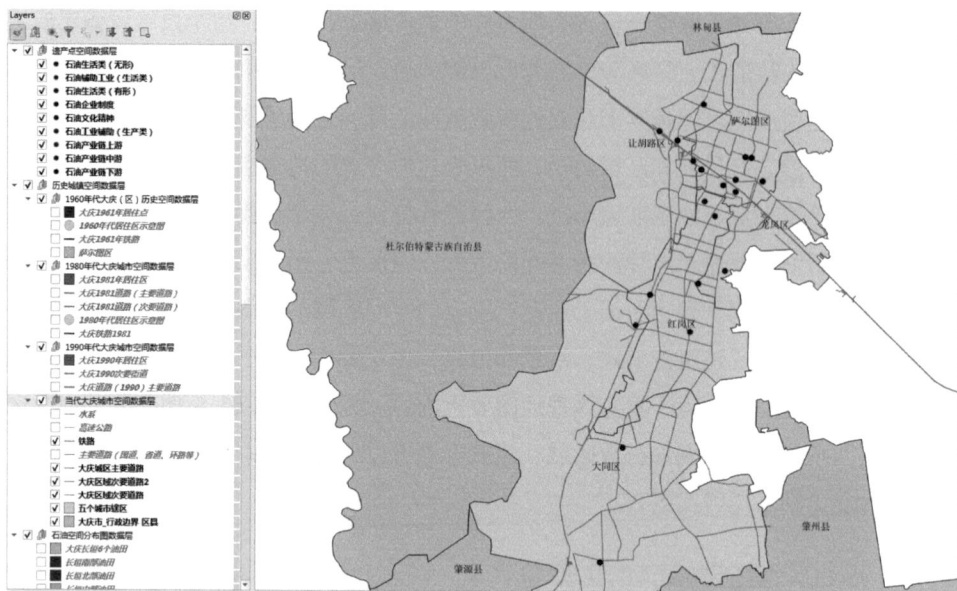

图9-3　大庆石油工业遗产整体数据层结构示意图

图9-4　克拉玛依石油工业遗产属性信息表

石油系列遗产数据库属性信息表的数据有两种加载形式：一种是直接录入文字部分，这是对基础信息的梳理记录；另一种是以格栅形式导入遗产点图片，这是对遗产目前状况的实地情况记录（图9-4）。

最后，加载超链接数据。通过ArcGIS软件工具界面选择识别工具，选择添加超链接的属性图层，实现超链接操作。为了更多地整合石油系列遗产的基本信息资料，实现不同领域研究者在同一技术平台上的交流，研究团队将主要的实地研究资料、技术报告和比较重要的网站进行超链接，最终在ArcGIS Map界面上呈现出来（图9-5），实现石油系列遗产的基本信息的可视化表达。

图9-5 延长石油工业遗产ArcGIS Map界面

9.3
石油系列遗产的数字化阐释与展示平台

本书的另一个重要研究目标是提供一个共享的数字化环境来建构石油系列遗产的整体性认知，同时用于石油系列遗产的存储、阐释和宣传。为了实现这一研究目标，研究团队尝试利用Web技术将现阶段的主要研究成果按照一定的逻辑关系进行整合，进而实现研究成果的可视化阐释与展示。并将部分研究论文成果进行超链接，希望建立一个比较完整的石油系列遗产数字化阐释平台。

在构建石油系列遗产的数字化阐释与展示平台过程中重点研究了以下几个方面内容。

1. 石油系列遗产数字化阐释平台设计的目标

在石油系列遗产可视化阐释平台的设计过程中，主要考虑以下两个目标。

（1）数字化阐释与展示平台旨在向遗产保护学者、参与者和爱好者系统性解读4个油田的石油工业遗产价值和意义。目前网上有关石油工业遗产的内容介绍非常有限，都是只言片语，内容比较零散琐碎，缺乏系统性和多角度的解读，这不利于石油工业遗产保护的教育和宣传。石油系列遗产的数字化阐释与展示平台的构建是以研究团队的部分研究成果为基础，并对研究成果进行整合，主要包括4个油田石油工业遗产的历史沿革、类型构成体系、时空格局演变和典型遗产点的历史情境演变等内容。并且为了突出4个油田的石油工业遗产的异同点，相关内容采用了相同的叙述结构模式。

（2）数字化阐释平台旨在为石油工业遗产的研究者、参与者和爱好者提供一个可阅读、可检索和可下载相关研究资料，以及可参与保护研究工作的途径。团队希望将研究成果转化为石油工业遗产保护教育和宣传的一部分，并且采用一种最简单便捷的方式呈现出来。同时希望阅读者可以直接检索和下载自己感兴趣的主题和内容，这样有助于阅读者建立起自己对于石油工业遗产的价值认知体系。并且也希望阅读者在阅读后可以将自己的感受，以及可能拥有的宝贵资料进行分享，以便修正已经完成的研究内容，并为后续研究工作提出宝贵意见。

基于这一目标在网页页面的设计中，研究团队采用了最简约的方式，不用注册就可以直接登录进入页面，并通过搜索功能快速的找到相关的研究内容。并且每个模块内容都采用了PDF文件形式展示，这既便于阅读和下载，也便于日后的修正模块中的内容。为了更加全面地解读和展示研究成果，还在页面内设计了一个资料库将已经发表的论文进行了整合，并且以PDF文件的形式进行了链接，以便相关研究者对原始基础数据的阅读和下载，以及针对某个研究问题进行更深入的研究。

石油系列遗产可视化阐释与展示平台设计是灵活的。目前的研究成果只涉及了4个油田的石油工业遗产的相关研究内容，后续随着研究内容的不断扩展和深入，可视化阐释与展示平台设计可以扩展为8个油田的石油工业遗产。平台功能模块也可以更加多元化，真正意义上实现石油系列遗产的系统性保护。

2. 石油系列遗产可视化阐释与展示平台的功能模块构建

石油系列遗产数字化阐释与展示平台是为了比较系统地解读遗产本身及其关联性要素的形成、发展和演变的过程，以及多重属性特征，进而让人们理解石油工业遗产的价值和意义，基于这一目标团队确定了平台主要的承载内容，设计了平台的主要功能模块。

首先，数字化阐释平台主要阐释的玉门油田、延长油田、克拉玛依油田和大庆油田的石油工业遗产，因此初步确定平台的主页分为玉门油田、延长油田、克拉玛依油田和大庆油田4个功能模块（图9-6），并且每个油田都设计了各自独立的内容页面。

其次，为了对比4个油田的石油工业遗产的异同点，更是为了突出每个油田的石油工业遗产的特征，进一步将每个油田的内容页面的功能模块分为油田工业发展历史、石油工业遗产类型构成体系、石油工业遗产的时空格局和典型遗产点的情景解读4个功能模块（图9-7）。

图9-6　数字石油遗产主页面

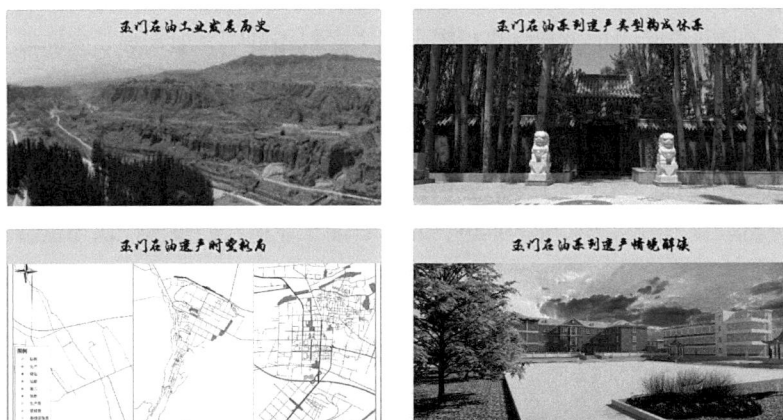

图9-7　玉门石油工业遗产页面

油田工业发展历史模块主要以时间为叙述轴线，对4个油田的发展历程进行了比较详细的历史分期介绍，并且对比较重要的时间段、历史事件和历史人物进行了重点叙述。这一功能模块内容主要依据前文对每一个油田的历史沿革分析进行的归纳总结。阅读者通过这一模块可以比较详细地了解每个油田的历史发展脉络，以及石油工业遗产的产生、发展与演变的历史背景。

石油工业遗产的类型构成体系模块是从遗产类型学的视角，对每个油田的石油工业遗产进行的类型介绍，并且对资料比较齐全的遗产点进行了详细的解读，主要包括历史、现状和保护等级等内容。阅读者通过这一功能模块的阅读，可以比较详细地了解每个油田的石油工业遗产的数量、类型构成及保护状况，进而对每个油田的石油工业遗产建立起整体性的认知。

石油工业遗产的时空格局模块是从遗产整体性保护的视角，将每个油田的石油工业遗产点作为一个整体进行时空格局演变的解读，并总结出其演变特征及影响其特征形成的主要因素。阅读者通过这一功能模块的阅读，可以了解石油工业遗产在时间和空间两个维度上的发展历程和演变规律，以及石油工业遗产与油田开发历程、城镇空间形态演变和人们居住模式演进的关联性，进而从中宏观层面上了解石油工业遗产的价值和意义。

典型遗产点的历史情景解读模块是从遗产情境阐释的视角，选择每个油田比较有代表性的、历史价值较高以及资料比较齐全的遗产点，进行3D历史场景模拟复原，用以展示遗产点及其周围环境的历史情境和现在情境，并且作为一个独立的资料库用3D动画的形式全景展示遗产本体及其周围环境（图9-8），对比较重要的内容进行了文字解读。阅读者通过遗产点的可视化虚拟模型和文字叙述可以更加直观和全面地了解当时油田开发的历史场景、石油工艺技术以及石油工作者的工作生活状态等多方面的情况。

需要说明的是，可视化阐释与展示平台各层级功能模块是根据目前的研究成果进行设计的，有些研究内容限于现阶段的研究资料，阐释的内容并不全面，缺乏更深入的解读分析。但随着后续研究的推进，对于石油工业遗产的整体性认知也会不断地提升，后续平台功能模块可以进行相应的扩展和修正。

3. 石油系列遗产可视化阐释与展示平台的实现方式

石油系列遗产可视化阐释与展示平台是一个以信息展示和资源共享为主要功能的Web网站，访问者可以使用浏览器对该Web网站进行访问，包括浏览页面、查看资源、检索信息等。

图9-8　克拉玛依石油工业遗产页面

该网站的Web页面的设计是以目前Web前端开发的主流技术HTML5、CSS3语言和JavaScript脚本语言以及流行框架为核心技术开发的。为了吸引读者并激其阅读兴趣，页面采用CSS和jQuery技术实现了动态布局，这种布局形式能够适应不同分辨率的显示终端，使得页面在一些主流的输出设备上都能够较好地展示效果。同时为了更加直观地展示石油工业遗产的外观形态样式，以及了解每一个功能模块的主要内容，主页面和检索页面设计都采用了JavaScript和Bootstrap框架，其目的是实现遗产点图片的轮播。轮播图片的选择都是最具代表性的遗产点和研究内容，同时展示最新的研究成果（图9-9）。

为了让阅读者方便快捷地找到自己感兴趣的内容，网站还提供了全站页面内容检索功能，在首页面和其他子页面都设计了基本的检索功能，允许使用者通过关键字对已有的PDF格式资源库进行检索（图9-10），并且使用超链接实现了页面的跳转与参数传递，用户可以通过点击图片超链直接进行检索。

此外为了更加方便研究资料的阅读和下载，通过对PDF文件的处理，阅读者可以在发布者允许范围内进行打印。为了扩大阅读者的阅读量，检索页面还提供了视频资源，并在滑动到特定区域时显示视频资源，也允许读者进行预览（图9-11）。

需要特殊说明的是由于不同硬件的加载速度不同，在已知的Win7、Win10、Win11版本都可以顺利运行，但对于IE8更低版本的部分浏览器中，框架支持的图片轮播可能会不支持播转。

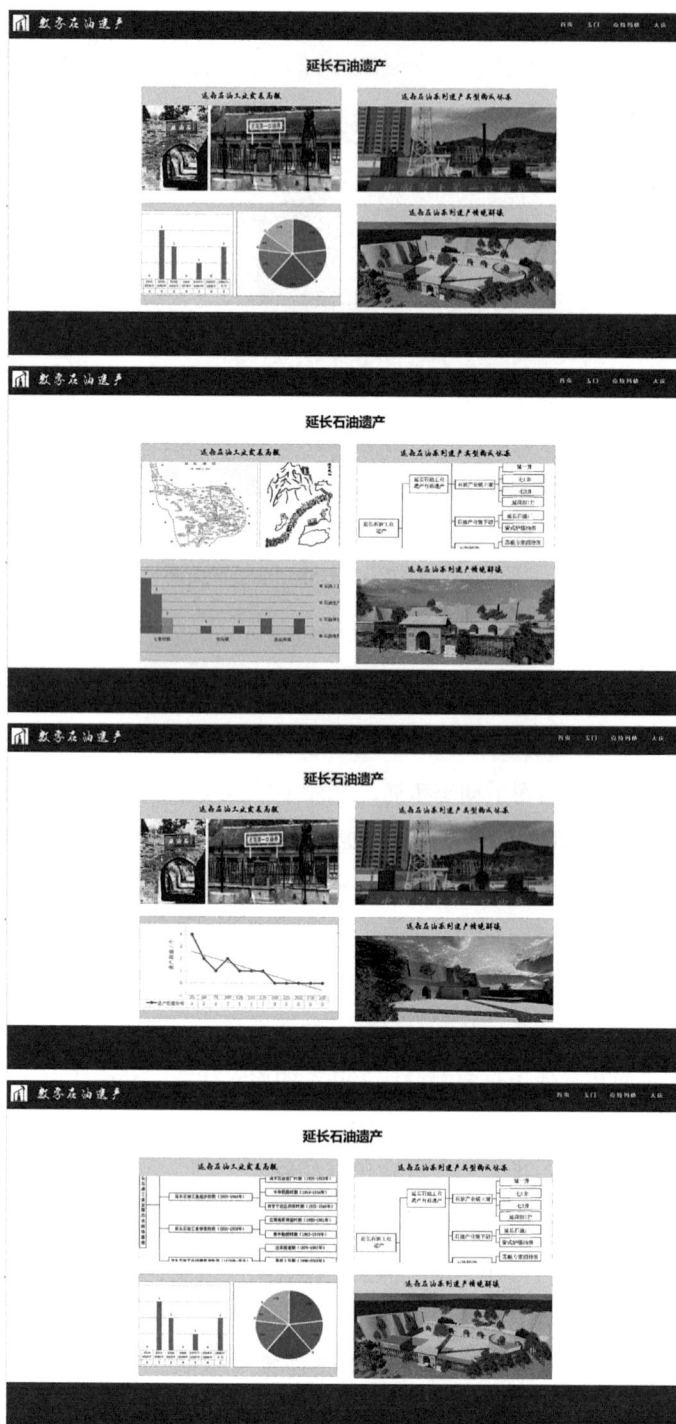

图9-9　延长石油工业遗产轮播页面显示

图9-10 大庆石油工业遗产页面内容显示

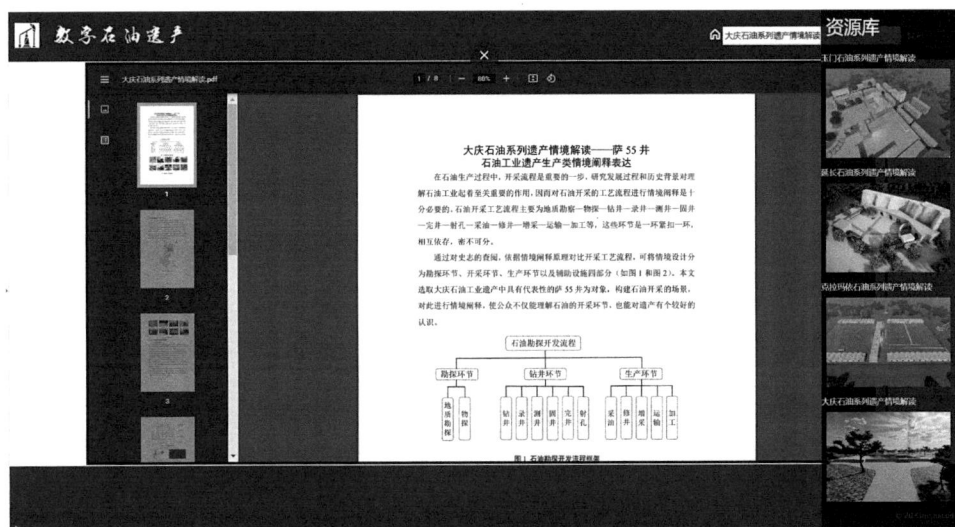

图9-11 大庆石油工业遗产页面

石油系列遗产的可视化阐释与展示平台借助信息通信技术将主要的研究成果进行整合、归类、连接和展示，实现了研究成果的可视化阐释与展示，改善了以往以纸质静态的方式实现了石油工业遗产的数字化保护与解读，为石油工业遗产的教育和宣传提供了一个数字化平台。

结束语

文化遗产阐释是文化遗产保护的基础，需要从多元化的视角来诠释遗产具有的文化价值和意义。本书以石油系列遗产为研究对象，以"情境"为切入点，利用阐释学、历史学、文化遗产学和数字史学等理论和方法，构建文化遗产的情境阐释框架，并利用3D技术建立石油产业链遗产和石油辅助遗产的典型案例的历史情境阐释模型。从遗产社区的视角，利用扎根理论建立石油工业遗产的价值认知模型和价值构成体系。旨在为文化遗产的阐释研究提供一个不同的诠释视角和研究方法。

石油系列遗产是石油物质流动和资金流动过程中形成的遗址和遗迹，包括有形遗存和无形遗存，是文化遗产的一种重要类型。我国作为最早发现石油的国家之一，石油工业已经经历了百余年的发展演变，因此遗留下来大量的有形遗存和无形遗存。现阶段我国已经开展了石油工业遗产的保护研究，但由于涉及的油田比较多、区域范围广、遗产类型丰富以及遗产要素多样，需要建立系统性的保护研究方法。

因此，本书选择已经被列入国家工业遗产保护名录的4个油田为研究对象，即玉门油田、克拉玛依油田、延长油田和大庆油田的石油工业遗产，利用系列遗产、全球石油景观及其矿业遗产的分类方法，建立了石油系列遗产的类型构成体系。并在此基础上对4个油田的石油工业遗产进行了类型学和时空格局演变的整体性分析，得出中国石油工业遗产的一些整体性特征，希望可以为实现中国石油系列遗产系统性保护研究提供一种方法。

此外，为了实现石油系列遗产的数字化保护研究，建立石油系列遗产的整体性认知，以及阐释和宣传石油系列遗产的价值和意义，本书尝试利用Web技术将目前的主要研究成果按照一定的逻辑关系进行整合，实现研究成果的可视化阐释与展示，并将部分研究论文成果进行超链接，希望建立一个比较完整的石油系列遗产数字化阐释平台。

虽然此项研究已经取得了阶段性的研究成果，但由于石油系列遗产是一个比较庞杂的系统，涉及区域广范围大、油田数量多，且遗产类型和遗产要素多样，并与石油工业发展史、石油城镇发展史、建筑发展史以及地区经济发展史等方面有着紧密的关联性，因此，需要未来研究的广度和深度不断地扩展，这样才有可能更加全面地阐释和展示中国石油文化遗产的价值和意义，实现中国石油文化遗产的系统性保护研究。

参考文献

［1］DOUET J. The Heritage of the Oil Industry [R/OL]. TICCIH, 2020 [2023-11-20]. https://ticcih.org/wp-content/uploads/2020/07/Oil-industry-thematic-report.pdf

［2］TILDEN F. Interpreting Our Heritage [M]. Chapel Hill: The University of North Carolina Press, 1977.

［3］方凤玲. 中国石油文化［M］. 北京：机械工业出版社，2019.

［4］梁华，刘金文. 中国石油通史［M］. 北京：中国石化出版社，2003.

［5］国际古迹遗址理事会. 文化遗产阐释与展示宪章［M］//. 中国文化遗产研究院编. 国家考古遗址公园实用手册. 北京：文物出版社，2015：219-224.

［6］陈曦. "阐释"与"展示"概念的溯源与辨析［J］. 中国文物报，2012（7）：8-17.

［7］SHALAGINOVA I. Understanding Heritage: A Constructivist Approach to Heritage Interpretation as a Mechanism for Understanding Heritage Sites [D/OL]. Cottbus: Brandenburgische Technische Universität Cottbus, 2012[2023-11-8]. https://opus4. kobv. de/opus4-btu/frontdoor/deliver/index/docId/2424/file/PhD_Thesis_Shalaginova.pdf.

［8］International Centre for the Interpretation and Presentation of World Heritage Sites under the Auspices of UNESCO. Definition and Concepts of Heritage Interpretation and Presentation 2022 [R/OL]. (2022) [2023-5-8]. https://unesco-whipic.org/reports/?bmode=view&idx=13999716&fbclid=IwAR0061Dq-siwIUeeYBw1Yg77Wmx76yfITmdqZmL4zFv_wATc49-Yrm8x3Mk.

［9］张成渝. 遗产解说与展示：对《艾兰姆宪章》的释读［J］. 同济大学学报（科学版），2012（6）：31-41.

［10］孙燕. 西方遗产诠释思想述要［J］. 东南文化，2012（226）：24-27.

［11］韩真元，蔡超. 国外文化遗产阐释规划中主题阐释方法的解析与启示［J］. 遗产与保护研究，2016（3）：9-13.

［12］王晶. 水下文化遗产保护和展示阐释方式的演进［J］. 自然与文化遗产，2022，7（3）：90-97.

［13］付梓杰，王珏. 国际文件视野下的遗产阐释与展示溯源及发展［J］. 中国文化遗产，2023（3）：52-59.

［14］王路，刘克成. 中国考古遗址公园中遗址展示的问题与原则［J］. 建筑学报，2016（10）：10-13.

［15］陈凯媛. 历史城镇类遗产的阐释与展示规划研究——以延安历史文化名城为例［D/OL］. 北京：北京建筑大学，2018［2023-11-8］. https://kns-cnki-net-443. webvpn. nepu.edu.cn/kcms2/article/abstract?v=j6HAoO1nZAxsOBb6EiIvLWWj2QXTjvlcMQ3I jhm6emGuIjdmucaN4FuNzdEB02CD4JHRK1wGQk1wtsyrumilQhkyj2fEYKqVvk4YI-ksC0bakMrvpaOvKRYnpcZyZH1EEvhumywzDS1578oFSUfe3Q==&uniplatform=NZKPT&language=CHS.

［16］周觅，邬东璠，吴晶巍. 国家文化公园背景下大型线性文化遗产阐释框架——以长城为例［J］. 风景园林，2023（2）：82-88.

［17］UNESCO. Charter on the Preservation of Digital Heritage [R]. The Records of the 32ndSession of the General Conference, volume 1 resolutions. Paris: UNESCO, 2003.

［18］MEZZINO D, RINAUDO F. Gis and 3D Modelling For Cultural Heritage [M]//TAMBORRINO R. Digital Urban History: Telling the History of the City in the Age of the ICT Revolution. Roma: Roma Tre University, 2014: 143-153.

［19］MUSTER S,APOLLONIO FI, BELL P. Digital Cultural Heritage meets Digital Humanities [C/OL]. The International Archives of the Photogrammetry, Remote Sensing and Spatial Information Sciences.Volume XLII-2/W15, 27th CIPA International Symposium "Documenting the past for a better future", Spain, 2019, 813-820 [2023.11.18]. https://isprs-archives.copernicus.org/articles/XLII-2-W15/813/2019/isprs-archives-XLII-2-W15-813-2019.pdf.

［20］NISHANBAEV I, CHAMPION E, MCMEEKIN D A. A web repository for geo-located 3D digital cultural heritage models [J/OL]. Digital Applications in Archaeology and Cultural Heritage,2020（16）1-9 [2023-11-23]. https://sci-hub.se/10.1016/j.daach.2020.e00139.

［21］German Petroleum Museum [EB/OL]. [2023-10-16]. https://www.erdoelmuseum. de/.

［22］Oil Museum of Canada [EB/OL]. [2023-10-16]. https://www.lambtonmuseums.ca/en/oil-museum-of-canada/oil-museum-of-cana da.aspx.

［23］Drake Well Museum and Park [EB/OL]. [2023-10-16]. https://www.lambtonmuseums.ca/en/oil-museum-of-canada/oil-museum-of-cana da.aspx.

［24］UNESCO. La Brea Pitch Lake[EB/OL]. [2023-9-18]. https://whc. unesco. org/en/tentativelists/5645.

［25］HEIN C. "Oil Spaces: The Global Petroleumscape in the Rotterdam/The Hague Area. " [J/OL]. Journal of Urban History, 2018, 44 (5): 887-929 [2023-11-23]. https://journals.sagepub.com/doi/pdf/10.1177/0096144217752460.

［26］HEIN C. "Space,Time, and Oil: The Global Petroleumscape" [M/OL]//HEIN C. Oil Spaces: Exploring the Global Petroleumscape. New York: Routledge, 2021: 3-18 [2023-11-23]. https://www.taylorfrancis.com/chapters/oa-edit/10.4324/9780367816049-2/space-time-oil-carola-hein.

［27］ALDERA M. The Italian Petroleumscape in times of transition: a focus on Mantua[D/OL]. Milano: University of Politecnico di Milano, 2020 [2023-11-18]. https://www.politesi.polimi.it/bitstream/10589/186968/7/BOOK.pdf.

［28］HEIN C. Christine Stroobandt, and Stephan Hauser. "Petroleumscape as Heritage Landscape: The Case of the Dunkirk Port City Region"[M/OL]//HEIN C. Oil Spaces: Exploring the Global Petroleumscape. New York: Routledge, 2021: 263-281 [2023-11-23]. https://www.taylorfrancis.

com/chapters/oa-edit/10. 4324/9780367816049-2/space-time-oil-carola-hein.

［29］GEROLDI C and PESSINA G. Power Station and Petroleum Heritage in Italy [M/OL] //HEIN C. Oil Spaces: Exploring the Global Petroleumscape. New York: Routledge, 2021: 223-262 [2023-11-23]. https://www.taylorfrancis.com/chapters/oa-edit/10. 4324/9780367816049-2/space-time-oil-carola-hein.

［30］孙志敏. 石油工业遗产概念与分类体系研究［C］. 工业建筑2018全国学术年会论文集. 北京：工业建筑出版社，2018：2-5.

［31］刘璐. 关联视角下玉门石油系列遗产保护研究［D/OL］. 大庆：东北石油大学，2022［2023-10-18］. https://kns-cnki-net-443.webvpn.nepu.edu.cn/kcms2/article/abstract?v=j6HAoO1nZAywiGPFmUg6ZzBs6NIgNTwwdfIpemLCngU8guD-08Ab25gKb5KsTMok_MtxA0u4y3SOo9z7zwkEggIjBCKvuDyAIH3EN7rB5H7gdyoCHNg4UhK6Odj81Jij7rVkaRia-PfVTiUP4iE9rQ==&uniplatform=NZKPT&language=CHS.

［32］唐瑞. 基于城市意向理论在工业遗产保护视角下重塑资源城市形象策略研究——以大庆为例［D/OL］. 大庆：东北石油大学，2016［2023-11-18］. https://kns-cnki-net-443.webvpn.nepu.edu.cn/kcms2/article/abstract?v=j6HAoO1nZAwAfC7PN7iC6kMqvsURPYyMF-X6cSiFBxsex7GI37lUUs4EnrimmrSVMQuW4HTMqpiPcIZkA0HG_R7ZMHaPQa8HQfV6MP3CSqz-Vt8KNYkZEM2qG92QSs_FCAlS4VkvZZvsUz1Z3SRh8w==&uniplatform=NZKPT&language=CHS.

［33］姜静. 大庆市工业遗产保护与再利用研究［D/OL］. 大庆：东北石油大学，2018［2023-11-18］. https://kns-cnki-net-443.webvpn.nepu.edu.cn/kcms2/article/abstract?v=j6HAoO1nZAxjJpYM6G196Trjw1E6RMZXorSJkLVjTWLD7Hj1fQiXqHb8oAD-PG8HEWmsFmRibnOpf1O8S_vlTIuwb7LEjZD3tmIOONj9wizv2h4S3a2wmit8C_5JPsWtBBL_G90BuwKs9KYvyILnKg==&uniplatform=NZKPT&language=CHS.

［34］延长县旅游局等. 延长县旅游发展总体规划（2011-2020）［Z］. 2011.

［35］RAHAMAN H. A Framework for Digital Heritage Interpretation [D/OL]. Singapore: National University of Singapore, 2012 [2023-11-18]. https://core.ac.uk/download/pdf/48656574.pdf.

［36］叶遥. 遗产廊道视角下的大庆市工业遗产保护与再利用研究［D/OL］. 大庆：东北石油大学，2020［2023-11-18］. https://kns-cnki-net-443.webvpn.nepu.edu.cn/kcms2/article/abstract?v=j6HAoO1nZAzf7dxlYz2q42r-tLsJc1Xgen4xAhsmFWhZPadtKlbgabAG5UJYh6yNwLxjGzaEziSNIiOFbw-o5jD6obYVPKdMMSGlsxvepRO8Ej_1Hf_erKOSu2a5En8ryuX90bDZFWSWxkHvbiltYA==&uniplatform=NZKPT&language=CHS.

［37］宋天奇. 基于ArcMap的大庆市石油工业遗产阐释研究［D/OL］. 大庆：东北石油大学，2021［2023-11-18］. https://kns-cnki-net-443.webvpn.nepu.edu.cn/kcms2/article/abstract?v=j6HAoO1nZAx5sEcbufVINAYWadITHD-iB__kI96P-fn7lQ5xfYbKE2NpSfQvda0BLIGieYrYyNqPlVxoEXXAe6TZHLC3sGbnjrT14iCejEpqTHccCBGXKSUWctefu37hev_HZu26dtRfXJJALhJxB9g==&uniplatform=NZKPT&language=CHS.

［38］程付亮. 基于数字史学的石油系列遗产解读研究——以延长石油工业遗产为例［D/OL］.

大庆：东北石油大学，2022［2023-11-18］. https://kns-cnki-net-443.webvpn.nepu.edu.cn/
kcms2/article/abstract?v=j6HAoO1nZAxfnpoXeRTbJRMTp0hy-qFtK0FKIpx8gc3AFX6rsKGW_
CWoGtR0mKMsyq4rIYcIXzF75p2hk0OSOkWZEHlmPD26OgGGUNriYrlDENer8m9SWrsrOGfZI
5xbq8997k7mD4TJaGQAKcX9_Q==&uniplatform=NZKPT&language=CHS.

［39］揭元峰. 城市记忆视角下对克拉玛依石油工业遗产的保护研究.［D/OL］. 大庆：东北石
油大学，2022［2023-11-18］. https://kns-cnki-net-443. webvpn. nepu. edu.cn/kcms2/article/
abstract?v=j6HAoO1nZAxpZg8JbR8EcvAvPOonwmPXkyMo1eonZuBjVqdXUWoLreNJs1kZmhT_
JZouxJafZhZo8W8fe8aS4-dN9ydwDrlrthyNgscEf5eNg6WtMYV0sRP7lgqCdHBBr831VDEw_p_
zsvOmHy1NWw==&uniplatform=NZKPT&language=CHS.

［40］李晓松. 情景视角下石油工业遗产数字化阐释研究——以大庆、克拉玛依、延长、玉
门油田为例［D/OL］. 大庆：东北石油大学，2023［2023-11-18］. https://kns-cnki-
net-443. webpn. nepu. edu.cn/kcms2/article/abstract?v=j6HAoO1nZAx4X4QZ7QTsrQ722vmC
bh 6JJ_WB20fcRT7bZ4gCHU7HeeKnAyExkt-9m6vSwJxNW3GyLeMdwX4_XkTD5BmG47u4ngr
c4JxtEIKq4MT4o9PSvmSC2-dn-H58As6HPT8BeFAniCNVmE_mzw==&uniplatform=NZKPT&l
anguage=CHS.

［41］张浩宇. 基于遗产社区视角的石油工业遗产的价值认知——以大庆石油工业遗产为例
［D/OL］. 大庆：东北石油大学，2023［2023-11-18］. https://kns-cnki-net-443. webpn.
nepu. edu.cn/kcms2/article/abstract?v=j6HAoO1nZAyEY5R6RviByEtUJ6V8UybBjZkHTaXK_
RrKu7kHI2u7-vXQy2BJflXDcuuCCI3_I_FWpEdY51zUhEvECxyPPrv8fV38tcsx9BNoARlasdSG
OscPVLD2wNMzLOMNs6hrnNx93zWRJVfPTw==&uniplatform=NZKPT&language=CHS.

［42］斯特凡·约尔丹，历史科学基本概念辞典［M］. 孟钟捷，译. 北京：北京大学出版社，
2012.

［43］海登·怀特，元史学［M］. 陈新，译. 北京：译林出版社，2013.

［44］邓京力. 语境与历史之间——作为解释模式与方法论前提得历史语境理论［J］. 天津社
会科学，2013（2）：126-134.

［45］魏屹东. 语境论与科学哲学的重建［M］. 北京：北京师范大学出版社，2012.

［46］李剑鸣. 历史语境、史学语境与史料的解读——以弗吉尼亚州批准美国宪法大会中一条
材料的解读为例［J］. 史学集刊，2007（5）：32-42.

［47］罗德尼·哈里森，文化遗产和自然遗产：批判性思路［M］. 范佳翎等，译. 上海：上海
古籍出版社，2021.

［48］理查德·E. 帕尔默. 诠释学［M］. 潘德荣，译. 北京：商务出版社，2012.

［49］洪汉鼎. 论哲学诠释学的阐释概念［J］. 中国社会科学，2021（7）：114-139.

［50］潘德荣. 西方诠释学史［M］. 北京：北京大学出版社，2016.

［51］联合国教科文组织世界遗产中心，国际古迹遗址理事会，国际文物保护与修复研究中心，
等. 国际文化遗产保护文件选编［G］. 北京：文物出版社，2007.

［52］劳拉·简·史密斯. 遗产利用［M］. 苏小燕、张朝枝，译. 北京：科学出版社，2020.

［53］BODENHAMER DJ. The Spatial Humanities: Space, Time and Place in the New Digital Age. [M]//

WELLER T. History in the Digital Age. New York: Routledge，2013: 23–28.

［54］赵荣. 人文地理学［M］. 北京：高等教育出版社，2006.

［55］涂成林. 历史阐释中的历史事实和历史评价问题——基于马克思唯物史观的基本理论和方法［J］. 中国社会科学，2017（8）：4–23.

［56］AVRAMI E, MASON R. Mapping the Issue of Values [M]//AVRAMI E, MACDONALD S, MASON R, et al. Values in Heritage Management. Los Angeles: Getty Conservation Institute, 2019: 9–32.

［57］马健，殷杰. 历史解释的语境论进路探析［J］. 科学技术哲学研究. 2019, 36（4）：14–21.

［58］崔柳，李雄. 共时性、历时性时空观对于风景园林学设计研究的启示［J］. 中国园林，2014，30（9）：63–66.

［59］费尔迪南·德·索绪尔，普通语言学教程［M］. 高名凯，译. 北京：商务印书馆,1988.

［60］WELLER T. Introduction History in the digital age [M] //WELLER T. History in the Digital Age. New York: Routldge, 2013: 1–20.

［61］PIUMATTI P, TAMBORRINO R. 3D Digital Modelling and Digital History: A Methodology for Studying the Processes of Methodology for Studying the Processes of Transformation of Nubian Temples and Landscape at the Lake Nasser Site [C]. CAA2017, 381–392 [2023–11–18]. https://ub01. uni–tuebingen. de/xmlui/bitstream/handle/10900/101766/CAA2017_Piumatti–Tamborrino_3D%20Digital_OA.pdf?sequence=1&isAllowed=y.

［62］百度百科. 超文本［EB/OL］.［2023–11–20］. https://baike.baidu.com/item/%E8%B6%85%E6%96%87%E6%9C%AC/2832422?fr=ge_ala.

［63］联合国教科文组织世界遗产中心. 实施《世界文化遗产和自然遗产公约》操作指南（2021版）［R/OL］. 中国古迹遗址保护协会，译. UNESCO, 2021［2023–11–20］. http:// icomoschina. org.cn/Upload/file/20221019/20221019213759_3567.pdf.

［64］章玉兰. 系列遗产概念定位及其申报路径分析［J］. 中国文化遗产，2017（3）47–57.

［65］国际古迹遗址理事会，国际工业遗产保护委员会. 都柏林准则［R/OL］. 马雨墨，译.（2011–11–28）［2023–11–23］. https://ticcih.org/%e9%83%bd%e6%9f%8f%e6%9e%97%e5%87%86%e5%88%99–the–dublin–principles/.

［66］傅晶，王敏，梁中荟，等. 泉州：宋元中国的世界海洋商贸中心——系列遗产整体价值及要素构成研究［J］. 自然与文化遗产，2021，6（3）：5–21.

［67］傅晶，徐新云，王敏. 土司系列遗产潜在的突出普遍性价值分析［J］. 中国文化遗产，2014（06）：8–21.

［68］国际遗址理事会（ICOMOS）. 文化线路宪章［J］. 丁援，译. 中国名城，2009（5）：51–56.

［69］陈同滨. "丝绸之路：起始段和天山廊道的路网"突出普遍价值研究［J］. 中国文化遗产，2014（3）：72–81.

［70］亨利·列斐伏尔. 空间的生产［M］. 刘怀玉等，译. 北京：商务出版社，2021.

［71］阙维民. 中国矿业遗产的研究意义与保护展望［J］. 中国园林，2012，28（7）：5–12.

［72］国土资源部地质环境司. 中国国家矿山公园建设工作指南［M］. 北京：大地出版社，
2003.

［73］戴湘毅，刘家明，唐承财. 城镇型矿业遗产的分类、特征及利用研究［J］. 资源科学，
2013，35（12）：2359–2366.

［74］梁登. 中国矿业遗迹分类与评价研究［D/OL］. 武汉：中国地质大学，2017［2023–11–
18］. https://kns-cnki-net- 443.webvpn.nepu.edu.cn/kcms2/article/abstract?v=j6HAoO1nZAxc
qv6lsExgcIAidI8eYBR2xyI7wprY240U4xEbsgUXOdoPUkJ7nyuy6CFZJgLcRiGepVPtV2sVABs-
xZgDRAxUcu8Uws39XIy0Nvoq8B1rZJzdqaVSVkC0HGS5ztQG1blFPnLeZKl-qQ==&uniplatform
=NZKPT&language=CHS.

［75］黎启国，董乔慧，郑伯红. 工矿遗产的概念及其分类体系研究［J］. 城市规划，2017，
41（1）：83–88.

［76］吕建中. 基于石油产业链价值分布不均状态下的石油公司一体化战略选择研究［D/OL］.
成都：西南交通大学，2010［2023–11–18］. https://kns-cnki-net-443.webvpn.nepu.
edu.cn/kcms2/article/abstract?v=Eo9–C_M6tLkgxdXiANnEqaf3qWCNKCVZ2OV4m--HU0_
qjga9jzwhQzyW50Oo_LAn8QFI1yKU390bmS2J5PROFfn8aNwUS4E–GfmCVh–Pgbfua9TV1dGa
mgSEZnuc9QfPe2LoJ9wjCC38du62uJDwwg==&uniplatform=NZKPT&language=CHS.

［77］台湾黑金发祥地——苗栗公馆出磺坑［EB/OL］.［2023–10–21］. https://www.mafengwo.cn/
i/1047897.html?static_url=true.

［78］大庆地方志办公室. 大庆历史［M］. 哈尔滨：黑龙江省出版社，2017.

［79］中国石油百科. 中国石油工业发展史［EB/OL］.［2023–9–21］. http://center.cnpc.com.cn/
bk/system/2017/08/28/001658962.shtml?eqid=9d4725190000d42100000003646b448e.

［80］人民网. 中国石油企业协会发布"新中国成立70周年中国石油工业十大成就"［EB/OL］.
［2019–09–29］. https://baijiahao.baidu.com/s?id=1645970511941253581&wfr=spider&for=pc.

［81］新浪财经. 渤海发现亿吨级大油田［EB/OL］.［2020–05–26］. https://baijiahao.baidu.com/
s?id=1667727119160927221&wfr=spider&for=pc.

［82］人民咨询. 油气资源战略接续重在技术进步［EB/OL］.［2021–11–24］. https://baijiahao.
baidu.com/s?id=1717275486718934483&wfr=spider&for=pc.

［83］《中国油气田开发志》总编纂委员会. 中国油气田开发志.（卷30）. 延长油气区卷［M］.
北京：石油工业出版社，2011.

［84］汪新栋，高敏，陈真. 近代陕北石油开发与社会变迁［J］. 新疆职业大学学报，2008（2）：
33–35.

［85］《中国油气田开发志》总编纂委员会. 中国油气田开发志. 延长油气区卷（一），七里村
油田志［M］. 北京：石油工业出版社，2011.

［86］《七里村采油厂史》编写组. 七里村采油厂史［M］. 北京：中共中央党校出版社，2021.

［87］赵静. 1930年代前期国民政府开发陕北石油研究［D/OL］. 延安：延安大学，2020［2023–
11–18］. https://kns-cnki-net-443.webvpn.nepu.edu.cn/kcms2/article/abstract?v=j6HAoO1nZAx
C0jbSD3JiiNA7SorfwUSOxjBGx0MO–Xzi1Q1ekH1gfbc_z6FbGNcEKDH6DRg3MeLOf_U–MqvcF

FGDSjNUkQ5ExtXWxKmYb5GnW0lTjTs7vYLJAX8GpsT–2bHD–Pie7sDWy77w0cmdGQ==&uni
platform=NZKPT&language=CHS.

［88］白焕焕. 延长石油工业研究（1935-1950）［D/OL］. 延安：延安大学，2020［2023-11-18］.
https://kns–cnki–net–443.webvpn.nepu.edu.cn/kcms2/article/abstract?v=j6HAoO1nZAzs7tR6Iup
ljEbRzHTkEgwdecTnUy9ZM5WmUGlaG5qkjSdsWPo9R2aXLF2yuMJXGq0L_RVAdV5OgdFfV1
btCMRa15fMShOaR7n7PRgjW–6sV3LQOw3FQOn7C4yHcec3bwGCWuRfXFOtaA==&uniplatfor
m=NZKPT&language=CHS.

［89］赫宇. 百年老矿重铸辉煌［J］. 中国石油企业，2004（9）：32-34.

［90］延长石油发展的六个阶段.［EB/OL］.［2023-11-18］. https://mp.weixin.qq.com/s/
cvz6rgMJIV17XN7eSWVFPQ.

［91］朱明恭（编著）. 延长油矿百年勘探开发编年史［M］. 西安：陕西科学技术出版社，
2005.

［92］玉门油田志编纂委员会. 玉门油田志（1939-1986）［M］. 西安：西北大学出版社，1993.

［93］《中国油气田开发志》总编纂委员会. 中国油气田开发志（卷十一）·玉门油气区卷［M］.
北京：石油工业出版社，2011.

［94］玉门石油管理局史志编纂委员会. 玉门油矿史（1939-1949）［M］. 西安：西北大学出版
社，1988.

［95］中国石油玉门油田公司. 中国石油企业文化词典——玉门油田卷［M］. 北京：石油工业
出版社，2018.

［96］《玉门油田80年》编委会. 图说玉门［M］. 北京：石油工业出版社，2019.

［97］《百年油田》编写组. 百年油田［M］. 北京：石油工业出版社，2009.

［98］中国石油玉门油田公司. 石油摇篮·讲述——玉门油田80年口述历史文集［M］. 北京：
石油工业出版社，2019.

［99］王连芳. 新疆石油史话［M］. 北京：石油工业出版社,1992.

［100］王连芳. 克拉玛依地方史料辑注［M］. 乌鲁木齐：新疆人民出版社,2001.

［101］克拉玛依市独山子地方志编撰委员会.《独山子区志》［M］. 乌鲁木齐：新疆人民出版
社，2003.

［102］图说80年之一：独山子有个地方曾被称作"小上海"［EB/OL］.［2023-11-18］. https://
mp.weixin.qq.com/s/PX5YmezPrHWn1MRXDpbhkw.

［103］中国石油独山子石化公司. 独山子石化卷［M］. 北京：石油工业出版社,2017.

［104］独山子这些事，已经藏了很多年［EB/OL］.［2023-10-21］. https://mp.weixin.qq.com/s/
oB8B7kVOkOsO6HN_8Z1SJA.

［105］独山子零距离. 传承红色基因，独石化产业报国"振翅高飞"——刻入丰碑的红色记忆
六［EB/OL］.［2023-10-21］. https://mp.weixin.qq.com/s/MD2coomEXRAp–IjtZmI2aQ.

［106］《中国油气田开发志》总编纂委员会. 新疆油气区油田卷（上）［M］. 北京：石油工
业出版社，2011.

［107］克拉玛依市地方志编纂委员会. 克拉玛依市志［M］. 乌鲁木齐：新疆人民出版社，

1998.

[108]《大庆油田志》编纂委员会. 大庆油田志（1959–2008）[M]. 哈尔滨：黑龙江人民出版社，2009.

[109]《中国油气田开发志》总编纂委员会. 大庆油气区油气田卷（上）[M]. 北京：石油工业出版社，2011.

[110] 中国国家人文地理编委会. 大庆 [M]. 北京：中国地图出版社，2016.

[111] 邱中建，龚东升. 中国油气勘探（第三卷 东部油气区）[M]. 北京：石油工业出社、地质出版社，1999.

[112] 大庆地方志编纂委员会办公室. 大庆市志 [M]. 南京：南京出版社,1988.

[113] 赵胜利. 安达大庆石油会战史 [M]. 北京：人民日报出版社，2011.

[114] 中共大庆市委党史研究室. 大庆油田史 [M]. 北京：中共党史出版社，2009.

[115] 中国科协调宣部主办，中国科协创新战略研究院，中国城市规划学会. 中国工业遗产保护名录（第一批）名单 [EB/OL]. [2023–10–10]. http://www.planning. org.cn/news/view?id=8109&cid=0.

[116] 中国科协调宣部主办，中国科协创新战略研究院，中国城市规划学会. 中国工业遗产保护名录（第二批）名单 [EB/OL]. [2023–10–10]. http://www.planning. org.cn/news/view?id=9624.

[117] 工业和信息化部. 国家工业遗产名单（第三批）[EB/OL]. [2023–10–13]. https://www. gov.cn/xinwen/2019–12/20/content_5462576. htm.

[118] 工业和信息化部. 国家工业遗产名单（第四批）[EB/OL]. [2023–10–13]. https://www. gov.cn/zhengce/zhengceku/2020–12/27/content_5573790. htm.

[119] 工业和信息化部. 国家工业遗产名单（第五批）[EB/OL]. [2023–10–20]. https://www. gov.cn/xinwen/2021–12/14/content_5660742. htm.

[120] 延一井：中国陆上石油第一井 [EB/OL]. [2023–11–06]. https://mp.weixin.qq.com/s/y–70W9V1mv6–PQ1zT8YE4g.

[121] 延深探一井旧址恢复工程全面竣工 [EB/OL]. [2023–11–08]. https://mp.weixin.qq.com/s/sCrqex8LarupWBCQDcdowA.

[122] 延长故事我来讲 企业精神我传承|激情岁月·延长油矿女子钻井队 [EB/OL]. [2023–11–08]. https://mp.weixin.qq.com/s/z90YR8FoLIDUuNWRcKQHLA.

[123] 中国石油玉门油田公司. 石油摇篮·印记——玉门油田80年口述珍存概览 [M]. 北京：石油工业出版社，2019.

[124] 玉门市人民政府. 玉门市将13处石油工业遗存确定为县级文物保护单位. [EB/OL]. [2023–10–20]. https://mp.weixin.qq.com/s/RWSZPvb3X64SEYCBObNRoQ.

[125] 玉门油田《石油摇篮·记忆》编委会. 石油摇篮·记忆 [M]. 北京：石油工业出版社，2012.

[126]《玉门油田志》编纂委员会. 玉门油田志（1987–2017）[M]. 北京：石油工业出版社，2019.

［127］个人图书馆.【图文】玉门油城 文化之美景篇［EB/OL］.［2020-03-18］. http:// www.360doc.com/content/20/0318/17/9159788_900143173.shtml.

［128］澎湃新闻：玉门市文体广电和旅游局. 玉门将建中国石油诗词展览馆、玉门记忆展览馆 ［EB/OL］.［2020-09-22］. https://www.thepaper.cn/newsDetail_forward_9300000.

［129］百度百科. 玉门铁人王进喜纪念馆［EB/OL］.［2020-03-18］. https://baike.baidu.com/ite m/%E7%8E%89%E9%97%A8%E9%93%81%E4%BA%BA%E7%8E%8B%E8%BF%9B%E5 %96%9C%E7%BA%AA%E5%BF%B5%E9%A6%86/9714582?fr=aladdin.

［130］克一号井：新中国石油工业的曙光［EB/OL］.［2023-10-23］. https://mp.weixin.qq.com/ s/675z2INZ6k1O1IxPd0CcQw.

［131］克拉玛依一号井景区：铭记历史荣光［EB/OL］.［2023-10-23］. https://mp.weixin. qq.com/s/XeCunadUjC093uU3O_-b9A.

［132］英雄井！克拉玛依油田蓬勃发展的见证［EB/OL］.［2023-10-23］. https://mp.weixin. qq.com/s/l9W4FkR8fSfaxztdhZaF4g.

［133］全国第一口高产井——克拉玛依英雄193井［EB/OL］.［2023-10-25］. https://mp.weixin. qq.com/s/sS4XvcjU2KUj4N_yAcLxyA.

［134］独山子第一口油井，当惊世界殊［EB/OL］.［2023-11-2］. https://mp.weixin.qq.com/s/ mmcG9AFZpb0ar9j5BVx8JQ.

［135］【魅力油城】历史见证！新疆第一口油井［EB/OL］.［2023-11-2］. https://mp.weixin. qq.com/s/ciYOQAME8mJatSwwHgOyYA.

［136］丝路瑰宝④｜克拉玛依博物馆·贝乌40型钻机：它见证了新中国第一个大油田的诞生 ［EB/OL］.［2023-11-2］. https://baijiahao.baidu.com/s?id=1700249601775204718&wfr=spid er&for=pc.

［137］101窑洞房：遥望建设者的奋斗身影. 克拉玛依日报［EB/OL］.［2023-11-04］. https:// mp.weixin.qq.com/s/4EPoUp6wER6zOFHfFaNAXQ.

［138］【文化润疆】你见过早期的独山子石油工人俱乐部吗？克拉玛依零距离公众号［EB/OL］. ［2023-11-04］. https://mp.weixin.qq.com/s/UEihzoxrF-W3k065h0AE8w.

［139］工业遗产保护区：一段承载梦想的历史. 玩转克拉玛依公众号［EB/OL］. 2023-10- 20］. https://mp.weixin.qq.com/s/yOXO7MSSe9ACxJDxFPijQQ.

［140］昨日重现！黑油山地窖再复原一批老场景［EB/OL］.［2023-11-06］. https://mp.weixin. qq.com/s/SzWvQ8xpOcxksPX4WSVDpw.

［141］中国石油. 黑油山［EB/OL］.［2023-10-21］. https://mp.weixin.qq.com/s/uWDdOnGrn- A92o-cVMJNLvQ.

［142］黑龙江省工业和信息化厅. 关于2023年度黑龙江省工业遗产名单的公示［EB/OL］. ［2024-3-10］. https://gxt. hlj. gov.cn/gxt/c106958/202312/c00_31690615.shtml.

［143］【松基三井】作为大同人，你一定要知道的历史故事［EB/OL］.［2023-11-08］. https:// mp.weixin.qq.com/s/c751Gqf9emLA2Jn00TPmBg.

［144］大庆市地方志办公室（编）.工业遗产（址）［M］. 大庆：大庆市地方志办公室,2018.

［145］百年石油魂之"六个传家宝"——"五把铁锹闹革命"精神［EB/OL］.［2023-10-21］. https://mp.weixin.qq.com/s/My8cHTqa3CYfzXvyDMvdtw.

［146］百度百科."四个一样"［EB/OL］.［2023-11-21］. https://baike.baidu.com/item/%E5%9B% 9B%E4%B8%AA%E4%B8%80%E6%A0%B7/1881714?fr=ge_ala.

［147］玉门市地方志编纂委员会. 玉门市志［M］. 北京：新华出版社,1991.

［148］白智勇. 石油记忆［M］. 北京：石油工业出版社,2009.

［149］赵玉海主编. 玉门市志（1988-2004）［M］. 北京：现代出版社,2011.

［150］马镇. 中国石油摇篮——老照片背后的故事［M］. 北京：人民出版社,2019.

［151］《克拉玛依城市地图集》编纂委员会编著. 克拉玛依城市地图集［M］. 北京：中国地图 出版社，2019.

［152］HOU L. Building for Oil: Daqing and Formation of the Chinese Socialist State［M］. Cambridge and London: Harvard University Press,2018.

［153］百度百科. 铁人第一口井［EB/OL］.［2023-11-21］. https://baike.baidu.com/item/%E9% 93%81%E4%BA%BA%E4%B8%80%E5%8F%A3%E4%BA%95/23165357?fr=ge_ala.

［154］百度百科. 井架［EB/OL］.［2023-11-21］. https://baike.baidu.com/item/%E4%BA%95% E6%9E%B6/6553728?fr=ge_ala.

［155］富平，张丙昌. 延长油矿沿革史［M］. 西安：陕西出版集团，三秦出版社,1937（民国 二十六年）.

［156］侯丽. 某种程度上，今天我们的城市已经成为资本的机器，就像当年的大庆是资源生产 机器一样［EB/OL］.［2023-11-21］. https://mp.weixin.qq.com/s/bghjcx2okTzA8BlC0ZyFeg.

［157］克拉玛依城市住房的七十年变迁，装满了故事［EB/OL］.［2023-11-23］. https:// mp.weixin.qq.com/s/ePN46KSc-uqIWmV-sly1yQ.

［158］1955年至1965年的克拉玛依［EB/OL］.［2023-11-23］. https://mp.weixin.qq.com/s/ BtVYyUpIR1aqmM8d_Nj1sw.

［159］玉门油田医疗卫生志编纂委员会. 玉门油田医疗卫生志（1939—2000）［M］. 玉门：玉 门油田医院，2001.

［160］AVRAMI E, MASON R. Mapping the Issue of Values. Values in Heritage Management [M/OL]. AVRAMI E. USA: Getty Publications, 2019 : 9-34 [2023-11-23]. https://openarchive. icomos. org/id/eprint/2384/1/9781606066195.pdf#page=23.

［161］安东尼·吉登斯，菲利普·萨顿. 社会学基本概念［M］. 王修晓，译. 北京：北京大 学出版社，2019.

［162］陈向明. 质的研究方法与社会科学研究［M］. 北京：教育科学出版社，2000.

［163］孔丹丹. 代际差异视角下工作价值观对离职倾向的影响研究［D/OL］. 开封：河南 大学，2018［2023-11-21］. https://kns-cnki-net-443. webvpn. nepu. edu.cn/kcms2/ article/abstract?v=6xaVI2TORM34JwdGaOwOdXHQvi9N5cbcYllxtOn33zFiHch5KNIb- LTL5E2cpwCR7gRKfhH_LK2WBD1JuiZQHu-BCKFEy4ly18a3WzYY9omDY5EB_gzosqdYd2 Ls0PK0r9GIKSJPCitCAUF6B80gug==&uniplatform=NZKPT&language=CHS.

［164］李娜. 内蒙古大召寺建筑遗产价值研究［D/OL］. 呼和浩特：内蒙古工业大学，2019
［2023-11-21］. https://kns-cnki-net-443.webvpn.nepu.edu.cn/kcms2/article/abstract?v=6xaV
I2TORM1xD9beaBBKCtHoUBoVDH7S-wj1xJpgB-q707D4aRK7rl9Z2_Kdp7SC_y0K3JTUoOj2
leb6gVrzGf2C6S97lJEx4Diozpjnltcm3YyH-Wzg2vGr0yjYHF6bWnnxuRcNhTaErM2JDBP2Hg=
=&uniplatform=NZKPT&language=CHS.

［165］孙华. 遗产价值的若干问题——遗产价值的本质、属性、结构、类型和评价［J］. 中国
文化遗产，2019（1）：4-16.

［166］于磊. 英国工业遗产价值评定研究［J］. 华中建筑，2014，32（12）：124-128.

［167］张馨元. 新乡市区文化遗产综合开发研究［D/OL］. 新乡市：河南师范大学，2016
［2023-11-21］. https://kns-cnki-net-443.webvpn.nepu.edu.cn/kcms2/article/abstract?v=6xa
VI2TORM0Nq9Tcv3ZiQPFa726IC5fhNxrZaQBGguDpZuJhBjeZBPX1GMNq_C38aHNGKDb58i
AOSF5wUBPLtDu7gNpbnb6jpEMMqcRLFDq2t6b5BghWgAG60KWqXzJTmKY4mKxM9pz1xfZ
ODS4fhQ==&uniplatform=NZKPT&language=CHS.

［168］PARGA-DANS E, ALONSO GONZALEZ P, OTERO ENRIQUEZ R. The social value of
heritage: Balancing the promotion-preservation relationship in the Altamira World Heritage Site,
Spain [J/OL]. Journal of Destination Marketing &Management. [2023-11-23]. https://core. ac. uk/
download/pdf/344693007.pdf.

［169］董晓. 员工个体需求与工作压力关系研究［D/OL］. 秦皇岛；燕山大学，
2012［2023-11-21］. https://kns-cnki-net-443.webvpn.nepu.edu.cn/kcms2/article/ab
stract?v=6xaVI2TORM3bnF0wmWnZv67rj_ddZ7vvobSPWYxDnumqMwYfJ3vtJ7X-4-
EdrLXEx3cdC9jxWsFQoEH6UH86-WZECz0QvQfy0GqhRPT72KpQNcipJ8LkJCg1R4eMFFJNI
nV8jcmWEOz3fdwfsqqkwQ==&uniplatform=NZKPT&language=CHS.

［170］吕志宸，青木信夫，徐苏斌. 巴塞罗那城市遗产数字化展示平台比较借鉴［J］. 建筑遗
产，2022（3）：98-104.

［171］中共中央办公厅，国务院办公厅. 关于推进实施国家文化数字化战略的意见［EB/OL］.
［2023-09-21］. https://www.gov.cn/xinwen/2022-05/22/content_5691759.htm.

［172］TABORRION R, PATTI E, ALIBERI A, et al.. A resources ecosystem for digital and heritage-
led holistic knowledge in rural regeneration [J/OL]. Journal of Cultural Heritage. [2023-11-22].
https://www.sciencedirect.com/science/article/pii/S1296207422001510#sec0001.

［173］AYU PERMATASARI P, ABDUL QOHAR A, FAIZAL RACHMAN A. From web 1. 0 to web 4.
0: The Digital Heritage Platforms for Unesco's Heritage Properties in Indonesia[J/OL]. Virtual
Archaeology Review. [2023-11-22]. https://pure. buas. nl/ws/portalfiles/portal/26817079/
Permatasari_From_web_1. 0_to_web_4. 0_the_digital_heritage_platforms_for_UNESCO_s_.
...pdf.

［174］BODENHAMER DJ. The spatial humanities: space, time and place in the new digital age[M]//
WELLER T. History in the digital age. New York: Routledge, 2013.

［175］百度百科. web（全球广域网）［EB/OL］.［2023-09-21］. https://baike.baidu.com/item/

web/150564?fr=ge_ala.

[176] 刘文卿. 基于考古学阐释的黑龙江流域古代人居遗址营造特点研究 [D/OL]. 哈尔滨: 哈尔滨工业大学, 2020 [2023-11-21]. https://kns-cnki-net-443.webvpn.nepu.edu.cn/ kcms2/article/abstract?v=6xaVI2TORM2fsb7Je-_H-g0z2Pw2IcH2UC_p2COaIgdBSovS6-r_ uhnxSx4RUL3Y_SVanZH4i-RjQflBnfcnDaZhL5a2VVopu6pHuichveA_oYcUvEkHoBQ_ afSyqGzFmQLdVo3Dn6Eg_CQRr2BOiQ==&uniplatform=NZKPT&language=CHS.

[177] MEYER E, GRUSSENMEYER P, PERRIN J-P, et al. A web information system for the management and the dissemination of Cultural Heritage data [J/OL]. Journal of Cultural Heritage, 2007 (8) 397-411[2023-11-21]. https://shs.hal.science/halshs-00264404/file/EMeyer-JCHpaper2007.pdf.

后记

本书的出版得到了国家自然科学基金青年基金支持（5190082783），特此感谢。

自2015年起，我开始从事石油工业遗产研究。从最初独立开展大庆石油工业遗产的研究工作，到2017年开始指导研究生开展相关的研究，完成了"遗产廊道视角下的大庆工业遗产保护与再利用研究"（叶瑶）和"基于Arcmap的大庆市石油工业遗产阐释研究"（宋天奇）两个专题的研究。2019年，基于这些研究，申请并获批国家自然科学基金青年项目"基于数字史学的石油系列遗产的情境阐释研究"，使得这一项研究工作得到进一步的推进，研究对象扩展为延长石油工业遗产、玉门石油工业遗产和克拉玛依石油工业遗产。在项目基金的支持下，我指导硕士研究生相继完成了"关联性视角下玉门系列遗产保护研究"（刘璐）、"基于数字史学的石油系列遗产解读——以延长石油工业遗产为例"（程付亮）、"城市记忆视角下对克拉玛依石油工业遗产的保护研究"（揭元峰）、"基于扎根理论的石油系列遗产的评价体系构建——以大庆石油工业遗产为例"（张浩宇）、"情境视角下石油工业遗产数字化阐释研究——以大庆、克拉玛依、延长、玉门油田为例"（李晓松）等专题的研究工作。本书是在这些研究成果的基础上，对石油系列遗产的阐释方法进行了更加全面、深入与细致的研究。一晃四年过去了，回顾这些研究经历，感触颇深。

其一，石油工业遗产是文化遗产的重要组成部分，它作为石油物质流动和资金流动过程中形成的遗存，是经济、社会、文化和石油工业多方面因素长期相互作用的结果，包含了独特的工业景观、聚落和空间区域等有形遗产，以及石油精神、文化和艺术等无形遗产。要想全面解读石油工业遗产的价值和意义，提出更加合理的保护策略和方法，需要从遗产保护的整体性视角建立石油工业遗产的系统性保护方法。从目前的研究成果水平来看，还有很多内容没有涉及，研究的深入和广度还需要进一步的提高和加强。

其二，我国目前已经有59处世界遗产（截至2024年8月），但还没有石油工业遗产列入。我国作为世界最早发现和使用石油的国家之一，近现代石油工业已经经历百余年的发展历史，遗留下大量石油工业遗存。截至2023年底，已有8个油田的石油工业遗产被列入了国家工业遗产名单，且每一个油田的石油工业遗产都包括类型多样的核心物项，这表明我国有丰富的石油工业遗址和遗迹。但由于现阶段石油工业遗产的研究非常有限，这使得石油工业遗产的价值和意义没有得到全面充分的解读。因此加强石油工业遗产的阐释是非常必要的。

其三，文化遗产阐释研究是文化遗产保护的基础，也是文化遗产研究的一个重要方面。文化遗产需要多视角的进行全方面的阐释与展示才能让公众认知遗产的价值和保护遗产意义。这需要建立起比较完善的文化遗产阐释理论体系。因此我们尝试利用数字史学的方法构建了文化遗产的情境阐释框架。但是我们必须承认我们的研究还不完善，存在很多问题，具有一定的局限性。

最后，对于给予本书的撰写和出版极大帮助的各位师长、同事、学生和朋友表示由衷的感谢。感谢恩师哈尔滨工业大学刘大平教授在项目设立之初以及研究的过程中给予的无私指导和帮助，您一直以来的谆谆教导使我终身受益。感谢研究生叶瑶、宋天奇、刘璐、程付亮、揭元峰、李晓松和张浩宇对基础资料的调研与整理，以及相关研究内容的认真撰写。其中，刘璐、程付亮、揭元峰主要参与了第4章和第5章的撰写，程付亮和李晓松主要参与了第7章的撰写，第8章则是在张浩宇毕业论文相关章节的基础上进行了改进，应该说这本书的写作也有许多位研究生做出的贡献，没有你们的努力就没有这本书的出版，和你们相处的时光也让我终生难忘。